OGEYSIIS

Ardaygii isku diiwaangaliya kaar ardaynimo wuxuu buugga ku heli karaa qiimo dhimis 75% ah.

Booqo: www.LoohPress.com/Arday

GUNAANAD
(Ummulraac)

CABDULQAADIR CABDULLE DIINI

Diini Publications & Looh Press | 2021

LOOH PRESS LTD.
Copyright © Cabdulqaadir Cabdulle Diini 2021.
First Edition, July 2021

All rights reserved. No part of this publication may be reproduced, stored in any retrieval system, or transmitted in any form or by any means, including photocopying, recording, or other electronic or mechanical methods, without the prior written permission of the publisher, except in the case of brief quotations embodied in critical reviews and certain other noncommercial uses permitted by copyright law. For permission and requests, write to the publisher, at the address below.

Xuquuqda oo dhan way dhawran tahay. Buuggan oo dhan ama qayb ka mid ah lama daabacan karo, lamana tarjuman karo la'aanta idan qoran oo laga helo qoraha.

First Edition 2021
"Gunaanad: (Ummulraac)"
Diini Publications & Looh Press.
Leicester, England, UK

Daabacadda 1aad 2021
"Gunaanad: (Ummulraac)"
Diini Publications & Looh Press.
Lester, Ingiriirska, UK.

Diini Publications in Partnership with:

Distributed by Looh Press
56 Lethbridge Close,
Leicester, LE1 2EB
United Kingdom
www.LoohPress.com
admin@LoohPress.com

Waxaa Faafisay Looh Press
56 Lethbridge Close,
Leicester, LE1 2EB
United Kingdom
www.LoohPress.com
admin@LoohPress.com

Printed & bounded by:
Waxaa Daabacay:

TJ International Ltd, UK.

ISBN: 978-1-912411-30-6

TUSMADA BUUGGA

HORDHAC 1
HIBAYN 9
1. ASKUNKII KALGACALKA 11
2. DALXIISKII DAREENSIGA 29
3. RAACDADII CIIDANKA 45
4. FAQII FAGAARAHA TAGEY 59
5. GOGOSHII ODAYAASHA 73
6. KULANKII HAWDKA 95
7. MISKIIN IYO MURAAD XAMAR 111
8. DHAMBAALKII DHIILLADA 129
9. WARQADDII MAXKAMADDA 149
10. GARSOORKII MAXKAMADDA 161
11. SIR MA QABE, ALLAA U SAHAN AH 179
12. MUQDISHO IYO HARJADKII NOLOSHA 201
13. SAXALBIXINTII SOKEEYAHA 213

14. BERISAMAADKII SHUUSHBAXA 225
15. GUNAANAD 237
MAHADCELIN 250

HORDHAC

SHEEKADANI MA ahan mid la abuuray oo matalaad ah, waa mid dhab ah oo qoraha buugga ku dhacday. Waa sheeko dhinacyo badan taabaneysa oo iftiiminaysa habdhaqankii nololeed ee ay bulshaweyntii Soomaaliyeed; miyi iyo magaalaba, ku nooleyd waqtigii dawladda iyo berisamaadkii.

Waa sheeko ku xusuusinaysa waayawaayo iyo sidii xaal ahaan jirey. Waxay wax ka bidhaamineysaa qaybo ka mid ah dhaqanka Soomaaliyeed, gaar ahaan guurka. Dhaqankeenna soo jireenka ahi, intiisa badan, inuu ku eg yahay baaddiyaha, magaalooyinkase aanu saameyn weyn ku laheyn, miyiga iyo magaaladana aanu ka dhaxeyn xiriir weyn oo dhaqameed ayay ku tusaysaa.

Kii magaalo yimaada soo dhaweyn kama helo oo *'reer baaddiye'* ayaa magac looga dhigaa, kii miyi tagana geeska ayaa la geliyaa oo *'aricarbeed'* ayaa loogu yeeraa. Wax walbaa ha keeneene, kala duwanaani inay jirtay ayaa qisada laga milicsan karaa.

Buuggu ma ahan mid siyaasadeed, waxaase laga dheehan karaa qaabkii maamul ee jirey sida uu ahaa. Wuxuu dad badan xusuusin doonaa wax badan oo xaqdarro ahaa oo waddanka ka dhici jirey.

Sidoo kale, waxay dad badani soo gocan doonaan, kuwa

dagaalkii sokeeye barakiciyey ee dibadda u qaxay iyo kuwa dhulkii ku haray ee xabadda iyo colaadda ku dhex jiraba, wanaaggii dawladeed iyo muunada iyo haybadda uu ruuxu dhulkiisa ku leeyahay.

Dhallinyaro badan oo iyagoon hanaqaadin uu waddanku burburay iyo kuwii dagaallada kaddib dhashayba, waxay ka heli doonaan sheekada sidii ay ahayd noloshii dhallinyaradii da'dooda oo kale aheyd waqtigii dawladda iyo sidii ay u dhaqmi jireen. Wuxuu dhallinta u soo bandhigayaa sidii ay u wada xiriiri jireen barbaartii waqtigaa joogtey kolka hawo guur gasho iyo sidii ay u haasaawi jireen.

Qisadu waxay si dhab ah noo tusaysaa sidii ay ahayd iyo baylahdii qabsan jirtey hooyada Soomaaliyeed marka ay ugu baahi badan tahay ee ay ugu jilicsan tahay. Marka ay ugu nugushahay oo ay xannaano dheeraad ah u baahan tahay.

Xilliga ay ugu mudan tahay in wax kasta oo ay u baahan tahay loo diyaariyo, lalana hor ordo. Waqtiga ay ugu sharaf iyo maamuus badan tahay, uguna qiimo iyo qaayo badan tahay. Marka ay lammaan tahay ee ay uurka noole ku siddo oo intay jilicdo oo tabardhigto ay saanta qaadi weydo.

Xilliga intay fooshu qabato ay isu diyaariso inay ruux nool dunida ku soo kordhiso. Marka inta nabarku ku dhego uu majiiro oo ay alalaadeyso, xanuunkuna intuu ka bato ay marada ceshan weydo oo xishoodkii nabarku dhaafiyo oo halmaansiiyo.

Sidii ay u fududeyd in hooyo uur lihi ay nafteeda ku weydo cudurro yaryar oo ay wax-ka-qabashadoodu aad u fududdahay. Hagartii iyo daryeel la'aantii ay ku jireen hooyooyinka Soomaaliyeed, ilaa haddana ay ku jiraan ayey skeekadu na tusaysaa.

Sheekadu waxay na baraysaa sidii ay bulshadeennu ula

dhaqmi jirtey lammaane is jecel oo iyagu is doortay, gaar ahaan kuwii xaaladdooda dhaqaale iyo midda bulsho aaney isku midka ahayn ee ay kala duwaneyd.

Sidii loo arki jirey wiil danyar ah oo hawaysta gabar reerkoodu ladan yahay. Waxa kale oo qisadu na baraysaa sida qofku yoolkiisa si hufan uga gungaari karo. Samir iyo dulqaad oo la miciinsado iyo Alle oo la talasaartaa inay yihiin hubka ugu halista badan ee qof muslim ahi adeegsado.

Sidoo kale, waxay nooga digaysaa dulmiga iyo quursigu ciribxumada uu aakhiro iyo adduunba leeyahay. Ku sii daroo, in qofku ogaado inaanu u dhalan, loona abuurin inuu weligii baraare iyo barwaaqo ku noolaado, dhanka kalena ay geeridu gaadeyso oo inta loo soo jiro aanu garaneyn. Inaan la isku halleyn dhaldhalaalka adduun oo aan lagu dagmin ayey qisadu sidoo kale na baraysaa.

Kaadsiga iyo in wax la hubsadaa inay lafdhabar u yihiin tallaabo kasta oo la qaadayo ayaa sheekada laga qaadanayaa. *Hubsiimo hal baa la siistaa. Haddii degdegsiiyo door dhalaan, kaadsiiyana kiish lacag ah.*

Dhanka kale, diradiraalaha iyo dadka oo war xun loo kala qaado dhibka ka dhalan kara iyo raadka xun ee aan la mahadin ee laga dhaxli karo. *Si xun wax-u-sheeg sixir waa ka daran yahay.* Inay habboon tahay inuu qofku arrimihiisa hadal iyo is qabqabsi ka ilaaliyo , gaar ahaan guurka in laga dhawro erey iyo buuq ayey dhacdadu noo tilmaameysaa.

Qisadani waxay ka soo bilaabaneysaa sannadkii 1987, waxayna dhammaaneysaa 1990. Waxay maraysaa heerar iyo marxalado kala duwan.

Mar way ku hiyi kicinaysaa oo dareen ayey kugu abuuraysaa, marna waa kaa caraysiinaysaa oo dagaal ayey ku gelineysaa. Mar inay kaaga ilmaysiiso ayaa la arkaa, marna in qosolkaaga xaafadaha laga soo raaco. Mar waxay ku dhadhansiinaysaa macaan aad u bogto, marna kharaar aad soo tufto.

Kol waxay ku siinaysaa xog dhab ah oo ku saabsan sidii looga noolaa waddanka waqtigii dawladda; In dadku uu kala sarreeyey oo heerar ahaa iyo inay sinnaani jirtey. In la isu xoog sheegan jirey iyo in la is xaqdhawri jirey. In xadgudub jirey iyo inay caddaaladu meel walba gaartey. Waa qiso is rogrogeysa oo kacaa-kufeysa, hadbana dhan kaa soo galeysa, kuna laabkicinaysa.

Waxba yaanan warka kugu daaline, waa dhacdo cashar ah oo aan loogu talagelin oo keliya in akhrinteeda la macaansado oo lagu madadaasho. Ujeeddada ugu weyni waa in farriinta ay xambaarsan tahay iyo xogta ay soo gudbineyso la dhuuxo.

Wixii dhib iyo gef ah ee ay tebinayso in lagu baraarugo, ka dibna loo guntado sidii loo sixi lahaa, wixii turxaanbixin u baahan loo hufi lahaa, wixii dheef iyo wanaag ahna loo sii horumarin lahaa. Waa dhacdo, qofkii si dhug leh u akhriya, laga yaabo inay saamayn ku yeelato dareenka iyo qaab-fikirkiisa.

Alle Quraanka wuxuu noogu sheegay sheekooyin iyo qisooyin badan oo xilli hore dhacay, waxayna isugu jiraan kuwo xumaan tilmaamaya iyo kuwo wanaag ka sheekaynaya. Alle wuu noo sheegay ujeeddada uu ka leeyahay sheekooyinka uu Quraanku ka warramayo, waana in wax lagu qaato.

Dhacdo kasta oo ifka ka dhacda waa mid Eebbe horey u jaangooyey, looguna talagalay in uunku ku cibraqaato. Haddii ay wanaag tebineyso in lagu dhaqmo, haddii ay xumaan ka warramaysana laga dheeraado. Wixii dhacaaba inay mahadho iyo arrin aan maanka iyo xusuusta ka bixin reebaan ayaa suurtawdee, sheekadani waa mid raad ku reebtay dadkii qaybta ka ahaa.

Sidoo kale, ciddii dambe ee akhrisa ama maqashana inay saameyn ku yeelan doonto ayaa loo badinayaa. Qoraha ayaa 'kow' ka ah dadka mudan inay wax ku qaataan wixii soo maray. Alle ayaa magafe ahe, wax badan oo ka dhacay inay gef ahaayeen ayuu garwaaqsadaa, kolkaas ayuu Alle inuu u dhaafo weyddiistaa.

Arrimo kale oo uu ku tallaabsaday in laga habboonaa ayuu aqoonsadaa. Mararka qaar oo uu isla qummanaa in laga hayey oo ay taladu ka hoos baxday ayuu ogaadaa. Qolo maamuus iyo tixgelin ka mudnaa inaanay mararka qaar ka helin ayuu garowsadaa. Inkasta oo uu rumeysan yahay inuu gar lahaa, haddana inaanu ceebla'aan aheyn ayuu isu sheegaa.

Dhanka kale, dadkii ay arrintu dhexmartay inay sidiisa oo kale ahaayeen oo ay marna hayeen kolalna ay ilduufeen ayuu aaminsan yahay.

Si kastaba wax ha u dheceene, ugu horreyn wuxuu qoraagu Eebbe weyne warsanayaa inuu wixii gef ahaa ee ka dhacay uu u dhaafo, wixii soo marayna kii wax ku qaata uu ka dhigo. Marka xiga, dadkii ay wax dhexmareen in badan oo ka mid ah dib ayay iska arkeen oo madmadowgii dhexyiilley uga heshiiyeen oo is cafiyeen, qaarna waayuhu kuma simin inay is arkaan.

Waxba umuu qabo oo wuu cafiyey dhammaan dadkii ay wax dhexmareen; mid dhintay iyo mid noolba, isaguna sidoo kale ayuu dhankooda weyddiisanayaa, kana filayaa. Dadku waa ay is qoomaan, waxa se meesha aan ku jirin oo aan habbooneyn inaan laga heshiin.

Qoraaga waxaa saaran inuu soo gudbiyo sidii ay wax u dheceen oo uu qof-jecleysi iska dhowro. Iyadoo aan laga tageyn anshaxa Islaamku na farayo iyo midka abuurka ah ee

Alle dadka geliyey, haddana in sida dhabta ah sheekada loo soo tebiyaa waa lagama maarmaan.

Waxyaabaha qaar oo loo arkay inaanay sheekada waxba ku kordhineyn, dhanka kalena laga yaabo inay wax kala dhacdo ayaa laga tagey. Sidoo kale, dhacdooyin aan la hubin iyo arrimo loo arkay inay wax sii fasasin karaan, wax dan ah oo ku jirta in la soo bandhigana aanay jirin ayaanan lagu darin.

Dhanka kale, sheekada waxaa laga ilaaliyey in lagu soo daro wax aan ku jirin, waxaase suurtowdo in meelaha qaar la naashnaasho oo la qurxiyo. Fal dhacay ama dareenka qofka in la cabbiro oo qoraal iyo hadal loo beddelo mararka qaar inay u baahdaan in la yare buubuuniyo waa ay suurtowdaa.

Sidaas oo ay tahay, ereyadaa iyo oraahdaa la isticmaalay waa kuwo aan waxba ka beddeleyn sidii ay wax u dheceen.

Qoraagu waa inuu noqdaa tebiye ama weriye run-sheeg ah, akhristuhuna isagaa garsoore ah oo garta qaadi doona.

Waxa kale oo baraarujin mudan inaan akhristuhu u qaadan qof kasta oo sheekada ku jira oo waxuun akhristuhu uu u arko gef uu ka dhacay aan gefkaa summad looga dhigin. Culimadu waxay noo sheegeen xadiis Nabigu NNKA ka sugan oo noo tilmaamaya in dadka oo idil gef ka dhaco, qofka ugu fiicanina yahay midka ka soo noqda. Soomaalida qudheedu waa iyada ku maahmaahda: *Nin aan hal seegin habari ma dhalin.*

Dad badan oo ka mid ah kuwa ay qoraha arrinkan isku maandhaafeen ayuu rumeysan yahay inay ahaayeen dad aad u dun wanaagsan, qaarkoodna uu u hayo abaal ay horey ugu galeen. Qaarkood ayuu xilli dheer gurigooda ku noolaa, waligina aanu kala kulmin wax uu dhibsado. Abaalkaa wuu u hayaa, hadda oo la joogana wuu u duceeyaa.

Qisada dadka ku jira waxaa la isticmaalay magacyo aan aheyn kuwoodii dhabta ahaa. Ruux walba waxaa loo bixiyey magac kale oo uu sheekada ku matalayo. Qaar ayaan la magacaabin oo lagu daayey in la yiraaho, tusaale ahaan: "Wiil asxaabtayda ka mid ahaa, ama ruux aan waxaas isu ahayn," iyo wixii la mid ah (iwm).

Goobaha ay sheekadu ka dhaceyso, intooda badan, magacoodii dhabta ahaa ayaa la daayey, waase la arkaa meelaha qaar in lagu gaabsado in la yiraahdo, 'meel tuulo ah ama duur cidla' ah…..iwm.' Sheekada waxaa laga dhigay shan iyo toban (15) cutub ama qaybood, mid walbana waxaa loogu magacdaray dhacdo la is lahaa way ka dhex muuqataa ama saameyn gaar ah ayey leedahay.

Gabogabadii, afeef ahaan, waxaa suurtowda in qisadani noqoto, *'Gari labo nin kama wada qosliso.'* Inay dadka qaar damaqdo oo arami iyo lahan ku kiciso, qaarna ay nafis iyo caloolfayoobi u noqoto ayaa la arkaa. Way dhici kartaa kuwo kale inay ka gilgishaan, kana gadoodaan waxyaabo sheekada ku jira, hadalna ka keenaan.

Dad inay baraarujiso oo wixii dhacay ay ka qoomameeyaan ayaa la arkaa. Isku soo duuboo, dadkaas siyaabaha kala duwan wax u dareemi kara waxaa lagu laab-qaboojinayaa in la yiraahdo: *"Waa dhacdo laga sheekaynayo, dibna aan loo soo celin karin, in lagu cibraqaatana loogu talagalay. Yaanay dareen iyo colaad ku gelin, naftaadana ku deji inaad tiraahdo: Wax tagey tiigsimaad ma leh!*

Cabdulqaadir Cabdille Diini

02/11/1442
12/06/2021

HIBAYN

WAXAAN JECLAAN lahaa inay Ilwaad, sidii ay bilowga sheekadaba u ogeyd inay gunaanadkeedana goobjoog u ahaato, mase dhicin oo waayaha ayaa na kala geeyey. Waxay hormood ka aheyd sidii qisadan loo qori lahaa oo bulshada loogu soo bandhigi lahaa.

Waxay aheyd xoghayntayda aan ku aamino sirtayda oo aanan welwel ka qabin wixii aan ku qarsado. Hanti-dhawrahayga ayey aheyd aan ku halleeyo wixii gacanteeda ku jira oo aanan baylah iyo tagrifal uga baqeyn. Waxay ahayd qalbi-dejiyahayga aan ku xasilo araggeedana aan ku ildoogsado. Lataliyahayga aan ka daalin wax-u-sheegga iyo talasiinta.

Adeegahayga ayey ahayd waxaan u baahdoba degdeg iigu keena oo aan 'maya' aqoon, weriyahaygana way ahayd qisada ii tebinayey. Waxay mudan tahay in lagu dul-akhriyo, loogana warramo wixii i gaarey markii muuqayagu kala qarsoomay, mase dhicin oo amar naga sarreeya nagana da' weyn, inaan u hoggaansannana ay lagama maarmaan tahay ayaan sidaa qoondeeyey.

Waxaan ku faraxsanahay inaan iraahdo, *"Waxaan buuggan si gaar ah ugu hibeeyey Ilwaad, si guudna waxaan ugu hibeeyey gabar kasta oo Soomaaliyeed ee la qabta dhibta iyo hagardaamada ay la kulantay nolosheedii iyo baylahdii iyo daryeel la'aantii qabsatay markii ay gacan-qabashada u baahneyd."*

1. ASKUNKII KALGACALKA

WAXAY AHEYD goor galabgaab ah markii aan uga degney gaari kuwa ciidammada ah xerada Dab-iyo-Dhagax ee degmada Buulaburde. Waxaan ahayn koox dhallinyaro ah. Bannaan ay xeradu lahayd ayaan is dhoobnay, annagoo sugeyna halka naloo dhaqaajin doono ee hoyga noo noqon doonta.

Dhallinyaro ilaa boqol iyo xoogaa aan ku qiyaasay oo askar tobaneeyo ahi hortaagan tahay, askartaas oo inteeda badani ay ulo waaweyn gacanta ku haysato ayaa barxadda tubnaa.

Cabbaar kolkii aan taagneyn oo aan juuqna naloo oran, ayaan halmar waxaan ku naxnay labo askari oo inta dhallinyaradii meesha safnayd dhex galay kala soo baxay labo wiil. Dhulka intay dhigteen ayey si arxandarro ah u garaaceen. Qayladii iyo oohintii wiilashaa ka baxaysey waxay nagu beertay cabsi iyo argaggax.

Annagoo amakaagsan oo nin far nuuxiya aanu nagu jirin ayaa hal mar waxaa nagu soo dhaqaaqay askartii ulaha wadatey oo iyagoo ku qaylinaya *'saf gala,'* naga la dhex kacay garruumadii ay wateen. Waxaan noqonnay mid cagaha wax ka daya, mid sida qiiqa iska dabawareega iyo mid kacaa-kufa. Hareeraha ayey naga galeen oo dhawr saf naga dhigeen. Waa yaab! Tolow tani ma noo dambeysey! Qaylo, cagajugleyn iyo gaarruumadii ay wateen oo nalagu hummaajiyo ayaa nala ku bilaabay.

Cabbaar markii aan tubnayn oo aan hareeraysnayn, mid kasta oo naga mid ahina, intuu qalka iyo labada daan is gashaday, sugayo goortii qaartaasi ku dhici lahayd, ayaa waxaa dhisme dhinacayaga ahaa ka soo baxay nin oday ah oo ka mid ahaa saraakiishii xerada joogtey.

Maannaan fileyn inaan ka maqli doonno hadal na farxadgeliya, dhegahuna waxayba sugayeen wax kuwii hore ka daran. Nin qummaati u eegi karaa naguma jiree, iyadoo mid walbaa hoganayo ayaa kii xoogaa dhiirranaani ku jirtey ilqooreedka ka eegay. Wejigiisu waa ka duwanaa kuwii hore, waxaana ka muuqdey nuur iyo degganaan.

Jirkii cabsida isla galay wuu yare dabcay oo kala baxay. Waa sidaan filaynaye, markii uu arkay argaggaxa naga muuqda ayuu nagu bilaabay hadallo dabacsan iyo inuu nooga warramo xeradan iyo ujeeddada aannu u nimid.

Intuu hortayada istaagey ayuu hadal intan aan ka xusuusto noo jeediyey: *"Waxaad halkan u timaaddeen inaad gudataan hawlihii difaaca qaranka. Waxaad tihiin madaxdii mustaqbalka, waa inaad qalinka iyo qoriga isku dartaan. Tababbar ciidan ayaad qaadaneysaan si aad dadkiinna iyo dhulkiinna u difaacdaan markii la idiin baahdo."*

Sarkaalku wuxuu noo sheegay inaan weli jiif naloo diyaarin. Habeenkaa qofkii magaalada jiif ka helaya inuu ka raadsado, kii kalena uu asxaabtiisa ka soo horreysey la ciriirsado

1. ASKUNKII KALGACALKA

ayuu nagu wargeliyey. Maalintii xigtey ayaa nala geeyey dhisme weyn oo isku furan oo ay safan yihiin sariiro labalabo isku dulsaaran.

Waxaan ahayn ardaydii Gurmadka Shaqada Qaranka , waxaana xeradaa la isugu keenay saddex gobol oo kala ahaa: Galguduud, Hiiraan iyo Shabeellada Dhexe. Ardaydii ka timid gobolka Galguduud baan ka mid ahaa.

Dhallinyaradii xerada nooga soo horreysey waxay ka kala yimaadeen gobollada Hiiraan iyo Shabeellada Dhexe. Isla markiiba waxaa naloo bilaabay tababbarkii, iyadoo naloo qaybiyey horimmo, kooxo iyo unugyo.

Maalin walba waqtiga dadka intiisa kale ay u kacaan inay tukadaan salaadda Subax, annaga waxaa siiri iyo ulo hore iyo gadaal nagala galayey askar loo carbiyey malaha inay dadka seejiyaan cibaadada Alle. Xilliyada qaar mar ay salaadi joogto waxaa ku aaddanaa cashar aan marna laga maqnaan karin.

Muddo laba bilood ku dhow ayaan orod, gaardi iyo tababbarro kala duwan ku jirney. Waxaan kala tagnay salaad iyo cibaado Alle, waalid iyo asxaab waan kala abaadney, cunto macaan iyo nadaafadna goor hore ayaa noogu dambeysey. Muddo yar kaddib waxaa bilowday fakad iyo in ardaydii ka cararaan ciqaabta iyo noloshii adkayd ee xerada taalley.

Askar aan u arkeyney kuwo aan arxan lahayn oo sidii nacab noola dhaqmay baan gacanta u galnay. Gefka iyo danbiyada ardada ka dhaca iyo ciqaabta la mariyaa isma laha oo wax isu dhow ma ahayn.

Maalin ayaa wax aan sagaaro *'biif'* ka oran la igu eedeeyey, malahaygana ciidammada agtooda dambiyada waaweyn lagu tiriyo. Aniga iyo labo kale ayaa mid askari ah oo aannaan u ducayn naloo dhiibay oo amar lagu siiyey inuu na ciqaabo ilaa aan sanka dhiig ka keenno.

Intuu na kexeeyey oo midkiiba sarwaal iyo funaanad yar ku reebay ayuu nagu amray inaan is marmarinno oo aan ku subkanno dhoobo madoobaatey oo aad urkeeda ku sumoonayso. Is adkayn iyo diidmo ma jirtee, amarkii ayaan degdeg u fulinney.

Meel bacaad ah intuu na geeyey, iyadoo dhoobadii nagu raran tahay ayuu nagu amray inaan, sidii geelii, ku galgalanno. Dhooqadii iyo ciiddii intay isku dhegeen ayaannu bahallo u ekaannay. Ciqaab siduu noogu wadey ayuu goor dambe annagoo naf ah na sii daayey.

Wax kale nama dhaqi kareyne, webiga Shabeelle oo aan sidaa nooga fogeyn ayaan, inta u luudnay dhex galnay. Maalin dambe ayaan la kulmay wiil ka mid ahaa ardaydii sannadka naga horreysey, waa horena dhibbowgii ka baxay, horena aan isu naqaanney oo ka sheekaynaya sidii naloo galay.

Markii nala ciqaabayey ayuu agtayada marayey isagoo sanka haysta. Anigu waan garanayey, laakiin isagu imaanu garan karin saa tin iyo cirib dhooqo iyo ciid ayaa iga saarnaaye!

Goor barqadii ah, ardaydii oo cashar qoryaha ku saabsan ku qaadanaysa balbalo weyn oo dhagax ah, fasalna noo ahayd, ayaa gaari ciidan oo ay saaran yihiin nin sarkaal ah iyo darawal agtayada soo istaagey. Salaan ciidan kaddib, waxay bilaabeen inay magacyo yeeriyaan, cabbaar kaddibna magacaygii ayaa loo yeeray.

Waxaa nalagu amray inaan alaabtayada soo xirxiranno. Gaarigii ayaa nala saaray, annagoo garan la' halka naloo wado.

Markii aan xeradii ka baxnay ayaa gaarigii istaagey. Sarkaalkii ayaa soo degey, wuxuuna noo sheegay in naloo wado magaalada Dhuusamareeb oo aan ku qaadan doonno tababar war-isgaarsiineed.

Hal mar ayaa qaylo iyo boodbood gaarigii is qabsadeen,

sarkaalkiina intuu naxay ayuu dib u boodey. Farxaddii ayaa naga badatay mar haddii aan xerabaastii ka baxnay. Neef ayaa naga soo baxday, waxayna noola mid ahayd sidii qof xabsi uu muddo dheer ku jirey laga sii daayey.

Tababarkii war-isgaarsiintu wuxuu noo socdey muddo saddex bilood ah, kaddibna waxaan bilownay inaan ku shaqa galno. Wax badan la i xir, marar badanna ciqaab ciidan la igu qaad. Asxaabtaydii qaar badan ayaa furimaha hore ee cadowga la geeyey, aniguse waxaan nasiib u helay inaan ku haro Dhuusamarreeb oo ahayd xaruntii qaybtii 21aad ee ciidammada.

Waxaan soo gebi dhacleeyaba, labadii sano ee gurmadka anigoo taarwale ah ayaan dhammeystay. Kaarkii guduudnaa ee gurmadka ee tusinayey in ardaygaasi hawlihii qaranka soo gutey ayaa naloo qaybiyey abbaaraha bishii 5aad, 1987.

Waxaa qasab ahayd arday kasta oo ka rajaqaba inuu jaamacad bilaabo inuu Muqdisho tago, si uu uga qaybqaato imtixaankii jaamacadda. Waan galay imtixaankaa, kumase guuleysan. Musuqmaasuqu waddanka meel walba waa galaye, waxaan bilaabay sidii aan garab inta u raadsado aan jaamacad u heli lahaa.

Garabka jiraa wuxuu ahaa labo mid uun: Inaad qof ku leedahay dawladda ama inaad qof dhaqaale leh tahay ama ku xiran tahay.

Diiriye oo aan qaraabo ahayn, markaana aan gurigiisa joogey ayaan ka helay xoogaa lacag ah. Waxaan farta ka saaray nin la dhashay wiil aan saaxiib ahayn, iskuna fasal ahayn oo isaguna sidaydoo kale jaamacad waayey. Waxay is yaqaanneen hormoodkii kulliyaddii Lafoole. Labadayadiiba Jaamacaddii naloo hel. Muddo kaddib ayaa nalooga yeeray Dugsigii sare ee

Jamaal Cabdinaasir oo aannu ku qaadannay koorso lix bilood ah oo luqadda Ingiriiska ah.

Kolkii ay koorsadii dhammaatay, ayaa qof walbaa isu diyaariyey sidii uu u dooran lahaa maaddooyinkii uu qaadan lahaa. Sayniska maaddooyinkiisa saddexda ah oo aan xiisayn jirey inaan labo ka doorto ayaan qalinka ku duugey; Kimistari iyo Bayoloji ayey noqdeen.

Ismaba ogine illeyn waa nalagu soo maqan yahay. Sannadkaa Jaamacadda Ummadda guddoomiye cusub ayaa loo magacaabay. Qoladayadii gadaal-ka-gaarka ahayd wuxuu noo ahaa guddoomiye baas. Ha ka ahaato dhoollatus iyo muruqmuujis, amaba daacadnimo uu rabey inuu Jaamacadda ka hufo musuqmaasuqii xilliyadii dambe hareeyey, wuxuu soo rogey in la eryo intii aan jaamacadda si sharci ah ku helin.

Sidoo kale, waxaa la isla dhexmarayey inay jirtey siyaasad cusub oo dawladdu waddey ayna ku doonaysey inay yarayso ardada jaamacadaha ka soo baxaysa, iyadoo rumaysnayd inaan shaqo loo wada heli karin. Si kastaba ha ahaatee, in la is kala hufo baa soo baxday.

Dhammaan dadkii garabka ku soo galay kulliyaddii Lafoole, ninkii meel adag haystey mooyaane, waa nala jafay. Hormoodkii ayaan ku noqonnay, mise isagii ayaaba qar ka lusha oo laga laadlaadaa. Ciirsi la' ayey arrintii ku gabogabowdey.

Markii ay seeftii ku dhacday Kulliyaddii Lafoole, ayaa buuq iyo qayladhaani meel walba is qabsatay. Malaha waa sidii dhaqanku ahaaye, waxaa meel walba la gaarsiiyey cabasho iyo *'yaa ninkan naga qabta.'*

Meel amarku uga yimidba, waxaa, malaha, guddoomiyihii la yiri, *"War wiilyahow gebgebtaada mooyee, dhuldhacaaga hubso*

1. ASKUNKII KALGACALKA

oo cagaha dhigo!" Wax walba waxaa nooga sii darnaa booskii aan banneynay iyo halkii nala ka eryey dib ayaa loo buuxiyey. Waxaad mooddaa in annaga meesha nalaga eryanayey.

Goortaan quustay, albaab kastaana uu soo xirmay ayaa dantu waxay igu kalliftey inaan ku biiro walaalahaygii hore ee tol iyo taagba u waayey ee kaabadaha iyo jardiinooyinka xaafadaha ka sheekayn jirey.

Kii markaa xoogaa jeebka ku haystey oo dhoof haweysan karayey, wuxuu ku biiray qolooyinkii subaxdii u kallihi jirey bartamaha magaalada iyo Jiiro Norway. Anigu kooxdaa hore ee kaabadaha xaafadaha gebran ayaan isku qolo ahayn oo miskiin faro madow ayaan ahaa.

Sidii aan hore u xusayba, waxaan ku noolaa guri uu leeyahay nin aan qaraabo ahayn. Diiriye wuxuu ahaa sarkaal sare oo ka tirsan ciidammada. Wuxuu lahaa labo carruur ah. Waxaa kale oo guriga ku noolaa Shirwac oo aan isku meelna ku noolayn muddooyinkii dambe, isku fasalna ahaan jirney.

Shirwac wuxuu ahaa Diiriye adeerkiis oo walaalki ka weyn, isagana soo koriyey, ayaa Diiriye dhalay. Wuxuu dhiganayey mid ka mid ah kulliyadihii Gahayr oo Laamaha Cilmiga la oran jirey. Waxa kale oo iyana guriga joogtey Ilwaad oo ay Diiriye ilma adeer ahaayeen. Iyada qudheeda Shirwac adeer ayuu u ahaa.

Waxay ahayd gabar yar oo markaa soo hanaqaadday oo markii Diiriye reerka yeeshay uga timid miyiga oo reerkoodu degganaa. Waxay ahayd gashaanti ALLAAH haybad dumarnimo u dhammeeyey, qurux iyo qaayo haweenna uu ku manneystay. Muddo yar markii ay joogtey ayay la wareegtey maamulkii reerka. Waxay noqotay mid uu haweysto nin kasta oo ay hawo guur ku jirto, markii uu u dhabbagalo sida wanaagsan ee ay wax u kala agaasimayso.

Waxay ahayd qofka keliya ee aan xaafadda ku haysanno aniga iyo adeerkeed Shirwac. Waxaa iyana reerka joogey koox dhallinyaro ah oo rag iyo dumar isugu jirey oo ay qaraabo ahaayeen Siraad oo xaaska Diiriye ahayd.

Barbaar badan ayaa Ilwaad darteed ii bartay, iyagoo doonayey uun sidii aan gabbaad ugu noqon lahaa oo ay iigu xerageli lahaayeen. Ujeeddadoodu waxay ahayd inay fursad u helaan sidii ay xaafadda ku tagi lahaayeen, maxaa yeelay Ilwaad maanay ahayn gabdhaha bannaannadaa laga il baadsado oo dallaalimo laga helo. Waxay ahayd gabar mar walba guriga joogta oo aan bixin in ay jiraan wax laga maarmi waayo mooyaane.

Sidii aan hore u soo sheegayba, aniga iyo Shirwac Ilwaad way na gacan qaban jirtey oo iyada ayaan ku tiirsanayn xagga dhaqaalaha. Kamaannaan fekeri jirin basraac iyo biyacabbid markii aannu magaalada aadno iyo weliba waxyaabihii dhallintii waqtigaa jirtey ku falnayd sida shaneemagelidda iyo wixii la mid ah.

Rag badan ayaa Diiriye ugu soo dadab galay, laakiin mid kasta oo soo haweysta gaashaanka ayuu u daruuray. Aad ayuu gabadha u jeclaa, wuxuuna ku aaminey inay iyadu maamusho biilka iyo adeegga reerka. Wuxuu ku kaftami jiray, *"Ina adeertay qof ay doorato mooyaane, cid lagu qasbayo oo la siinayo ma jirto."*

Xeradii Afisyoone oo aan degganeyn waxay noqotay mid dhallintu gabadha wanaaggeeda iska wareysato, kuna sheekaysato. Wiilal badan ayaa isa soo miidaamiyey, kala se noqday wejigabax iyo gacmo maran. Waxaa jirey nin dhallinyaro ah oo ay Siraad is xigeen oo xoogaa mar haasaawe u socdey, laakiin markii Diiriye ka warhelay arrintaa ayuu si

1. ASKUNKII KALGACALKA

aad ah isu hortaagey, kalana eryey.

Goor galab ah ayaan hore u sii dhaweeyey wiil aan isku reer ahayn, maalintaana xaafadda nala hargalay. Cabbaar kolkii aan sii soconney ayuu hal mar la soo boodey, *"Samatar, maxaa dhacay, dhiig ma lihid miyaa, maxaa gabadhan yartaa magaceeda xaafaddoo dhan geeyey? Haddii ay qof fiican tahay maxay adiga kuu dhaafaysaa, cidi kaama xigtee! Haddii aad fulayo tihiin annaga noo banneeya."*

Isagoo qosol iyo garabka oo uu iga dhirbaaxo isugu kay daray ayuu igula kaftamay. *"Libaax inaad tahay ayaan kuu malaynayey, malaha dumarkaba uma soo rogatid,"* ayuu ii raaciyey.

Maanay ahayn arrin marna igu soo dhacdey, igamana daaddagin. Iima dhaafsaneyn kaftan, waayo waxaan ahayn aniga iyo Ilwaad dad is walaalaystay oo aanay marna ku soo dhicin inay arrimahaa oo kale isula soo bareeraan. Arrinkaasi saamayn weyn iguma aanu yeelan, waanse dareensanaa inaan aniga iyo gabadhu nahay dad geyaan isu ah, sharciguna isu banneeyey.

Dagaal gondahaaga ayuu ka dhashaaye, intaan kor iska eegayey iyo dhallintaa doolka ku imanaysey, ayaan ku baraarugey qaar asxaabteyda ka mid ahaa oo igu bilaabay inay igula kaftamaan xididnimo iyo inay igaga xishoodsiiyaan in gabdho xaafadda noo joogaan, geyaankoodna ay yihiin.

Gartay halkay geeddiga u wadaan. Wax baa i galay! Tolow ma hinaasaa?! Dhallinyaradaa weerarka ah waxaa dheer hadallo duulduul ah oo ka imanayey xagga Diiriye oo uu gabadha kula kaftamo. *"Ina adeer waa la iga kaa soo doonay oo dun baa kugu xirane, ogow."*

Arrimahaas oo dhan waxay igu abuureen dareen aanan

garan karin halka uu iiga yimid. Waxaa igu abuurmay lexejeclo dheeraad ah oo aan gabadha u hayo, walow aan lahaa arrintaa sababteedu waa wanaaggii badnaa ee ay kuu gashay. Waxaan jeclaystaa inaan la sheekaysto si aan u ogaado inay jiraan dad ay wada socdaan. Talasiin ayaan ku bilaabay iyo inaan uga digo inay beer dulucsadaan dhallinyaradan tartanka ugu jirta.

Muddo ayey igu qaadatay inaan fahmo isbeddelkan igu dhacay. Waxaan ahaa nin dhallinyaro ah oo aan lahayn waayo-aragnimo uu ku kala saaro waxyaabaha cusub ee ku soo kordha, dareenkiisana ku soo biira. Welwel ayaan dareemaa inta aan xaafadda ka maqnahay, halka uu iiga yimidna ma garto. Sidoo kale, guriga inaan degdeg ugu noqdo baan jeclaystaa.

"Tolow, ma wanaaggii ayaa dabin kuu noqday? Ma wax baa ku galay oo cudur ayaa ku asiibay?" Su'aalo badan oo qaarkood jawaabtooda naftu is diidsiinaysey ayaan is weyddiiyey. Qof walbaa meesha laga hayo ama hay ama haabaye, dareemay inaan il iyo oof midna la iga hayn. Mala'awaaley halka la iga galay, waxaanan iskula sheekaystay, *"Malaha waxaad gashay safkii dhallinyaradii tartanka ku jirtey."*

Waxay ahayd hubaal in dareen kalgacal i galay. Ma ahayn wax fudud, iimana muuqan wax xal ah oo aan arrintaa ka gaari karo. Shaki iiga jirin oo hubaal ayey ii ahayd in haddii aan arrintaa Ilwaad u bandhigo ay ku noqon doonto yaab iyo amankaag. Waxaa had iyo jeer i hortaagnaa, markastana maankayga ku jirey dhacdo aniga iyo gabadha na dhexmartay. Iyadoo markaa soo weysaysatey ayuu si kamma' ah jirkayagu isu taabtay.

Markii aan is waydaaranney ayaan is iri, *"Malaha maanay dareemin."* Intaan u yeeray ayaan ku iri, *"Waan ku taabtay oo weysadii waa kaa jabtaye, ogow."* Intay is yare taagtey, iyadoo yaabban ayey tiri, *"War naga aamus! Eeddadaa baan ahaye, ma weysaad iga jebisaa?" "Qof qaba inaadan weyso ka jabin miyaad arrinkaa ula bareeri kartaa,"* ayaan ku tallamay.

Arrintaa iyo kuwo la mid ahi waxay igu abuureen quus, sheekadaasina inaanay ii soconeyn, sidaa darteed aan iska illaawo oo aan maskaxdayga ka saaro ayaan isugu sheekayn jirey. Waxaan bilaabay inaan isa samirsiiyo oo is maaweeliyo, balse intee arrintaasi tolow, socon doontaa? Ma noqon doonaa nin arrintaa go'aan ka qaadan kara? Malaha waa kaaf iyo kala-dheeri. Cudurkaasi qofuu galay oo fudayd ku biskoodey ma la hayaa?

Waa soo beryey sacabbo laguma dadee, muddo markii aan is moogeysiinayey, ayaa xaalku ii run sheegay. Runtu waa lama dhaafaane, waxaan hubsadey inaan mar hore dabin ku dhacay oo aan u seetaysnahay jacayl mar hore dhiiggayga xulay. Nin hoggaansamey inaan ahay, meel uu ka noqdana joogin ayaa ii soo baxday.

War dhafoor ayuu ku yaale, dad badan ayaa i weyddiiyey waxa iska kay beddeley. Markii horeba anigoon hilib u dhalan ayaa jirkayga wax weyni iska dhimay. Run ahaantii, waan dareemayey in arrintani wax weyn igala dhacday. Laabi labo u la'e, waxaa maankaygii hareeyey fakar iyo islahadal, arrinkaas oo saameyn weyn ku yeeshay noloshaydii iyo waxbarashadii. Wax walba waxaa iiga weynaa sidii aan maaro ugu heli lahaa arrinkan igu cusub.

Malaha intaan is illaawey ayaa ciddii i taqaaneyba waxay la yaabtay basaasta iyo diifta iga muuqata, iyadoo la igu yaqaanney, la iguna xaman jirey xarrago iyo nin aan oogadiisa iyo jirkiisa muuqaal xun u oggolayn.

Dugsigii sare ee Jamaal C/naasir ayaan galbihii aadi jirey oo aan ku qaadan jirney koorso lix bilood ah oo afka Ingiriiska

ah. Inta badan hurdada barqadii ayaan ku gaari jirey, waayo wax shaqo ah oo gelinka hore iga dhacdey ma jirin. Inta aan xaajaysiga ku maqnahay ayaan u imaan jirey quraacdii oo miiska ku diyaarsan. Waa meel ALLAAH uu wax ka wadee, subax uun baa anigoo weli sariirta dul saaran ayey, malaha, waxay Ilwaad is tiri, *"Kol hore ayuu kacaye quraacda u gee."*
Culays ayaan dareemay. Dhankii albaabka ayaan yare milicsaday. Waaba iyadii oo inta tartiib quraacdii u dhigtay is majiirtay oo markay ogaatey inaan soo jeedo ii raacisay, *"War harka galay maxaa ku seexiyey? kacoo quraaco."*

Runtii, subaxdaasi waxay ahayd mid noloshayda raad weyn ku yeelatay. Markii aan gabadhii isha ku dhuftay, ayaa tin iyo cirib wax aanan garaneyni i dhex xulay, wadnihiina afka i yimid. Intaan barkintii bogga gashaday ayaan sariirtii isku dhajiyey, sidii aan wadnihii oo booskiisa ka soo dhaqaaqay aan meeshiisii ku celinayo. Muddo markii aan shafka sariirta ku hayey, *'gawda'* wadnaha iyo *'jawda'* dhegaha ka baxaysana isu jiibinayaan, ayaan madaxa kor u qaaday iyadoo dhididku i shubmayo, neeftuurka iga baxayana aad mooddo in maanta oo dhan belaayo i eryanaysey.
Anigoo jaraynaya oo sariirta ku taagsanaya ayaan soo fariistay. Musqushii ayaan luud ku aadey, kaddibna intaan dib u soo noqdey ayaan sariirtii salka saarey. In door ah markii aan hoganayey, ayaan damcay inaan quraacdii wax ka qaadqaato. Nin meel kale looga yeerayo ayaan ahaaye, jidiinkaba waa ii dhaafi weydey. *Jidiin lama jidad baro!* Cabbaar kolkii aan quraacdii dul fadhiyey, gacan dambena aanan u celin ayaa waxaa ii muuqatay inaanay sidani ahayn si aan ku sii jiri karo.
Fakar iyo islahadal dheer kaddib, saaka inaanay ila dhaafin ayaan go'aansaday. Qaabkii aan arrintan ku sheegi lahaa ayaan is weyddiiyey. Runtii, iima fududayn inaan si fool-ka-fool ah ugu sheego, waxaanan baadigoobay si kale oo aan wax ku gudbiyo.

1. ASKUNKII KALGACALKA

Ugu dambayn, waxaan goostay inaan qoraal dantayda ku sheegto. Isla markiiba intaan halhaleel u istaagey oo tabari isoo gashay ayaan qalin iyo warqad soo qaatay. Qoraal gaaban, oo aanan run ahaantii hadda wada xusuusan karin ayaan boobsiiyey oo aan uga warramayo xaalku halka uu iga marayo. Waxaan qoraalkaa ku muujiyey inaanan moogeyn waxa aannu isu nahay, laakiin ay timid arrin aan xakameyn kari waayey oo markii aan isu baqay ay bedbaadadaydu noqotay inaan u soo gudbiyo.

Markii aan qoraalkii dhammeeyey ayaa hunguri wax cunid ahi i galay. Intaan degdeg u quraacday oo aan lebbistey ayaan, inta warqaddii gacanta ku sii qaatay, abbaaray dhanka jikada oo aan ku filayey inay Ilwaad joogto. Salaan kaddib, warqaddii ayaan gacanteeda ku hubsaday. Isma taagine, horaan u sii labo lixaadsaday.

Ilwaad iyadoo yaabban ayaa waxay la soo boodday: *"Samatar, waa maxay waraaqdu?"* Uma hakane, anigoo sii socda ayaan ku iri, *"Akhrisoo, qadadana ha inaga gubin!"* Anigoo aad i mooddid in dabada la iiga jiro ayaan ganjeelka ka baxay.

Boqollaal kiilo oo dusha iga saarnaa in la iga dulqaaday ayaad mooddaa markii aan warqadda gacanteeda ku hubsaday. Waxaan dareemay nafis, sidii nin gool dhaliyeyna waan isula muuqday. Tolow ma dhab baa? Xaajiyadihii Afisyoone ayaan hore u sii raacay, iyadoo aaney jirin meel gaar ah oo aan u socdey.

Waxaan sii socdaba waxaan gaarey Gurigii Hooyooyinka. Intaan hore u qaatay wargeyskii Xiddigta Oktoobar ayaan fariistay geed weyn oo ka soo horjeedka Guriga Hooyooyinka ku yiil. Wargeyskii ayaan kala bixiyey, mase akhrin. Hal mar ayaa qalbigayga lagu soo tuuray su'aasha ah, *"Tolow maxay*

Ilwaad oran doontaa? Waad isku fiicnaydeene armay arrintani idin kala dishaa!!"
Cabbaar markii aan fadhiyey ayaan anigoo si u walwalsan sare kacay. Dib ayaan xaafaddii ugu noqday, anigoo garan la' waxaan la kulmi doono. Albaabkii ayaan garaacay. Markii aan foodda soo galiyeyba, wax aan maqlo waxaa iigu horreeyey Siraad oo leh, *"Naa maxay la ooyaysaa!!"* Nin didmo ku jirto ayaan ahaaye, fallaar aan ii muuqan ayaa wadnaha ii dhaaftay.
Cidda ooyeysaa inay Ilwaad tahay ayaa ALLE iiga dhigay. Sagaaradii warafka la kulantay baan noqday. *"Naa gabadha yartaa qabta,"* ayey Siraad raacisay. Neef ayaa iga soo booddey, waanan gartay inay oohintu meel kale tahay. Hore ayaan u sii gudbey. Anigoon dhanna fiirin ayaan degdeg qolkaygii dalaq u iri.

Inkastoo aan dareemayey inaan xoogaa yare nafisay, haddana hawli weli kow ma joogto, welina fari kama qodna. Waxaa naga dhexeeyey kaftan iyo wadacaweyn, mararka qaarna markii aan aniga iyo adeerkeed Shirwac nahay waxaaba dhici jirtey inay nala qadeyso. Haddii cid kale na wehelisana, intay qadada noo keento ayey naga noqon jirtey. Hadda inay nala qadeyso iska daaye, waxayba gabtay inay cuntada noo keento. Dareemay inay iska ilaalinayso inaan kulanno oo ay iga warwareegeyso.
Maanan qiyaasi karin jawaabta iman kartaa waxay tahay, laakiin waxaan dareensanaa in arrintii ku cuslaatay. Waxa kale oo aanan iyana kala garan waayey waxa gabadhu iiga meermeerayso inay caro iyo xanaaq ay ii qabto tahay iyo in wax kale jiraan.

Muddo toddobaad ku dhow markii ay ka soo wareegtey, wax juuq iyo jaaq ahna aanan haynin ayaa welwel hor lihi i bilaabay. Meel aan is lahaa waad ka soo gudubtey ayaan dib ugu noqday. Waxaan isu arkayey nin dantiisii waxuun ka gaarey, laakiin Faannoole fari kama qodna.

Maantana halkii aan ka qaban lahaa ayaan is weyddiiyey. Arrintii waan ku walaacay, meel aan ka bilaabana waan garan waayey. Waxaan hadba meel ku furaba, inaan mar labaad ku warceliyo ayaan goostay.

Goor makhribbadii ah ayaan, anigoo markaa isu diyaariyey inaan baxo, si kedis ah ugu kulannay barxadda guriga. Intaan salaamay ayaan ku iri, *"Waan ku rabaaye ha iga seexan intaan soo noqonayo."* Iyadoo aad mooddo in la eryanayo oo aan dhinacna fiirin ayey tiri, *"Waa yahay"* oo halhaleel u gashay gurigii.

Dhankaa iyo Lambar Afar ayaan u dhaqaaqay, intaan sii lugaynayeyna waxaan dhex dabaalanayey mawjado aan kala go' lahayn. Waxaan ka baaraandegayey oo aan ka fekerayey halka aan caawa wax ka bilaabi doono iyo waxa aan la kulmi doono.

Anigoon is ogayn ayaan is arkay anigoo hortaagan shineemadii Ekwatoore. Derbiga filimka ku dheggen anigoon fiirin ayaan, tikid inta goostay shineemadii galay. Filimjacayl igama ahayne, waxaan rabey wax aan nafta ku maaweeliyo oo aan ku dejiyo, kuna illoowsiiyo welwelka ay ka qabto kulanka caawa. Dadku intay ku mashquulsanaayeen inay filimka fiirsadaan, aniga mid kale ayaa ii daarnaa.

Goortii uu filimkii dhammaaday, anigoon sixi karin wax alla wuxuu ku saabsanaa ayaan, anigoo si u welwelsan, gurigii dib ugu noqday. Anigoo kulankii sugi la' oo xiiso iyo walaac isugu kay darsameen ayaan xaafaddii gaarey. Nasiibwanaag, waxaan u tagey gabadhii oo i sugeysa, dhabtana ay u saaran tahay gabar yar oo uu Diiriye dhalay. Intaan salaamay ayaan dhinac ka fariistay tiir weyn oo shub ahaa oo legdanaa kaadka hore ee guriga, fiidkiina aan ku caweyn jirney.

Ma arrin ay keentay lexejeclada aan gabadha u qabaa mooyi, mise waa welwelka iyo baqdinta aan kulanka ka qabo, dhidid ayaa tin iyo cirib i shummay, saracyaduna i jareeyeen. Xoogaa markii aan kala aamusnayn oo aan is leeyahay, *"Kolley aduun baa hadal lagaa sugayaa"*, laakiin aan garan la'ahay halka aan wax ka bilaabo ayey hadalkii Ilwaad qaadatay.

"Samatarow, kaagama aamusnayn nacayb aan kuu qabo ama inaan kuu carays nahay, laakiin waxaa jira waxyaabo badan oo aadan ogeyn. Midda hore, reerkeenna kama dhicin in wiil iyo gabar ka mid ahi ay is guursadaan, weliba waxaan goobjoog u ahaa dhib la mariyey labo la isku xantay. Midda kale, wiil dhallinyaro ah, ardayna ah ayaad tahay, haddana waxbaranaya, marka, kama bixi kartid, xag dhaqaale iyo dhan kaleba, reer iyo culayskiis."

Hadal nuxurkiisu intaa ahaa ayey Ilwaad jeedisey. Filanwaa ayey igu noqotay, runtiina kamaanan filaneyn hadalka sidaa isugu dheellitiran. Inta farxaddii iga badatay ayaan ku sigtay inaan, inta ku boodo, labada dhaban ka dhunkado. Waxaa i celiyey asluubtii wanaagsanayd ee Alle iigu deeqay iyo tarbiyaddii aan ka dhaxlay barbaarintaydii hore iyo baraaruggii diineed ee xilligaa jirey oo neeftiisu i soo gaartey.

La iguma tirin jirin dhallinyaradii hororka ahayd ee gabdhaha dariiq walba u taagnayd. Sidii xargo la igu hayey ayaan, inta neef kululi iga soo booddey, is kala bixiyey, neecaw qabow oo aad mooddo in wax iiga gaafnaayeenna igu halalac tiri. Horey baqdin ayaa igu jirtey oo si ayaan isu buusayaye, inta cabsidii iga ba'day ayaan sal muggi u fariistay.

Welwelkii iyo walbahaarkii farxad ayey isu rogeen, hadalkii gabadhuna dareenkayga wax weyn ayuu ka beddeley. Arrintu inaanay xaggeeda ka ahayn wax aan suurtagal ahayn ee ay u arkaysey, sida hadalkeedu u dhacayey, wax maangal ah, haddii labadaa arrimood ee ay sheegtay xal loo helo ayaan ogaaday. Dhan kale marka laga eego, waan ka yare naxay oo labadaa arrimood inay caqabad noqon karaan ayaan dareemayey.

Sidii ay gabadhu sheegtayba, arrinkaa jifada caadada u ahaa wax war ah kamaanan haynin oo afkeeda ayuu ii ahaa. Waan maqli jirey qolo tiraahda, *'isma guursanno,'* laakiin in reerkayagu sidaa yahay uma qabin. Arrintu si kastaba ha ahaatee, waxyaalahaa uma joojine waxaan bilaabay sidii aan ku qancin lahaa oo aan arrimahaa ugu tusi lahaa kuwo aan wax dhib ah nagu keeni karin.

"Walaal Ilwaad, horta waad mahadsan tahay sida wanaagsan ee naxariista iyo ehelnimada leh ee aad arrintaa iigu soo dhaweysey. Xeerkan aad reerka ka sheegayso weligey maanan maqlin, mase filayo inay wax weyn tahay, waayo dadkaa reer miyiga ah iyo annaga kaladuwanaan weyn ayaa noo dhaxeysa. Xeerkaasi wuxuu ka socdaa baaddiyaha, annaguna magaalo ayeynu ku nool nahay, diintuna waa isu kaaya bannaysay. Waad maqashay Cali Bin Abii-Daalib wuxuu guursadey Nabiga NNKA gabadhiisii oo uu adeer labaad u ahaa. Marka, arrintaasi mid ina qusaysa ma ahan. Dhanka waxbarashadayda, waa runtaa arday ayaan ahay, ujeeddadayduna ma ahan inaan hadda reer dhisno. Dad ayaa wada socda tobaneeyo sano, annaguna dad dhallinyaro ah ayaannu nahay, waynuna isa sugan karnaa."

Kamaanay didin hadalkayga, run ahaantiina waa igu waafaqday waxaan sheegay, waxaase qalbigeeda ka guuxayey oo ku jirey shaki weyn oo ay ka muujinaysey dhibka reerka ka iman kara. Nin dan leh ayaan ahaaye, waxaan shafka u garaacay inaan wax kasta oo yimaada aan xabadka u dhigan doono.

Arrinku wuxuu ku noqnoqonayey iyadoo hadba dhan iga tusaysey dhibka reerka nooga iman karey, aniguna aan isku deyayo inaan qanciyo, waxa ay ka cabsanaysana aan wax-kamajiraan ka soo qaado.

Hadallo dabacsan oo aan innaba xanaf lahayn ayaan muddo kooban is weydaarsanayney. Sheekadii ayaa isugu kaaya baxday, didmadii iyo kala xirxirnaantiina waxaa noo beddeley furfurnaan iyo sheeko haloosi ah oo qosol iyo maad miiran ah. Neecawdii iyo saxansaxadii jacaylka ayaan durba dareennay oo aan is qaadsiinney, waxayna na hilmaansiisay gabadhii yarayd ee Ilwaad haysey oo dhabteeda ku gama'day.

Habeenkaa waxaan ku kala hoyanney farxad iyo raynrayn. Ballan adag ayaan ku kala qaadannay inaan arrintaasi naga bixin oo aanay cid kale ogaannin. Annagoo aaminsanayn inay yarayd sida na looga shakiyaa ayaa, haddana foojignaan iyo baqdini nagu jirtey. *Ceeriin cune calooshiisa ayuu ka shaki qabaa!* Waxaa kale oo aannu isku afgarannay in kulammadayadu ahaadaan kuwo kooban. Inaan ballamo dhiganno umaannan baahneyn, mar haddii aan isku xaafad ku noolayn.

Waxaa caado ii aheyd, sidii cudurkani ii haleelayba, inaan sariirta hadba dhan isugu rogo, laakiin habeenkaa dhinacu si wanaagsan ayuu sariirta iigu qabtay. Inkastoo aan guul ku taamayey oo aan islahaa, *"Allaylehe kala dhex baxday wixii ina rag soo hanqal-taagayey,"* haddana waxba iskama beddelin hadalhayntii dhallinta ee Ilwaad, waxaanse oran karaa waaba sii badatay. Mar haddii ay gacanta iigu jirto dan weyn igama hayn dhallinyaro meelahaa wareegaaleysata.

2. DALXIISKII DAREENSIGA

SIDII AAN hore u soo xusayba, waxaan maalmaha qaar u baqooli jirey dugsigii sare ee Jamaal Cabdinaasir. Sannadka soo socda sidii aan u bilaabi lahaa kulliyaddii waxbarashada ee Lafoole baan isu diyaarinayey. Lixdii bilood markii ay dhammaatay ayaan imtixaankii galay, kaddibna iskuulkii naloo xiray. Ardaydii waxay noqdeen mid safra iyo mid Xamar iska jooga, anigase iguma jirin inaan safar galo.

Waqtigaa waxaa Xamar ka jirey caado ah in loo caano doonto xilliga barwaaqada ah tuulooyinka Yaaqbariweyne iyo Leego. Maalin ayaa Ilwaad waxay igu wargelisey in Diiriye goostay inuu reerka u raro Yaaqbariweyne, Wuxuuna ka gatay boos, markaana dhismihiisu socdey. Waxay igu qalqaalisay, mar haddii aan fasax ahay, inaan raaco oo iska soo caanaysto.

Arrintaa dood kama geline, halhaleel ayaan u ajiibey. Diiriye rar reerkii iyo weliba reer xididkii oo iyaguna reer Afisyoone ahaa. Inkastoo dadka safray ay carruur u badnaayeen oo dadkii waaweynaa intoodii badnayd ay Xamar ku hareen, haddana dhawr dumar ah ayaa na weheliyey oo qaraabada xaaska Diiriye ahaa. Galabtii ayaan reerkii ku furnay laba qol oo loo sii kireeyey, kuna yaalley dhanka Galbeed ee tuulada.

Waxay ahayd xilli gu' ah, barwaaqadana miyi iyo magaalaba laga dareemayey. Dhan kasta oo aad tuulada uga baxdo waxay ishaadu ku dhacaysey doog iyo xareed waran. Meel kasta oo godan biyo ayaa buuxiyey, har iyo habeenna waxaan afka isku darin raha *'dhaa'* leh. Meel fog caanaha looma doonan jirin. Waxaad u baahnayd uun inaad wax yar kaadka hore ee guriga istaagto, haddiise aad wax yar sii dhaqaaqdo geelii oo daaqaya ayaad u tegi oo laguu lisayaa.

Waxay ahayd meel nicmo ALLAAH ku mannaystay oo in lagu mahadnaqo mudan. Farxaddaa iyo raynrayntaa ka sokow, aniga iyo Ilwaad waxaa noo dheeraa ciriiri iyo inaan isu heli weyno fursad aan isku aragno.

Gurigu wuxuu ka koobnaa laba qol iyo balbalo yar, dad badanina way joogeen. Wixii dumar ahaa waxay degeen hal qol, aniga iyo wiil shaqaale ahaana qolkii kale ayaan degney. Dhawr beri markii xaalku sidaa ahaa, ayaa waxaa farriin naxdin lihi nooga timid Xamar. Waxaa geeriyootey Siraad (xaaska Diiriye) ayeydeed.

Dhammaan dadkii waaweynaa waxay ku noqdeen Xamar, tacsidaa timid darteed, markii laga reebo aniga, Ilwaad, wiilkii shaqaalaha ahaa iyo Sagal oo ahayd Siraad ina adeerteed.

Inkastoo aan dadka intiisa kale murugada geerida la wadaagney, haddana dhanka kale waxay noo noqotay fursad aan marnaba la heli karin. Waxay noo ahayd: *Qaylo yeertaa nin baanay uga darin!* Waxaan ka baxnay cabburkii, wakhti ayaanan helnay aan ku sheekaysanno.

Mararka qaar suuqa markii ay ka soo adeegayso ayaan isu raaci jirney, marar kalena tamashle ayaan u aadi jirney duurka. Intaan carruurta kaxaynno ayaan ku soo il doogsannaa bilicda iyo cagaarka is qabsaday hareeraha tuulada.

2. DALXIISKII DAREENSIGA

Carruurtu iyagu ciyaar iyo bardooddi ayey u baxaan, annaguse mawjado kale ayaannu dhex dabaalanayney. Wada-dhaqankayaga marnaba kuma jirin isqabqabdsiga iyo farafootanka dhallinyaro badan u qabeen inay tahay sida keliya ee lammaane is jecel isugu gudbiyaan dareenkooda kalgacal.

Aniga qudhaydu, maanan ahayn kuwa afkooda iyo gacantoodu wada socoto ee laacdanka badan. Waxaan ogaa gacalisadaydii haba ahaatee, inaan weli xarig iigu xirmin oo jirkeeda iyo taabashadeeduba ay xaaraan iga yihiin. Kaba sii darane, dhawrsanaanta iyo dhaqanka hufan ee aan Ilwaad ku aqaan ayaaban ii suurtageliyeen haddiiba arrinkaas shaydaan maankayga ku soo ridi lahaa. Waxaan hubey inaan dheeldheel heeladkeeda looga soo dhawaan karin. Waxaaba adkaa inay, inta i soo dhawrto, iga il bogato xishood darti. Daymo xishood leh intay i dhugato ayey, iyadoon isheeduba ilbiriqsi igu hakan, luqunta dadabtaa.

Kalgacalkaan isu qabney naguma keenin inaan inta xarga goosanno ku kacno wax badan oo dhallintii waqtigaa joogtey ka dhici jirey. Ubaxyo kala noocnooc ah iyo haasaawe macaan oo aan u hamuun qabnay ayaannu is waydaarsanayney. Markii ay carruurtu daalaan ayaan guriga dib ugu soo noqonnaa.

Wax xaalku sidaa ahaadaba, maalin uun baa dareen cusubi nagu soo kordhay. Ilwaad ayaa ii timid iyadoo wejigeeda dhiillo ka muuqato. Anigoo naxsan ayaan inta istaagey, anigoon war ka sugin kula boodey inaan weyddiiyo waxa ku dhacay. War aanan jeclaysan oo aanan meeshaba soo dhigan ayey igu taabatay. Waxay ii bilowday sheekadan:

"*Waxaa ii timid Sagal - oo ah gabadhii Siraad ina adeerteed aheyd- waxayna iga codsatay inaan kaaga ergeeyo. Waxay igu tiri, 'Walaaleey Samatar ayaan jeclahay, waanan ka baqay inaan arrintaa u sheegto, marka waxaan kaa rabaa inaad warkaa iiga geysid,' waxaanan ku iri, 'arrintaa ma awoodo ee adiguba u sheego.' Marka arrintaa ayaa jirta."*

Wejigeeda ayaan ka akhrisanayey sida Ilwaad arrintaa uga hinaastay. Waa garteed, oo godkeedii ayaa loogu soo galay. Inaanan arrintaa u soo jeedin, niyadna aanan u hayn, qof aan iyada ahaynna aanan hadal u kala furayn, wax kasta oo dhaca ayaan ku dajiyey. Haddii ay ii timaaddo inaan qancin doono ayaan ku laab qaboojiyey.

Xilligaa qofkii dhallinyaro ah oo qof aanu u jeedini sheeko ka dalbo, waxyaabihii lagu cudurdaaran jirey oo la isaga diri jirey waxaa ka mid ahaa in la yiraahdo; *"Qof kale ayaan sheeko wadaagnaa,"* iyo wax la mid ah. Waxaan iyadana ku waaniyey inaan waxba laga dareemin, haddii ay mar labaad ku soo noqotana ay intii oo kale tiraahdo.

Run ahaantii, arrintaasi welwel iyo foojignaan dheeraad ah ayey na gelisey. Arrintaasi inay colaad gabdhaha ka dhex abuurto, kaddibna arrinkii naga fashilmo baan ka cabsi qabey. Waxaan Ilwaad u soo jeediyey inaan isla keli-noqoshada aan yaraynno, si aan uga fogaanno wax tuhun keeni kara, arrinkaana waa iga aqbashay.

Waran aad filayso naxdin ma lehe, isla markiiba wixii aan ka baqdin qabey ayaa soo if baxay. Waxaan dareemay xiriirkii gabdhuhu inuu sii xumaanayo, hadal-isku-celin ayaana bilaabantay. Inaan Xamar dib ugu noqdo, si culaysku u yaraado ayaa igu soo dhacday. Waxyaalaha kale oo i dedejinayey waxaa ka mid ahaa, anigoo dareemay in Sagal raadinayso fursad ay arrinteeda iigu soo gudbiso, waana middaan ka cararayey.

Dhawr jeer ayey iga codsatay inaan magaalada u raaco, laakiin mar walba aan ka cudurdaaranayey, maxaa yeelay wax walba waxaa iiga weynaa inaan Ilwaad qanciyo oo

2. DALXIISKII DAREENSIGA

aan qalbigeeda ilaaliyo. Markii aan arki waayo waxaan ku marmarsiiyoodo, carruurta uun baan dhahaa, *"Ina keena aan soo warwareegnee"* iyaguna, waa siday rabeene, dharka iyo kabaha ayey kala boobaan.

Xaalku ayaamo ayuu sidaa ahaa, welina Sagal fursad uma helin inay arrintiii igu soo qaaddo. Xoogaa quusasho ayaan ka arkay, iskudaygii faraha badnaana waa yaraaday. Kama naxsanayn oo inay inta daasho iska samirto waa ii caano iyo nabad. Sidii hore oo kale ayaan mar labaad ciriiri galnay oo sheekadii naga xirantay.

Ilwaad oo aad mooddo inay hadda iga dartay oo, malaha, deebaaqdii iyo waabaayadii jacaylku qalbigeeda gaarey ayaa joog iyo jiif diiddey. Dhan hinaasaa ka galay oo waxay is tiri, *"Sagal waa kaa weyn tahaye amay, inta Samatar arrinta u bandhigato, ka caqli badisaa oo ay ku baro bixisaa,"* dhan kalena, labadayaduba umaannaan samri karin inaan waqti yar is moogaanno. Dushaa inaan iska eeganno ayey dantu nagu kalliftey.

Maalmo kaddib, waxaa yimid Diiriye oo aabbihi Warsame iyo Xaaskiisii wada, isla markiibana dib inuu u noqonayo ayuu dadkii ku wargeliyey. Waa sidii aan rabaye, kama harin oo hore ayaan u sii raacay. Muqdisho nabad ayaan ku tagey. Anigoo garwaaqsanaa in kelinnimo iyo welwel i harayn doonaan oo aan waax jirkayga ka mid ah ka soo tagey, haddana nafis ayaan dareemay, sidii nin ka soo dhexbaxay buuq iyo colaad.

Dabin inaan ka fakaday ayaan isu arkayey mar haddii aan arrintii Sagal ka bedbaadey. Inkastoo reerka intiisii badnayd ay Yaaqbariweyne ku maqnaayeen, haddana dhawr qof ayaa Xamar ku haray. Gabar ayaa xaafadda joogtey oo hawshii iyo adeeggii guriga looga tagey.

Suubban oo ay Siraad ilmo abti ahaayeen waxay ka mid ahayd dhallinyaradii xaafadda ku noolayd. Ilaa labo habeen markii aan hoydey ayey maalin Suubban igu la kaftantay: *"Haye jaalle, warkaagii waa i soo gaarey, waanan maqlay inaad rabto inaad nala xididdo."*

Waan yaabay oo anfariirey! Xoogaa markii tash i haystey ayaan sidii qof hurdo dheer ka soo toosay soo baraarugey oo aan iri, *"Ma fahmin Suubban ee yaa gabar idinka soo doonay."* Intay qososhay ayey tiri, *"War ninyohow ma anigaad wax iga qarsanaysaa, mise in wax kuu qarsoon yihiin baad mooddey?"* Anigoo yaabban ayaan ku iri, *"Waxba kaa qarin maayee maxaad maqashay?"* Waa yaabe xaggee na looga yimid?

War iyo dhammaanti waxay gabadhii ii sheegtay in la ogaadey in aniga iyo Ilwaad aannu wada soconno. Doorasho kale iima jirin oo aan ka ahayn inaan arrintaa inkiro oo aan gabadhii u sheego inaan arrintaasi waxba ka jirin. Anigoo raba inaan sii adkeeyo arrintaa dafiraaddeeda ayaan gabadhii ku afjigey, *"Dadku ma waalan yihiin! Waa wax layaab leh. Sidee aniga iyo gabadhaa walaashay ah la isugu kaaya tuhmaa?!"* Gabadhii waxba ma sii weyddiin oo waxaan ka baqay in shaki galo, halkii ayaanan sheekadii ku xiray.

Ii caddaatay in arrini faraha ka baxday oo aannu fashilannay, waxaanse isku qanciyey inay weli fursadi jirto. Waa inaan arrintaas inkirnaa. Meel na laga soo galay ayaan garan waayey, cid aan ku tuhmana waa ii soo bixi weydey. Hadba meel ayaan ku dhuftaa, kaddibna dib ayaan u beeneeyaa oo aan is iraahdaa: *"May, halkaa ma noqon karto."*

Mar waxaan ku sheekaystaa: *"Armay Sagal inta gabadhii qodqodday ay war ka heshay,"* laakiin dabeecaddii Ilwaad markii aan dib u sii eego dhacdhacaa iyo fudaydkaa kuma aqoon. Qof deggan oo mararka qaar aniga ii caqlicelisa ayey ahayd. Talo ayaa igu caddaatay, si aan gabadha war u gaarsiiyana waan garan waayey. Tuuladu ma leh taleefoon, kumana dhici karin inaan warqad diro, noqoshana warkeedaba daa.

Waxaan cabsi weyn ka qabey inay dhici karto in, inta gabadha su'aalo la weyddiiyo uu hadal ka tago. Waxaan isugu sheekeeyaa *"Amaa inta loo war xumeeyo oo been lagaa sheego iyo inaan anigu arrinta sheegay ay is tiraahdaa,`Allaylehe waxba kuuma qarsoonee runta iska sheeg."*

Sidii aan gabadha ku ballannayba, arrinta cid kale umaannan sheegin oo qof ogi ma jiro. Waqtiga nabadda qof walba waa halyey, laakiin marka xaalku xumaado ayaa bur iyo biyo loo kala baxaa. Sirtii baxday welwel iyo walaahow ayay igu ridday, jiif iyo joogna waan diidey.

Waxaan goostay inaan saaxiibkay Bullaale u sheego si aan talo iyo garab uga helo. Ballantii aniga iyo gabadha ee ahayd inaan war naga bixin dheg uma dhigine, saaxiibkay arrinkii ayaan ku taabtay. Yaab ayaa Alle u keenay oo meel uu iga filayey ma ahayn. Weligiiba talada kuma darsan in Ilwaad wax na dhexmari karaan, saa dad walaalo ah ayuu noo haystaye. Waa anigii soo xusay inay jireen dhallinyaro hadallo tuuryo iyo kaftan ah iga soo gaareen oo muujinaya in gabadha hunguri ka galay, aniguna aan ku celiyey. Malaha hadal kaftan ah oo waa hore ka tagey ayuu qoomammeeyey.

Si kastaba ha ahaatee, waxaan isla gorfaynnay sidii aan xaalkaa ka yeeli lahayn. Inaan inkiraad ugu jiidno oo aan arrinka dafirno wax dhaama waan weyney.

Waxaan dherersadaba, reerkii dib loo soo rar. Waxay iga taagneyd, Allow yaa mar gabadha indhaha saara aad warka gaarsiiside. Hadda xaalku sidii hore ma ahan oo isha ayaa nalugu hayaa. Meel xaafadda ka baxsan kuma ballami karno, xaafadda dhexdeedana ku dhiirran weyney oo wadnaa diidey.

Meel ALLAAH wax ka wado cidi ma diidi kartee, maalin

ayaa, si aannaan ku talagelin Rabbi noo kulmiyey. Warkii ayaan ku taabtay. Waxay gabadhu ii sheegtay in ayana tuhun galay, *"Sababtoo ah"* bay tiri *"waxaan dareemay shuxshuxleyn dumarka dhexdooda ah."*

Waxaan ku heshiinney in haddii arrinkaa la weyddiiyo ay inkirto, welibana ay arrinka weyneyso oo inta ay oonta ka dhaarato ku baroorato in sharafteedii meel looga dhacay oo wiil walaalkeed ah lagu tuhmey. Sidaa waxaan u lahaa, waxaan ogaa in gabadha guriga aad looga jeclaa, runtiina aad loo aamminsanaa. Sidaa darteed, baroorteedu meel cidlo ah maanay dhacayn.

Sidoo kale, inaan waxba nalaga dareemin oo xaalku sidii waayihii hore noo ahaado baan ku ballannay. Dhab ahaantii, way adkayd inaan u wada dhaqanno sidii aan beri hore ahaan jirney, waayo labo xaaladood oo kaaf iyo kala dheeri ah ayaan ku kala sugnayn. Waagii hore dad walaalo ah, nolol walaalnimo ku wada nool ayaan ahayn, haddase waxaan nahay lammaane is jecel, muddo yar inay is moogaadaanna ay ku adag tahay.

Waxaan maqli jirey, diinku ilmihiisa daymo ayuu ku koriyaa. Hurdo ma ledi karin midkayo, isagoon kii kale habeenkaa ishiisu qaban. Dani seeto weeyee, meesha way ka baxday sheekadii macaaneyd iyo haasaawihii joogtada noo ahaa.

Waxaan aaminsaneyn in, inta naloo yeero, arrintaa nala weyddiin doono. Gaar ahaan cidda noo yeeri doontaa inay Warsame noqon doonto ayaan filayney. Warsame aragti dheer iyo kafiirsi badan ayaan ku aqaanney, aqoon dheerna waan u lahaa.

Sannadihii ugu dambeeyey ee dugsigayga sare gurigiisii Dhuusamareeb ayaan ku noolaa. Wiil iyo awowgi aan ahaanno, laakiin sheekawadaag ayaan ahayn. Furfurraanta iyo sheekada aan ka helo, walaalki Shirwac kumaanu haysan. Si kastaba ha ahaatee, dhegtaa noo taagneyd oo maxkamad sugayaal ayaannu ahayn. Waxaan war sugnaba muddo cidi nooma yeerin. Markii aan arki waayey cid wax nagu soo qaadda ayaan is iri, *"Malaha meel cidlo ah ayaad ka diddeene cid dan iyo heello idinka ka lihi ma jirto!"*

Goor maqribkii ah, anigoo markaa u diyaarsan inaan magaalada aado ayaa korontadii naga tagtay. Isla markiiba sariirtaydii oo sidii caadada ii ahaydba, aan markaa si fiican u gogley ayaan salka la raadsadey. Cabbaar ayaan sariirtaydii ku dul fadhiyey, anigoo rajo ka qaba inay korontadu soo noqoto.

Anigoo mugdigii dhex yuurura, aanse, nin meel kale looga heesaayo ayaan ahaye, dhex jibaaxayo hirar iyo mawjado aan kala go' lahayn, kuna fogaadey falanqaynta waayaha iyo xallinta arrimihii murugsanaa ayaa waxaa albaabka isa soo taagtey Ilwaad oo, malaha, is tiri wiilashii tage. Intay iridka istaagtey ayey cod kalsooni iyo baqdin la'aani ku jirto tiri, *"Alla mugdisanaa!"* Ismay laha mid araggaaga ku doogsanaya, ifkana kuu jecel ayaa qolka dhex fadhiya.

Markaan arkay inay rabto inay soo gasho ayaan, anigoo qalbigayga farxadi buuxisey, codkeedana ku raaxaysanaya, is iri, *"Yaanay kaa nixine is ogaysii."* Anigoo halkaygii fadhiya ayaan shanqar yar sameeyey, si aan u ogaysiiyo in meesha la joogo. Intay yare hakatay ayey tiri, *"Ma lagu jiraa?"*

Markii ay ogaatey inaan aniga ahay ayey, inta halhaleel u soo gashay oo sariirtii dhinac uga fariisatay tiri, *"War Samatar ii warran, ma adigii baa! Alaab ayaan rabey inaan qolka ka qaato."* Dad isku hamuunqaba ayaan ahayne, annagoon ka tegin xishoodkii iyo habdhaqankii Islaamka ayay sariirtii dhinac uga fariisatay. Waxaan bilownay inaan is weydaarsanno kalmado xubbi iyo hilow xanbaarsan. Qofba qofka kale wuxuu u doorayey oraahdii uu is lahaa waxay kan kale ku abuuraysaa kalsooni, waxayna ka dajineysaa welwelkii iyo cabsidii na gashay.

Xoogaa markii aannu wada fadhinney, iskana waraysanayney xaalku meesha uu marayo ayaan dareennay shanqar. Way istaagtey oo damacday inay baxdo. *"U kaadi ha ka hortagine",* intaan ku iri ayaan u tilmaamay inay albaabka isku leexiso. Albaabka ayey isku lammaanisay.

Waa wiil dhallinyaradii xaafadda joogtey ka mid ah oo ay Siraad ilmo habreed ahaayeen. Isagoo taagtaagsanaya oo leh, *"War korontadii goormay tagtay,"* ayuu qolkii soo galay. Intaan la hadlay ayaan u sheegay inuu tartiib socdo. *"War Samatar! Markii aan iskuulkii tagey ayaan arkay inaanan qalin wadan,"* ayuu yiri isagoo neef tuuraya.

Markii uu gudaha u soo dhaafay ayey gabadhii dabamartay. Ma gadaal buu indho ku lahaa? Ma dib ayuu jalleecay? Gabadhii oo sii baxaysa ayuu isha ku dhuftay. Intuu yare aamusay ayuu is majiiray anigoon hubin inuu qalinkii uu raadinayey qaatay iyo in kale. Wuxuu abbaaray gurigii Siraad reerkooda oo aan sidaa nooga fogeyn.

Labo kala bariday kala war la'e, illeyn warba ma haynee xaaladdu meel adag ayey ka daganeysaa. Sagal markii ay aragtay inaanan u soo jeedin ayey iska quusatay. Waxay tuhuntay, si kastaba xogta ha ku heshee, in aniga iyo Ilwaad wax naga dhexeeyaan. Waxay go'aansatay, mar haddii iyada wax u suurtageli waayeen, inay arrinta diirka ka qaaddo.

Waxaa na soo gaartey inay faafisay inaan xumaan samayn jirney. Waxa kale oo na loogu warbixiyey in, intii badnayd dadkii aannu tuulada isu raacnay, uu qof walbaa soo bandhigay haddii uu arkay annagoo isla hadlayna ama wada fadhinna ama si uun u wada xiriirayna. Waxa kale oo iyana naloo sheegay in xataa wiilkii shaqaalaha ahaa isna la weyddiiyey wuxuu arkay. Wuxuu yiri, *"Dadkaan suuqa lee marmar isu raaci jireen, carruurtana marmar ayey duurka u kaxayn jireen."*

Labo qof oo isku xaafad ku nool miyey ka suurtagashaa inaaney weligood wada hadlin? Xaalku isagoo halkaa marayo oo aannan ka warhayn ayaaba, illeyn, dib Xamar loogu soo noqday. Dabagal adag ayaa nagu socda oo aannaan xog u hayn. Waxaan ku bedbaadney heshiiskayagii ahaa inaan is dhawrno, kulammadana yareyno.

Waxay nagu ahayd, aniga iyo Ilwaadba, gef weyn iyo meel-ka-dhac. Sida dhaqankayagu ahaa iyo waxa na lagu tuhmey aad ayay u kala fogaayeen. Iska daa inaan xumaan samaynnee, ma dhicin in gacantaydu gaarto meel jirkeeda ka mid ah.

Waxaan xusuustaa maalin, intaan carruurta baaddiyaha u kaxaynnay intii aan Yaaqbariweyne joogney, aan laan yar oo ubax ah oo aan quruxdeeda u bogey intaan soo jebiyey aan Ilwaad u taagey. Iyadoo xishoodka ka muuqda uu dhidid yaryari shax ka soo yiri ayey gacan gadaal ka baqaysa ii soo taagtey. Intay wejigii iga dadabtay oo garbasaartii afka saaratay ayey, iyadoo dhawr baac ii jirta, soo laacday ubixii.

Qudhaydu ilnugaylka kama sokayne, anigoo hoos eegaya ayaan laantii sii daayey anigoo moodayey inay gabadhu hayso. Laantii oo dhulka taal ayaan labadayadiiba ku naxnay. Intay naxday oo ku booddey ayey, inta laantii dhulka ka soo qaadday iyadoo anfariirsan tiri, *"Alla, aboowe raalli iga ahow! Waxaan ka baqayey in gacantaadu i taabato!"* Dadka dhaqankoodu sidaa ahaa in xumaan lagu sheegaa soo dil iyo qoorgooyo ma ahan?

Warsame oo arrintu ka daadegi la'dahay, wuxuu qorsheheeda ku maqnaa tallaabadii uu qaadi lahaa iyo halkii uu arrinta ka abbaari lahaa, warbixinta la siiyeyna wuu rumeystay. Taladu waxay kala dhaxaysey Siraad reerkooda, waxaana la i soo gaarsiiyey in habeenkaa aan gabadha sida kediska ah ku kulmayno ay ku tashanayeen guriga Siraad reerkooda.

Sidii aan soo sheegayba, yarkii ay Siraad qaraabada ahaayeen markii uu naga noqdayba, siduu u sii ordayey ayuu ku dhex dhacay Warsame iyo xaafadduu joogey. Isagoo neef tuuraya ayaa la iiga sheegay inuu yiri, *"Hadda ayaan gurigii ka imid, waxaanan qol ugu galay iyagoo inta nalkii dansadey isku haysta."*

Warsame dhulkiina waa ka tagey, Cirkiina wuu gaari waayey. Waa la yaabe, waa dad dulmiga iyo war-xumotashiilnimada u tartamaya. Warsame iyo wiilkiisa ayaa darajo lagaga doonayey sidii war loogu keeni lahaa.

Habeenkaa nabad ayaannu ku kala hoyanney, meeshana soomaanan dhigan in warbixintaa nalaga dhiibey. Aroortii hore ayaa la i soo toosiyey oo la i yiri, *"Warsame ayaa ku raba oo qolka fadhiga kugu sugaya."* Wax kale iguma soo dhicin oo aan ka ahayn in maanta ay tahay maalintii maxkamadda. Sii jiifidi ma taale, halhaleel ayaan sariirta uga boodey.

Intaan ilkaha cadey marsadey, oo aan fool dhaqday ayaan qolkii galay. Waxaa fadhiya Warsame iyo Shirwac. Waan fariistay. Waxay naftu isugu sheekaynaysey in maanta la haysto, sidii ay isku bedbaadin lahaydna laga rabo. *Jirkiis la haye, jiriid kama qoslo.*

Waxaan soo dhaweystey sidii aan u inkiri lahaa markii arrinta la i weyddiiyo, laakiin waxaan garan la'aa waxa Shirwac loogu yeeray. Waxaan is iri, *"Kolley arrinta waa ku wada socdaan, labadoodaana kuu yeeray maaddaama ay niman walaalo ah yihiin."* Xoogaa markii aan fadhiney ayaa Warsame hadalkii bilaabay, waxaana hadalkiisa ka mid ahaa:

2. DALXIISKII DAREENSIGA

"*Aniga ayaa idiin yeeray. Sidaad og tihiinba, gurigan anigaa oday u ah, wixii arrimihiisa ahna la iigu imaanayaa. Muddo ayaad gurigan joogteen, wax kastana aad ku haysateen, laga bilaabo saakana alaabtiinna waad ka qaadaneysaan, dhulku waa ballaaran yahay.*"

Hadalkaa iyo mid la mid ah markii uu yiri ayaa Shirwac oo warmoog ah oo amankaagsan la soo boodey, "*Walaalle maxaa dhacay?*" Isagoo aad mooddid inuu sidii libaaxii nagu soo boodi doono, indhahana galka ka bixiyey ayuu yiri, "*Jaalle, waxba ima weyddiin kartid.*"

Waa yaab! Taan u dhigtayba ma ahan. Walow laftigayga yaab Alle ii keenay oo in guriga la iga eryo aanay ahayn wax aan filayey oo aan xisaabtaba ku darsaday, haddana waxaan ku sheekaystay, "*Adiga lagu garaye oo waad ogeyd in laguu soo middiyo lisanayee, maxaa Shirwac laga rabaa oo lagu maagay!?*"

Anigu waan fahansanahay meesha nalaga galay, laakiin miskiinkan Shirwac waa wax-jira-moog. Anigoon juuq oran ayaan irridka ka baxay. Markaan arkay wixii Shirwac ku dhacay markii uu hadalka ku celiyey ayaan candhuuftaydii dib u liqay. Waxaan goostay inaan inta lebbisto abbaaro xaafaddii Bullaale oo aan naga dheerayn.

Halhaleel intaan dharkii u gashaday ayaan albaabka ka toosay. Intaan hurdada ka kiciyey ayaan xaalka uga warramay. Yaab iyo amankaag ayey ku noqotay. Waxaan isu raacnay xaafad ku taalley Iskuulkii Booliiska agtiisa oo uu degganaa Bootaan oo aannu asxaab ahayn. Isagiina uga warrannay wixii dhacay. Nin maqlaaba yaab! Waxaan ku heshiinney inaan xaafadda Bootaan u soo guuro, isla markiibana sariir ayuu ii dhigay qolkii uu degganaa.

Nin loo socdo nin ayaa loo maraaye, qofka loo jeedo inuu aniga yahay, laakiin cayrinta Shirwac ay boor-isku-qarin tahay ayaan is tusnay. Waxaan aniga iyo saaxiibbaday ka fekerney sidii aan Shirwac uga dhaadhicin lahayn inuu xaafadda joogo. Inaan niraahno,

"*Shirwacow, waad og tahay in xaafaddii adiga iyo Samatar la idinka cayriyey. Samatar wuu degdegey oo wuu soo guurey, isagoon ogaan sababta cayrintan keentay. Marka, waxaan kaa codsanaynaa inaad xaafadda sii joogto, si aad arrintaa ugu kuurgasho. Haddii mar kale sidii oo kale lagu yiraahdana, markaa warkii waa dhammaaday, adiguna isaga guur,*" ayaan ku heshiinney.

Inaan Shirwac la eryeynin haddii aan anigu meesha ka baxo ayaan u badineyney.

Ilwaad waa shakiday markii aan soo baxayey, waxayna i weyddiisay meesha aan u kallahayo. Inaan soo noqonayo ayaan u sheegay. Waxaa igu adkaatay sidii aan arrintaa gabadha ugu gudbin lahaa. Xaafaddii ayaan dib ugu noqday, si aan alaabtayda uga soo qaato. Qolkaygii intaan u gudbey ayaan alaabxirxir bilaabay.

Anigoo alaab-uruursigii ku jira ayaa Ilwaad ii soo gashay. Cod aad mooddid inuu ka soo baxayo qof cunaha lagu dheggan yahay oo ay oohini ku laran tahay ayey, iyadoo dhabannada haysata igu tiri, "*Samatar, xaggee alaabta u uruursanaysaa?*" Wax qarini dhammaatay!

Waxaa lama dhaafaan noqotay inaan arrinta u sheego. Intaan alaab-xirxirkii hakiyey oo yare fariistay ayaan wixii dhacay uga warramay. Waxaan u raaciyey hadallo dejin ah oo aan ugu muujinayo dhacdadani inaanay arrintayadii waxba u dhimaynin, aniguna aanan meel dheer tegine aan xaafaddii Bootaan degey. Markii aan hadalkii dhammeeyey, jawaab celinna aan ka sugayo ayaan yare jaleecay, mise ilmaa dhabannadeedii qoysey oo ka dareeraysa!

2. DALXIISKII DAREENSIGA

Waxba kamaanan qaban karin, mana jirin cid guriga joogtey oo ay u ciirsataa, murugadaana la qaybsata, waabase lagu wiirsanayey. Intaan baryo iyo waxsheeg isugu daray, ayaan iyadoo halkii fadhida, ilmaduna qubanayso albaabka ka baxay. Meel ay igu sugayeen Bullaale iyo Bootaan ayaan abbaaray, kaddibna xaafaddii isu raacnay. Markii aan xoogaa nasannay ayaan dib u soo noqonnay, si aan Shirwac u sugno, markaana la gaarey waqtigii uu jaamacadda ka iman lahaa. Arrintii aan ku heshiinney u gudbinno ayaan rabney.

Wax yar kaddib, Shirwac oo aan dheg la qabto lahayn ayaa na soo galay. Waan u yeernay, waxaanay Bullaale iyo Bootaan uga tacsiyeeyeen wixii saaka dhacay, arrintiina waa u gudbiyeen. Mahad ALLAAH ayey u sugnaataye, Shirwac arrintii waa naga ogolaaday. Dib ayaan xaafaddayadii ugu noqonnay.

Arrintii magaalada ayey xushay, meel kastana waa looga sheekaystay. Su'aalo badan ayaa la is weydiiyey oo la leeyahay, *"Maxaa wiilka lagu eryey?"* Ma aan garan karin waxa Warsame iyo wiilkiisu ku jawaabi jireen, laakiin maalmo ka dib waxaa i soo gaartey inay qasab ku noqoqtay inay arrinta sidii ay u arkayeen u sheegaan iyo in xumaan nalaku eedeeyey.

Runtii, wax caddeyn ah umaaney haysan dambiga nalagu soo oogey, hadalkooda ayaase soconayey, wayna yareyd cid ku dhiirran kartey inay ku qabsadaan. Tolow maxay u jirtey inay inta noo yeeraan oo na canaantaan, kaddibna yiraahdaan, *"Arrintaa ayaan maqallay ee maxaa ka jira?"*, illeyn carruurtoodii ayaannu ahayne? ALLAAH ma solansiin jidkii habboonaa.

Ilwaad waxay noqotay, *Goroyooy gabbal kuu dhac*. Waxay ku keliyowdey gurigii. Go'doon ayey gashay oo ma jirin hal qof oo xiriir fiican kala dhexeeyo. Waqtigeeda waxay ku dhammeysataa oohin iyo murugo, waxaana ka daaddegi waayey dhuunigii. Waxay bilowday sidii islaan wallac ah inay soo celiso wixii ay dhadhamisaba. Markii la arkay hunqaacada ayaa la yiri, *"Soo ma aragtaan hunqaacada, waa wallac oo uur bay leedahay."*

Waardiye adag ayaa la saaray, taleefanna waa laga ilaaliyey. Suuqa waxaa lagu geeyaa gaari Warsame lahaa oo lagu soo celiyaa. Cid wax weyddiisa ma jirin oo waa la gooyey.

Masiibadaa gabadha haysata waan la wadaagey, halkayga ayaana dhibku igu hayey. Marna ma hollin oo iskuma dayin inaan la xiriiro, waayo waxaa i soo gaaray waardiyaha la saaray. Waxaan ka go'ay, socodkayguna ku yaraaday Afisyoone iyo agagaarkeeda.

Wiil dhallintii reer Afisyoone ahaa, Siraadna ay qaraabo ahaayeen ayaa marmar war iiga keeni jirey oo noo kala dabqaadi jirey. Cid la ii yaqaanno heeladka kama soo dhawaan karin.

Warkii la ii keenaaba lur ayuu ii kordhiyaa. Hurdadii ayaa igu yaraatey, aniga iyo sariirtiina col iyo cadaawo ayaan noqonnay. Markaan dhinaca dhulka dhigo ayaa wixii welwel iyo walbahaar jirey la isugu kay keenaa. Inta aan la joogo Bootaan iyo dhallinta kale ee xaafadda joogta waan cayntaa oo maaweelo iyo sheeko aan culayska isaga yareeyo ayaan ka helaa. Marka waqtigii jiifka la gaaro ayaan joog iyo jiifba diidaa oo naftu isugu kay timaaddaa.

Boholyow daraaddi ayaan jiifka qaban waayaa. Cudur daawadiisu iga dheer tahay ayaa i haya. Waa nala kala geeyey oo qofba meel lagu xiray. Qalbiga ayaa i gubta markii aan soo xusuusto subaxdii Warsame ii yeeray ee aan ka soo dhaqaajiyey Ilwaad oo murugo iyo uurxumo qol dhexdiis yuururta.

3. RAACDADII CIIDANKA

ARRINI WAXAY sidaa ahaato oo aan kala go'doonnay, xilli aan ku qiyaasay toddobadii subaxnimo ayaa hurdada la iga jafay. Waxaa la ii sheegay in Shirwac iyo Ilwaad ii yimaadeen oo i sugayaan. Jiifkaan ka boodey oo intaan afka labo jeer cadey ku jiidey, wajigana biyo marsadey halhaleel shaati u gashaday. Fadhiga ayaan Shirwac iyo wiil gaariga Warsame wade ka ahaa ku salaamay.

 Waxay ii sheegeen in Ilwaad gaariga ku jirto oo ay i sugeyso. Waan sii gudbey oo dhankii gaariga u dhaqaaqey. Isha markii ay igu dhufatay ayaa ilmo waaweyni soo dhaaftay oo intay wejiga hoos u rogatey hadal ka soo bixi waayey. Markii aan arkay xaalka gabadha ayaa inta jirku i damqaday, madaxuna labo i kala noqday. Gacan aad mooddo in tabartii laga siibey ayaan albaabkii isaga furey oo aan gaarigii galay. Oohin gocasho oo ay ku muujinayso silicii iyo dhibkii qabsaday ayey gabadhii oydey.

 Muddo cabbaar ah ayey afka isku dari waydey oo ay *fiqfiq* lahayd. Anigoo aad i mooddo sanam meesha lagu tiiriyey oo aan far dhaqaajinayn ayaan kursigii gaariga inta labada dhafoor qabsaday, gadaal isugu tiiriyey.

In door ah markii aan xaalkaa ku jirney oo ay gabadhiina xoogaa degtey ayaan, hadal meel fog ka soo go'ay ku iri, *"Ilwaad, gacaliso, sidee tahay? Waan ogahay dhibka ku gaaray iyo waxa laguu geystey, aniguna halkan ayaan ciil iyo murugo la joogey."* Halkaa markii aan marayo ayaa hadalkii igu xirmay oo ilmo igu soo istaagtey. Intaan oohintii isku celiyey ayaan shib iri.

Xoogaa markii ay aamusnayd ayey, inta neef weyn oo taah iyo tiiraanyo ku laran yihiin ka soo baxday, hadal tabardarro ka muuqato, dibnaha kala qaadday. Waxay ii sheegtay inay shalay booqasho ugu timid Habboon oo walaashay ah oo u timid inay aniga i sagoontiso. Qoyskii walaashay la joogtey ayaa waxay u guurayeen Dhuusamarreeb. Ilwaad waxay walaashay uga warrantay wixii dhacay iyo in reerka la iga eryey. Markii Habboon u sheegtay inay geeddi yihiin ayay goosatay inay reerka guuraya raacdo, subaxdaana waxay iigu timid inay arrintaa igu wargeliso.

"Arrintii ayaan Habboon uga warramay waxayna ii imaanaysaa maanta, waxaanan rabaa inaan reerkaa geeddiga ah raaco. Ma rabo inaan joogo gurigan lagaa cayriyey, adeerkay Shirwacna weji kuma haysto. Awalba labadiinna ayuunbaan ku haystey." Halkaa markii ay marayso ayey, inta garbasaartii wejiga saaratay, oohin bilowday.

Waa arrin dhinac iga farax gelinaysey oo aad ayaan u soo dhaweynayey inay reerkaa ka tagto, dhanka kalena iima roonayn oo waxaa wax walba iiga darnaa inay iga fogaato. Markii ay ii caddaatay in gabadha arrinkaasi ka go'an yahay, ayaan, illeyn doorasho kale ma jirtee, ku raacay. Isla markiiba sidii aan qorshahaa u fulin lahayn ayaan bilownay.

Waxaan rogrognaba, qorshihii wuxuu noqday in

3. RAACDADII CIIDANKA

Bullaale ku sugo duhurka dabadi beerta Afisyoone, aniga iyo Habboonna isa soo raacno, markaana isugu nimaadno Lambar Afar. Sidii ayaan ku kala tagnay. Bullaale ayaan, inta barqadii xaafaddiisii ugu tagey, arrinkii ku taabtay iyo inuu gabadha ku sugo beertii dhinaca ku haysey Afisyoone.

Baqdinta jirta darteed ayuu Bullaale ii sheegay inuu soo qaadan doono bastoolad walaalkii ka weyn oo sargaal ahaa uu lahaa, anigase baqdin iyo welwel ayay i gelisey. Inuu isku difaacayo haddii la soo weeraro ayuu ku dacwiyayey, waxse is kagama celiyeene, dembi uun bay ku noqon lahayd, saa weligiiba xabbadi meel ay ka dhacayso ma aanu arage.

Abbaarihii labadii duhurnimo ayaa Habboon oo Shirwac la socdaa xaafaddii iigu timid. Shirwac hadda ayuu ka war helay in aniga iyo Ilwaad la isku kaaya tuhmay. Cabbaar markii aan joogney ayaan saddexdayadiiba isa sii raacney oo dhankii Afisyoone aadney. Qorshaha noo degsanaa Shirwac war iyo wacaalo kama hayo. Si aan Shirwac uga dhuumanno, inta Habboon naga leexatay ayey tiri, *"Xaafaddaan anigu sii tageyaa,"* aniga iyo Shirwacna geed weyn hoosti oo haweeney shaah ku karsan jirtey ayaan u gudubney.

Wax yar kolkii aan fadhiney ayaan ka codsaday inuu i sii sugo intaan xaafadda Bullaale ka soo noqonayo. Habboon xaafad kuma leexane horey ayey u sii gudubtey. Markii hore ee ay xaafadda soo martay ayay bac ay dhar ku sidatey dhawr shay Ilwaad ugu sii qarisay. Aniguna dhanka kale intaan ka wareegey ayaan darbigii Afisyoone ku wareegsanaa ka sii boodey. Dhex ayaan Habboon iska sii helnay, Bullaale iyo Ilwaadna Lambar Afar ayaan ku gaarney.

Intaan Taksi qaadannay ayaan abbaarnay Madiina iyo gurigii Habboon joogtey. Xaafaddu ciriiri ayey ahayde, guri aan sidaa uga dheerayn ayey Habboon noo gudbisey. Halkii ayaan aniga, Bullaale iyo Ilwaad iska fariisannay. Ujeeddadaydu waxay aheyd inaan sii dhaweeyo labada gabdhood, kaddibna intaan la dardaarmo ka noqdo.

In door ah markii aan fadhiney ayaa ilmo yar oo ordaya oo Habboon soo dirtay noo yimid oo isagoo neef tuuraya nagu yiri, *"Habboon waxay idin tiri ciidan dabley ah oo idin doonaya ayaa yimide carara".* Gurigu nagama fogeyne, intaan istaagey ayaan kor ka eegay. Xaafaddii oo dhanba waa gabagabeysan tahay.

Ilwaad qof waardiye adagi saaran yahay ayey ahayde, isla markiiba waa la tabey. Waa la is dhexyaacay oo la is weyddiiyey. Qofkii ugu horreeyey ee lagu tuhmey inay raacday Habboon ayuu noqday. Arrintii judhiiba waxaa la gaarsiiyey Warsame oo markaa xanuunsanaa, kuna jira isbitaalkii Madiina iyo wiilkiisii Diiriye.

Iyadoo xaafaddii buuqaasi ka taagan yahay oo ay odlan tahay ayaa waxaa xaafadda booqasho ku yimid wiil ay Siraad qaraabo ahaayeen oo la dhashay wiilkii noo kala dabqaadi jirey aniga iyo Ilwaad. Warkii meesha lagu hayey ayuu dhegta u dhigay. Waxaa ku soo duushay in gabadhii la la'yahay, loona maleynayo inay fakatay.

Waa meel ALLAAH wax ka wadee, illeyn markii Ilwaad iyo Bullaale sii socdeen ayuu meel dhexe uga hor yimid. Iyagoo sii socda ayaa waxay isku dabamareen iskuukii 21-ka Oktoobar. *"Cabbaar ka hor mar aan soo socdey ayaan arkay iyada iyo Bullaale oo dhanka Lambar Afar u sii socdo,"* ayuu la soo boodey. War caddaaday! Halmar ayaa la is dhugtey! Kamaanay labalabeyne, waxay hoosta ka xarriiqeen inay Habboon raacday.

Shirwac oo baraadla' oo intuu cabbaar i sugey gurigii isaga soo noqday ayaa dadkii oo tuban u tegey. ALLAAH ha u dambi dhaafo Shirwac e, dhanna uma fayooba. Wuxuu noqday hashii ninka gurrani dheelmay. Xaafaddii Habboon cid taqaan ayaa la raadiyey, mise Shirwac uunbaa yaqaan. Inta loo hanjabey oo loo cagajugleeyey, laguna eedeeyey inuu arrinta qayb ka yahay, ayaa lagu amray inuu hadda xaafadda geeyo.

Diiriye wuxuu bilaabay ciidan uruursi. Laba gaari oo ilaaladii xeradii Afisyoone ah oo raacdo ah, Siraadna hoggaamineyso, Shirwacna garwadeen ka yahay ayaa nala dul keenay.

Markii ay noo caddaatay in ciidan na baadigoobayaa yimid ayaan cagaha wax ka daynay. Waxaan hadba guri isku aaddinno, markii aan xaafaddii ka fogaanney ayaan abbaarnay jidkii weynaa ee Madiina. Waxaan hadba geesaha dhuganno oo guuxii aan maqalnaba ka baqno, laamigii ayaan gaarnay.

Galabtaa cabsiyi nooma yareyn! Isla markiiba taksi ayaan qabsanney oo afka saarnay reer kale oo Bullaale walaalki lahaa oo ku yiilley Soona Keey; dhanka galbeed ee isbitaalkii Digfeer. Nasiibwanaag, Qorane habeenkaa reerkii Afisyoone ayuu jirey. Bullaale dumaashidi qol ayey isla markiiba noo bannaysay.

In muddo ah markii aan joogney oo aan cabsi goyney ayaan magaaladii ku noqday si aan u soo xuuraamo halka xaal marayo. Si dhuumasho ah intaan Afisyoone ku galay ayaan xaafaddii Bullaale tagey. Labo wiil oo Bullaale adeer u ahaa ayaan raadinayey. Maanay joogine, intaan farriin uga tagey ayaan Soone Keey dib ugu noqday. Waan iska seexannay annagoon garaneyn waxa waagu noogu beryi doono.

Ilwaad habeenkaa mid baas ayuu u ahaa. Weligeed rag gayaankeed ah hal qol dantu isuguma keenin. Dhinac intay isu buustay ayey darbiga guriga isku dhejisey. Cabsi iyo qajil ayaa isugu darsamay. Habeenkaa mar ay kuududdo iyo mar ay xoogaa dhinaca dhulka dhigto ayuu u ahaa. Aniga iyo Bullaale, rag daallan ayaan ahayne durba waan dhacnay.

Habeenbarkii ayaa ganjeelkii la soo garaacay. Tolow miyaa nala ogaadey! Argaggax iyo naxdin ayaan la kacnay. Bullaale ayaa, isagoo taagtaagsanaya inta baxay meel yar oo ganjeelka ka daloosha ka fiiriyey, mise waaba wiilashii uu adeerka u ahaa. Dibadda ayaan u soo baxay. Barxaddii guriga ayaan isugu tagnay.

Dhallinyaradii waxay noo sheegeen in Diiriye oo ciidan wataa uu weerar caawa gurigii ku yimid, isagoo afka abur ka sii deynaya. Dhawr jeer ayuu guriga ku soo noqnoqday isagoo Bullaale baadigoobaya. Dhallinyaro xaafadda joogtey ayaa arrinkii Qorane gaarsiisey iyo ninkaan xaafadda ku gaafwareegaya. Intuu u soo baxay ayuu weyddiiyey sida wax u jiraan, wuxuuna Diiriye yiri,

"*Aniga iyo Samatar waa noo il iyo aragti, laakiin haddii aad walaalkaa iga qaban waydo waan iska celinayaa. Haddana gabadhaydii oo walaalkaa iyo Samatar iga dheceen ayaan kaa rabaa.*"

Qorane markii hore is afdhaafe, laakiin goor dambe oo uu aad ula hadlay ayuu dejiyey, wuxuuna ku yiri, "*Bal ciidankaan iyo waxaad la ordayso jooji. Labadaa wiil haddii ay gabar kaa dhaceen anigaa ka masuul ah, wixii walaalkay kuu gaystayna anigaa kaa xaal marinaya, ina Samaddoonna haddii adigii adeerka u ahaa aad sidaa u hadlayso isagana anigaa ka masuul ah, gabadhiinana waad helaysaan.*" Sidaa ayaa Diiriye lagu diray oo uu ku noqday.

Warsame isagu isbitaalkii Madiina ayuu ka soo talinayaa, isla habeenkaa ayuuna ka soo baxay. Markii ciidankii Siraad wadatey ay hungoobeen oo ay waxba waayeen, ayey farriin Warsame u direen. Wuxuu amar ku bixiyey in Habboon la soo kexeeyo. Gurigii Diiriye ayaa la geeyey. Waxay ka dhextolantay Habboon oo dhan ah iyo Siraad iyo hooyadeed oo dhanka kale ah. Rag markaa meesha joogey ayaa kala dhexgalay.

Warsame ayaa Habboon gaari ku ritey. Sidii uu u sii wadey ayuu geeyey, kuna xiray isteeshinkii Waaberi. Sargaal boolis ah ayuu ahaaye, qoladii joogtey wuxuu ku yiri, *"Gabadhan awoowe ayaan u ahay, waxayna la dhuumatay mid kale oo aan adeer u ahay, meel ay gaysayna waa laga soo saari waayey ee xabsiga iigu haya."* Xaalkii waa adkaaday. Habboon waa xiran tahay, anigana ciidan ayaa igu raadjooga. Talo waa igu caddaatay, meel aan u ciirsado oo aan u habarwacdana waa ii muuqan weydey.

Dhallinyaradu ma oga in aniga iyo Ilwaad wax xiriir ahi naga dhexeeyo. Mid ka mid ah ayaa yiri, *"Samatar, xaalku ma fududa! Waxbaa jira, siday u jiraanna ma garanayo. Runta noo sheeg, walaalow, maxaa adiga iyo gabadha idinka dhexeeya?"* Xaalku waa Alamtarana soo dhaaf, wax qarinina dhimatay. *Haddii dhib yimaado dhabbaqo dhimatay!*

Sidii wax u jireen iyo in gabadha sheeko naga dhaxayso, haddana aan u soo raacay inaan sii dhaweeyo ayaan u sheegay. In door ah oo aan xaalka gorfeyneyney kaddib, waxaan isla qirnay in Warasame iyo wiilkiisu aanay waxba noola harin. Awood aan isaga celinno in aannan hayn oo naloo xoog sheegtay ayaan is tusnay.

Wax ninba hadba meel ku dhufto, waxa noo soo baxday in tallaabada keliya ee noo furani ay tahay inaan gabadha meherinno. Isqarintaa iyo dhuumashadaa inaan lagu sii jiri doonin, gabadha haddii ay gacan ku dhigaanna aan la garanayn siday fursad dambe noo soo mari doonto ayaan isku qancinnay. Shawr dheer kaddib, Waxaa la ii diray inaan arrintaa gabadha ka soo dhaadhiciyo.

Dib ayaan ugu noqday qolkii oo Ilwaad oo welwelsan oo is leh, *"Tolow maxaa la soo sheegay!"* ay dhex fadhido. Wejigayga ayey ka dareentay in dareen cusub jiro. Intay is hayn waydey ayey la soo booddey, *"Samatar, abboowe, maxaa dhacay!?"* Waxaan uga warramay sidii wax u dhaceen iyo in ilaa hadda ciidammo nagu raadjoogaan. Madaxa ayey ruxday iyadoo ilmo indhaheeda ku taagan tahay. Waxay is tiri, *"Waxaan oo shiddo ah adigaa Habboon u gaystey, miskiinkan la eryanayana adigaa baddaa geliyey."*

Iyadoon isheedu libiqsi lahayn ayey cabbaar feker ku maqnayd. Goor dambe ayey, iyadoo madaxa qaadi la' dhankayga soo dhawrtay anigoo, laftigaygu islahadal ku maqan. Soo jalleeceedii ayaan ku baraarugay oo madaxa kor u qaaday. In dareenkeedu xaggayga soo jiro oo i juuq dhawrayso markii aan arkay ayaan arrintii u bilaabay.

Waxaan u bandhigay sidii aan xalka moodey. *"Ilwaadeey, waad arkaysaa halka xaal marayo. Waxa la doonayaa oo keliya waa sidii aan isu seegi lahayn, haddana waxaan fakad la nahay nafteennii. Ma garanayno berri waxa iman doona iyo inaan dib dambe u kulmi doonno. Waxaan kaa codsanayaa inaad iga yeeshid arrinkan aan xalka u arkay oo ah inaan is mehersanno. Haddii aan sidaa yeelno waxaan noqonaynaa dad uu ka dhexeeyo xarig adag oo aan la goyn karin."*

Hadalkaa iyo mid la mid ah oo hogatusaalayn ah ayaan isugu daray. Way ka didday oo ka biyadiiddey taladii aan keenay. Waxay isku daydey inay igu qanciso in aannan arinkaa ku degdegin. Qof ii jilicsan oo ii nugul ayey ahayde, dhawr jeer markii aan hadalkii ku celceliyey oo ay aragtay meesha xaal iga marayo ayey, inta catowgaygii u gigsan waydey ay arrinkii, iyadoo cagajiid ah iga aqbashay.

Taksi ay wateen dhallinyaradii noo timid ayaan qaadannay oo aan abbaarnay Boondheere. Wiilasha mid ka mid ah ayaa wuxuu yaqaanney nin oday ah oo ka shaqeeya maxkamadda

3. RAACDADII CIIDANKA

Boondheere. Waa waqti dambe oo cid socotaa aanay jirin, saacadduna markaa waxay tilmaameysey labadii dambe ee habeennimo. Gaarigii intaan gurigii wadaadka ag istaajinney ayaan albaabkii ku garaacney.

Shiikha oo aan la yaabin in waqtiyadan oo kale albaabkiisa la soo garaaco ayaa na weyddiiyey cidda aannu nahay. Wiilkii ayaa la hadlay, una sheegay dantayada. Qof ayuu inta u yeeray ku amray inuu albaabka naga furo. Albaabkii ayaa nala ka furay oo naloo gudbiyey meel, malaha, shiikhu ugu talagalay dadka hawshayada oo kale wata.

Wadaadkii waraysi ayuu noogu dhaqaaqay, gaar ahaan, aniga iyo Ilwaad wuxuuna na weyddiiyey su'aalo aan maqli jirey, laakiin habeenkaa ay iigu horraysey. Weydiimo guurka iyo arrimihiisa ku saabsan ayuu nagu bilaabay. Maahmaah ayaa waxaan ku maqli jirey: Ninku saddex jeer ayuu qarqaraa… waxaa ka mid ahayd markuu wax mehersanayo.

Waxaan is lahaa, *"Tolow gariirkii iyo qarqarkii la sheegi jirey goormay ku bilaabi doonaan?"* Arrintii si fudud ayey noogu dhammaatay, qaalligiina warqaddii nikaaxa ayuu farta naga saarey. Intaan wadaadkii xoogaagiisii u laabnay ayaannu taksigayagii kooraysannay.

Intii aan taksiga saarnayn Ilwaad oo dhinacayga fadhiday hadal waa ka soo bixi waayey. Waxaan damcaa inaan sheeko u bilaabo si aan uga yareeyo fekerka dheer iyo islahadalka ay ku fogaatay. Intay iiga jawaabto waxaan weyddiiyo ayey wejiga iga dadabtaa oo iska dhigtaa qof isha la raacaysa mugdiga iyo dhismayaashii jidka dhinaciisa ahaa ee taksigu na dhexmarinayey. Jirkeeda ayuunbaa ii muuqdee qalbigeedu hawada waa ka maqan yahay. Waa dambe ayey ii sheegtay inay habeenkaa kadeed ku jirtey oo ay nafteeda ku jujuubtay arrin aanay diyaar u ahayn.

"*Dhawr jeer ayaa naftaydu i tustay inaan meherka diido, laakiin waxaan u bareeri waayey oo wadnuhu i siin waayey inaan sidaa naftu iigu yeerayso yeelo. Qalbiga ayaa i damqada oo waan kugula dhici waayaa arrin aan ogahay inay dhaawac kuu geysanayso. Habeenkaa naf-u-doorin ayey iga ahayd oo waxaan naftayda ku sandulleeyey wax aanay dooneyn,*" ayey mar dambe ii sheegtay.

Markii meherku dhacay ayaa qalbigii ii degey, waxaanan isku laab qaboojinayey in mar haddii Ilwaad ay noqotay ooridaydii, xariggeediina aan gacanta ku dhigay, cidina aanay iga sed roonayn. Arrin aan ku gorgortami karo oo aan raggaa weerarka ah isaga celin karo ayaan helay.

Waa ninba dhan u badiye, haddii Diiriye ciidankiisu ahaa askar qoryo sidata, aniga difaacaygu wuxuu noqday xarigga gabadha ee gacanta ii soo galay. Qaylo yeertaa cid baaney uga darine, colkii iyo dayax-weerarkii dhacay arrin aanan soo dhigan ayeyba ii fududeeyeen.

Raggayagii wada socdey waxaan isla garannay inaan gabadha ku celinno xaafaddii aan galabta ka soo qaxnay iyo Madiina. Intaan gabadhii gurigii ku dejinney ayaan kula ballamay inaan ilaa berri u iman doono. Ilwaad oo naf ah oo daal iyo murugo tallaabada la dhacdhacaysa, ayaa dhankii albaabka u luudday.

Markii ay sii socotay ayaan isha la sii raacay, saa waxaad mooddaa sida ay u liicliicayso in boqollaal kiilo madaxa u saaran yihiin! Anigoo weli il kalgacal la sii raacaya ayaan ku sheekaystay, "*Miskiinta caawa waxaanay raalli ka ahayn ayaad ku khasabtay, waa taa murugo saanta qaadi la'! Ilaahayow isheeda iga duw!*" Xaafaddaydii iyo Iskuul Bulisiya ayaa anigiina la i geeyey.

3. RAACDADII CIIDANKA

Bootaan siduu ii sugayey ayuu markuu daaley iska seexday. Ganjeelkii maanan garaacine, intaan, sidii tuug, darbigii ka boodey ayaan albaabkii hoose garaacay. Bootaan oo yaabban ayaa iga furay. *"War ninyohow waan yaabbanaaye xaggee waqtigan ka timid?!"* ayuu yiri isagoo welwel ka muuqdo. *"War berri ayaan kuu warrami doonaaye iska seexo,"* ayaan ku tuuray anigoo sii weydaaranaya. Intaan halhaleel dharkii isaga siibey ayaan sariirtii isku tuuray.

Diiriye ma joojin inuu duullaan hadba xaafad ku kiciyee, aroortii hore ayuu isagoo ciidan wata ku soo waabberiistey xaafaddii aan joogey. Waxaa la ii sheegay inuu habeennimadiina dhawr jeer isagoo i raadinaya uu yimid, laakiin dhallinyaro xaafadda joogtey u sheegtay inaanan joogin. Marwo oo Bootaan walaashi ahayd, ahna gabadha guriga leh, waxay ahayd sargaalad ciidanka xoogga ka mid ah, Diiriyena aad ayey isu yaqaanneen.

Iyadoo xaafadda qofkii shaqo aadi lahaa iyo kii iskuul aadi lahaaba ay is diyaarinayaan, ayuu Diiriye oo ciidammadiisii wataa albaabka ka soo galay. Waxaad mooddaa, askarta uu wataa sida ay u heensaysan yihiin inay gacan-ku-dhiigle raacdeynayaan. Isagoo qaylo iyo sheegasho isku daraya ayuu gudaha soo galay. Wuxuu leeyahay, *"Ninkii i dhacay oo i xumeeyey ayaad guriga ku haysataa!"* Waa la yaabay oo la is fiiriyey. Marwo oo af-kala-hays ka soo haray ayaa tiri, *"Waa ayo ninkaad sheegayso oo sidaa kuu galay?"* Isagoon oran waa hebel, askartiina dhinacyada ka taagan yihiin ayuu ku hanjabey inuu Xabsiga Dhexe igu tuuri doono haddii uu gacanta igu dhigo.

Marwo markii ay garatay ninka la haystaa inuu aniga yahay oo la leeyahay gabar ayuu iga dhacay, ayey inta aad u xanaaqday ku tiri, *"Bal horta askarta guriga iiga bixi, haddii aad hadal rabtana sidii nin weyn u hadal, Xabsiga Dhexe adigu ma lihide!"* Ugu dambayn, waxay Marwo ku dirtay Diiriye inaanan joogin, iyaduna ay ugu iman doonto xafiiskiisa. Markii uu tagey ayaa la i soo toosiyey. Marwo oo yaab Alle u keenay oo indhaha taageysa ayaa i weyddiisey sida ay wax u jiraan. Waan u warramay, inkastoo aanan u sheegin meherkii dhacay.

Ma garaneyn waxa waa ugu beryey Habboon iyo Ilwaad. Habboon waxaa iigu dambeysey iyadoo xabsi ku jirta. Sidaa anigoo ku jooga, duullaankii uu Diiriye saaka xaafadda ku yimidna uu baqdin weyn i geliyey ayaa Bullaale ii yimid barqadii. Wuxuu ii sheegay in saaka walaalki u yimid oo uu hurdadii ka jafay, uuna wareystey. Waxba kama qarine wuu u xogwarramay oo sidii wax u dheceen ayuu walaalki u sheegay.

Meherkii dhacay iyo warkii oo dhan intuu farta ka saaray ayuu ka codsaday inuu afkiisa haysto. Sidii Diiriye looga eedbixi lahaa ayaa la wada qorsheeyey. Waxaa lagu heshiiyey in Bullaale isku difaaco inay gabadha jidka ku kulmeen, kaddibna uu u sii dhaweeyey Lambar Afar, halkaana ay ugu wardambaysey oo aanu war u hayn meel ay jaan iyo cirib dhigtay.

Ma inkiri karo inay is arkeen oo waa iyadii wiilku uga horyimid iyagoo isla socda. Sidaa iyagoo ku wada socda ayey isu raaceen gurigii Diiriye. Gurigii markii ay galeen ayaa Diiriye intuu u yimid oo u mahadceliyey u sheegay inay gabadhii heleen. Iyagoo eed la'aan ah ayey ka soo gaddoomeen.

Reerkii ay Habboon la noolayd ninkii lahaa ayaa habeenkii wuxuu soo hoydey reerkii oo is dhexyaacsan, gabadhuu qabeyna ay barooranayso. Xaasku ummul ayey ahayd, waxayna uga warrantay wixii galabta dhacay. Waagu markii uu beryey ayuu Ilwaad inta u yeeray wax ka weyddiiyey sida wax u jiraan. Sidii wax u dheceen inta u dulmartay ayey u sheegtay inay doonayso inay reerkoodii ku noqoto oo haddii wax kastaa dhacaan aanay reer Diiriye dib ugu noqoneyn.

Ninku reerka xidid ayuu la ahaa oo gabar ayuu ka qabey. Ilwaad waxay ka codsatay inuu kexeeyo oo aanu reerka geeddiga ah ka reebin. Wuxuu damcay inuu arrintii dhexdhexaadiyo. Intuu Ilwaad gaarigiisii ku soo qaaday, una ballanqaaday cid qasbaysaa inaaney jirin ayuu abbaaray gurigii Diiriye.

Wuxuu aad uga sheegtay sida reerkiisii loo galay, lana xiray gabadhii reerka u joogtey. Inaanay daw aheyn, xidid iyo xigaalana kala qaban in ciiddammo la isku kiciyo oo la isu xoog sheegto ayuu ku cawday. Diiriye oo arrinkaasi culays ku noqday ayaa ka raalligeliyey, xaal iyo xumayn inuu ka bixin doonana seeddigi ku dejiyey.

Ugu dambayn, wuxuu u sheegay inuu gabadhii wado oo uu gaariga uga soo dhextagey, ayna diiddey oo ay ka dhaaratay inay guriga ku soo noqoto. Wuxuu u soo jeediyey inaanay qasbin oo ay isaga hadda ku daraan, markii ay arrintu xasishana markaa la soo sasabo oo dib loo soo celiyo. Fikirkaa ayaa Diiriye u guuxay oo madaxa u ruxay, aabbihiina u gudbiyey. Dabeecadda Ilwaad ayey ogaayeen iyo inay tahay qof aan la jujuubi karin. Warsame isaguna ku raac, wuxuuna amar ku bixiyey in Habboon la soo daayo.

4. FAQII FAGAARAHA TAGEY

ANNAGOO HAYSANNA warkii ahaa in Ilwaad la helay, meel ay ku sugan tahayse aannaan garaneyn, ayaa waxaa na soo gaartey xogtii saaka iyo in Habboon la sii daayey, Ilwaadna reerkii geeddiga ahaa lagu daray. Bas ayey inta Habboon raacday xaafaddii ku noqotay. Suuqii Madiina markii ay baskii uga degtey ayaa waxay ku naxday Shirwac oo isna bas kale ka soo degey.

Waxaa la ogaadey in Shirwac ay shalay Habboon wada socdeen, markaas ayaa la is yiri, *"Ninkani isagaaba hawsha wax ka wada."* Wuxuu isku difaacay inaanu arrinkaa waxba kala socon ee ay Habboon ka codsatay inuu tuso gurigii aan joogey, lagamase akhrisane, ciilkii iyo caradii ayaa lagula dhacay. Gacan ayaan loo qaadine, cay iyo hadal xun sidii loogu wadey ayaa calalladii dibadda loogu soo tuuray. Subaxdaa ayuu boorsadiisii ka soo qaatay. Wuxuu u socdey gabar ay isku hooyo ahaayeen oo Madiina degganeyd.

Bullaale isagaa xaafadda iiga fara-dhuudhuubnaaye, inuu noo raadiyo gaari ayaan ka codsaday si aan u soo ogaanno in gabdhihii bexeen iyo in kale. Dhallinyaradii Afisyoone mid ka mid ah, gaarina u wadey wakaaladdii Bacrinta Beeraha ayuu noo ballamiyey. Qadadii kaddib ayaannu gaarigii kaxaysannay oo abbaarney Madiina iyo xaafaddii gabdhuhu joogeen. Qudhaydu darawalka waan is naqaanney, aad ayuuna iila dhiillooday, ugana dhiidhiyey arrinta igu dhacday, wuuna ii tacsiyeeyey.

Intaan sii soconney ayuu igu ilxaaxiyey oo aad iigu celceliyey inaan arrintaa ka dhabeeyo oo aan gabadha guursado. Hadalkii darawalku wuu i saameeyey, wuxuuna igu abuuray beerjileec. Beerdulucsigaasi wuxuu i gayeysiiyey inaan arintii meherka u sheego, kana codsado inaanay arrintaasi ka bixin. Farxad iyo dhaar isagoo isku daraya ayuu ballan ku qaaday inaanay sirtaasi ka baxeyn.

Saaxiibkay Bullaale xogtaa baxday wuu dhibsaday, run ahaantiina wuu iiga garjoogey. Waxaan sii soconnaba gurigii gaarney, nasiibdarrose kumaannan gaarin oo hortayo ayaa reerkii guurey.

Aad ayaan uga xumaaday inay Ilwaad safarto anigoon arag, waanan hubey sidaas iyo si ka daran inay iyaduna dareemaysey. Xalay ayey oori ii noqotay, maantana iyadoon ishaydu ku doogsan ayey ambabaxday. Inaan ka dabatago oo aan gaari ka dabakoorayso ayaa i qabatay. Iyadoo hungadaasi nagu dhacday, ayaan dib ugu noqonney xaafadahayagii.

Arrintayadii waxay noqotay mid magaalada dhex-xusha, la islana dhexwareego. Su'aalo badan ayaa la iska weyddiiyey. Dadku waxay isugu jireen qaar qaata waxyaabihii beenabuurka ahaa ee nalaga sheegay iyo kuwo ay ka daadegi waayeen. Cidina eed iyo dambi uma qabsan reer Warsame saa, sida dhaqanka Soomaalidu u badan yahay, qofkii magac iyo maamuus bulshada dhexdeeda ku leh way adkayd in lagu degdego oo la yiraahdo, "*Waad gefsan tahay.*"

Waxaan hubaa haddii gef xaggayga ka iman lahaa inaanay haaddu iiga soo dagteen oo la i kala boobi lahaa. Dad badan ayaa igu xanqarsaday oo yiri, "*Waan aragnaa dulmiga laguu geystey, laakiin waxba kama qaban karno oo waa; Lama canaantihii ayaa caanihii daadiyey.*"

Muddo markii xaalku sidaa ahaa, ayaa sheeko cusubi soo baxday. Midba midda kale iiga darane, hal mar ayaa waxaa suuqa qabsaday, "*Habeenkii ay is la fakadeen ayey isa soo mehersadeen!*" Bullaale oo isla fiican oo u haysta in arrini u qarsoon tahay ayaa waxaa u yimid Diiriye. Xurgufba ha dhexmartee, dad is yaqaan ayey ahaayeen. Hadal aanu malaysaneyn ayuu u bilaabay.

"*Bullaale, dad ehel ah oo qaraabo ah ayaan nahay. Walaalahaa asxaab ayaan ahaan jirney, labadeennii waalidna saaxiibbo ayey ahaan jireen oo ciidamadii ilaalada ayey ka wada tirsanaayeen. Arrintan Samatar iyo gabadha si xun ayaa wax la iigu sheegay. Hadda waxaa i soo gaartey inay is mehersadeen. Haddii aan sidaa u fahansanahay aniga ayaaba dhismaha reerka ka qayb qaadan lahaa. Iiga warran arrinkaa, maxaa ka jira?*"

Bullaale garey in xaal fashilmay, Diiriyena uu wardoon yahay. Uma dabcin, hadalkiisii sasabashada ahaana uma beerjileecin. Ciilkii uu isaga u qabey iyo arrinta fashilantay caro uu ka carooday ayaa isugu darsamay. Hadal colaadeed ayuu ugu jawaabey. "*Arrinkaas aad i weyddiisey war uma hayo. Labo qof ayuunbaad ka heli kartaa, waana ninkii wax mehersadey iyo shiikhii meheriyey; labadiina midna ma ahi,*" Iskana dhaqaaqay, iyadoo qolo labadooda la fadhidey ay qaylo iyo canaan iyo "*maxaad ninka odayga ah sidaa ugu la hadlaysaa*" isugu dareen.

Maantana xaggee nala ka soo galay? Jahwareer ayaa igu dhacay, waxaanan garan waayey dhanka nalooga yimid ee xogtu ka fakatay. Aniga iyo saaxiibbaday arrinkii ayaan rogrognay, qofka ugu dhow inuu yahay wiilkii darawalka ahaa ee mar gaarigiisa nagu qaaday ayaa noo soo baxday. ALLAAH malahayagii ma hoojine, sidii ayey noqotay.

Warba ma haynee, illeyn darawalka iyo Sagal ayaa haasaawe ka dhexeeyaa! Markii aan u sheegayba, isla markiiba farta ayuu ka saaray. Waa fursad ay sugaysaye, sideedii ayey la orodday oo iyadoo qayladhaan ah reerihii ku dhex dhacday. Alla Sagal maxay nagu markatay!

Markii sheekadaasi soo baxday ayaa Diiriye iyo aabbihii yare nafiseen oo yiraahdeen, *"Waa taa inay run ahayd waxaannu sheegayney."* Dhanka kale, waxay ku noqotay qarracan iyo filanwaa oo maanay ahayn dhacdo ay taladaba ku darsadeen. Xaalku wuxuu ula ekoonaaday sidii ninkii yiri, *"Waxaan roobka moodayey ayaa caad igu noqday."* Malaha, waxay is lahaayeen, *"Wiilkan yar haddaad xerada ka saartaan wax dambe oo idinka daba imaanayaa ma jiraan!"*

Dadkii waxay noqdeen mid ii tahniyadeeya iyo ku kale oo eed dusha iiga tuura, reer Warsamena garab istaaga. Inkastoo sirtaasi fakatay, haddana umaanan dabcine gaashaanka ayaan u daruuray, qofkii i weyddiiyana inaanay waxba ka jirin ayaan u sheegaa.

Taa waxaaba iiga sii darnaa in eedo kale oo aanan waxba ka ogeyn dusha la iga saaray. Dambi iyo dhibaato aanan galabsan hore ayey iiga meel waayeen, waxaanan noqday nin u nugul oo ay eeduhu qaban og yihiin. Goor barqadii ah ayaa, anigoo Afisyoone dhexmaraya oo xaafaddii Bullaale u socda, waxaa iga hor yimid wiil ay walaalo ahaayeen xaaskii Diiriye. Ima caayin imana cadaabin, laakiin isagoo caro ka muuqato ayuu markii aan isa salaannay kaddib i yiri,

"Samatar, waxaa na soo gaartey inaad tiri, 'Ilwaad ina

hebel(inta magaca aabbihi sheegay) ayaa lala rabey oo sidaa laguugu haysto. Arrinkaa maxaa ka jira!?"

Anigoo yaabban ayaan u sheegay inaan warkaasi aniga iga iman, cid sheegaysana aanan maqlin. Markii aan kala tagnay ayaan is iri, *"Wiilku wax is kama soo allifan, xumaanna kumaadan aqoone, xaggee wax ka jiraan!"*

Anigoo ku mashquulsan sidii aan arrinkaas salkiisa u ogaan lahaa ayaa waxaa halmar igu soo dhacay arrin la isku khaldi karo. Nin lagu tuhunsanaa in lala rabo Ilwaad aabbihi iyo wiilka aabbihi ayaa isku magac ahaa, sidaa darteed, waxaa laga yaabaa inay ina hebelkii la sheegay ay iyaga isu qaateen.

Sidaa markii ay wax u dheceen, ayaan goostay inaan safar gaaban ku tago Dhuusamareeb, anigoo u dan lahaa laba arrimood: Waa midda horee, maaddaama gabadhii aan is dhaafnay markii ay tageysey waxaa i qabtay hilow daran. Caafimaadka nafta ayaa ku jirey inaan ka dabatago. Midda labaad, arrinkii guurku waa baxay, suuqa ayaana la is la dhexwareegayaa. Waxay ila noqotay inay lama huraan tahay inaan arrinkaa gabadha gaarsiiyo.

In arrintaasu dhulkii gaari doonto, su'aalo iyo waraysi badanna ka iman doonaan ayaan ogsoonaa. Iyadoo warmoog ah haddii wax la weyddiiyo waxaan ka baqay in hadal ka tago, sidaa darteed inaan ka gaaro oo wax aan isku ognahay aan meel isla dhigno.

Goor barqadii ah ayaan gaari kuwa xamuulka ah ka raacay suuqii Siinaay, noociisuna ahaa kuwa loo yaqaan *janta diyeeshe (110)*. Wuxuu ahaa safar qiimo gaar ah ii leh oo waa markii ugu horraysey oo aan socdaal galo Ilwaad oo oori ii ah. Dadka gaariga saaran qaarkood waan is garaneyney, laakiin kama helin ruux dhallinyaro ah oo aan jidka isku weheshanno. Umaba baahnayne, waxaan ka sheekaynayey dhul aan dhulkan ahayn,

cid ila hadasha oo i qalindaartana maanan rabin.
Dadkii ayaan inta ka dhexbaxay meel gees ah fariistay. Mararka qaar ayaa hadal tannaago ah dadweynaha qaar iga soo gaaraa oo la iigu yeerayo inaan maaweelada iyo sheekada jidku-marka ah ka soo qaybgalo. *"Yaan lagaa dareemin in meel kale durbaan lagaaga tumayo,"* intaan hoos iska iraahdo ayaan xoogaa sheekada la wadaa, kumase raagee halkaygii ayaan ka sii miisaa.

Waxaan hadba dib u milicsanayey wixii aniga iyo Ilwaad na qabsaday, markaas ayaan calool xumoodaa, marna waxaan miliilicaa haasaawihii iyo sheekadii macaanayd ee aan is waydaarsan jirney markaas ayaan hiyikacaa. Waxaan soo soconnaba, fiidkii ayaan Beledweyne gaarney, halkaas oo aan habeenkii seexannay. Salaaddii subax markii aan tukanney ayaan ka kallahnay.

Goor barqo kulul ah ayaan Dhuusamarreeb gaarigii uga degey. Nasiibwanaag, Ilwaad waxaan ku gaarey Dhuusamarreeb, waxayna la joogtey reerkii ay Xamar ka soo raacday. Inkastoo magaaladu ay beledkaygii ahayd, laakiin halka reerku ka deggen yahay ma garanayn. Waxaan sii haybsadaba, xaafadda Dayax in reerku deggan yahay ayaa la iigu baytiyey.

Gurigii ayaan isa sii taagey, qofkii ugu horreeyey oo aan la kulmana Habboon ayuu noqday. Salaan diirran kaddib, intay i gudbisey ayey qol dhinacayga bidix ahaa i fariisisey.

Ilwaad waa warmoog oo xog kamaanay hayn socdaalkayga. Kedis iyo la yaab ayey ku noqotay markii lagu wargeliyey inaan imid oo aan xaafadda joogo. Iyadoo naxsan, iskana ilaalinaysa in la dareemo ayey iigu soo gashay qolkii aan ku jirey. Indhaha markii aan isku dhufannay ayaan aniguna sidii inaan salka raran ku hayo hawada u boodey, iyadiina sidii qof koronto ku dhegtey inta tigtigantay saan qaadi weydey.

Sidii daadkii ayaa ilmo soo dhaaftay oo garbasaar ay hagoognayd intay wejiga saaratay oohin bilowday. Intaan is hayn kari waayey oo aan gabadhii ku boodey ayaan inta garbaha soo qabtay dhinac ka fariisiyey sariir qolka tiil. Dhabaandhabid iyo aamusin ayaan bilaabay. Markii ay yare xasishay, ayey inta kacday oo ilmadii ka soo weji dhaqatay, dib iigu soo noqotay.

Baroortu ma hilow iyo kalgacalbaa? ma murugo iyo uurkutaallaa? Ma ciil iyo caloolyowbaa, mise waa intaasoo is biirsaday? Xoogaa kaddib, ayaa Habboon oo cabitaan noo waddaa noo soo gashay. Cabbaar kolkii aan aniga iyo labadii gabdhood sheekaysanayney ayaan u sheegay inaan fiidkii u iman doono.

Cawaysinkii ayaan aniga iyo Ilwaad is raacnay, waxaanan uga warramay sida arrintii u fashilantay. Isla garannay inaan xaalku fufudeyn, culays badanina nagu soo fool leeyahay. Xogwareysi badan oo arrinka guurka ku saabsan inuu nagu soo wajahan yahay ayaa noo muuqatay, sidii anigaba igu dhacday ee aan geed aan galo u waayey. Dadkii oo dhan oo wardoon ah ayaa igu soo jabay.

Waxaan ku heshiinney inaan wax dabac ahi na gelin oo aan ku adkaysanno inaan warkaas beeninno. Inaan ka soo qaadno waxaan waxba ka jirin oo ay kutiri-kuteen tahay ayaan ku ballannay.

Ciriirigii hadda ALLAAH wa naga bixiyey, cid aan ka baqaynaana ma jirin. Si fiican oo hufan ayaan u kala sheeko boganney. Maalintii kulayl ayey ahayde, fiidkii markii ay tahay ayaan intaan gabadha u imaado magaalada ku soo wareejiyaa. Intaan joogey ayaa la igu wargeliyey inay timid koox riwaayad waddaa, halhaleel ayaanan tikidkii u soo gooyey.

Aniga iyo Ilwaadba riwaayadaha maannaan jeclayn, laakiin

wixii jacayl iyo dad is jecel ka sheekaynaya ayaa annaga daawo noo ahaa. Habeenkii markii riwaayaddii dhammaatay ayaan, annagoo xoogaa nafisney xaafaddii u sii dhaweeyey. Intaan sii soconnay waxaan falanqaynayney riwaayaddii iyo meelihii ay naga saaweynaysey ee ay nooga ekayd.

Warku kaa orod badane, intaan joogeyba arrintii meherku dhan walba ayay noo dhaaftay iyadoo dabayluhu sidaan, ilaa ay gaartey in looga sheekaysto baaddiyihii iyo dhulkii ay reeruhu degganaayeen. Habboon oo arrinta soo maqashay ayaa ii timid oo i weyddiisey waxa ka jira warka la sheegayo. Waa ila noqon weydey inaan walaashay ka qariyo, mar haddii warkii baxay. Intaan u sheegay sida wax u jiraan ayaan ka codsaday inay afkeeda haysato.

Intay yaabtay oo afka gacanta saartay ayey, iyadoo welwelsan tiri, *"Illeyn waxa la sheegayo waxbaa ka jira iyo in xiriir idinka dhexeeyo."* Intay yare aamustay ayey raacisay, *"Allaah shartooda ha idinka duwo, hawshuse ma sahlana!"*

Warsame Xamar ayuu weli jiraa, laakiin waqtigay doontaba ha ahaatee inuu soo fool leeyahay ayaan ku tirinaayey. Cawrala oo xaaska Warsame ahayd aad ayay uga xumaatay sidii aniga, gabadha iyo Shirwac naloo galay, intii aanan iman ayayna gabadha waraysatay. Markii warkii beenabuurka ahaa soo gaarey, ayaa waxaa la iiga sheegay inay tiri, *"Gabadha isbitaal baan geyn, waanan baarayaa. Waxaad sheegaysaan haddii ay been noqoto, wixii dhaca waa la ogaan!"* Markii uu soo gaarey warkii meherka sheegayey, ayey afkeeda qabsatay oo is tiri, *"Malaha waxa la sheegayo waxbaa ka jira!"*

Waxay ahayd haweeney gobannimo iyo wanaag dumarnimo Allaah u dhammeeyey, intii aan gurigeeda joogayna waxaan wanaag ahayn kala maanan kulmin. Wixii odaygeeda iyo wiilkeeda iga soo gaarey uma qabane, intaan u tegey ayaan soo booqday. Wax wejixumo iyo hadal aan qoonsado ah midna kalama kulmin. Sidii aan waagii hore wiilkeedii oo kale u ahaa ayey ii soo dhawaysey. Waxay ii muujisay uun sida ay uga xun tahay sida wax u dhacayaan.

Dantu seeto weeyee, aniga iyo Ilwaad iyadoo qof waliba hilow iyo kelinnimo la il daran yahay ayaan kala rogmanney. Dhawr beri oo aan Dhuusamarreeb joogey kaddib, waxaan dib ugu noqday Muqdisho. Goor barqadii ah ayaan ka huleelay anigoo si u hiyikacsan, dareenkayguna aanu fiicnayn. Waxaan ka xumaa inaan degdeggaa ku safro.

Gaari kuwa xammuulka ah, loona yaqaanney *Sabaax*, anigoo dusha sare haysta ayaan ka shiraacday Dhuusamarreeb. Waxaan damacsanaa inaan Beledweyne sii maro oo uu degganaa Carraale oo awow iigu aaddanaa. Wuxuu ahaa nin da' ah oo aad loo yaqaanney. Waxaan rabey inaan uga warramo xaalka dhacay bal inaan wax uun hiil ah ka helo. Garasho dheer, reer magaalnimo, iyo weliba inuu gacan ka gaysan karo arrintan ayaan ku tuhmayey. Nin carruurtuna taqaan ayuu ahaaye, xaafaddii ayaa qoladii ugu horreysey ee aan weydiiyey i geysey.

Goor fiidkii ah ayaan awowgey is raacney, waxaanan ka wada cashaynnay makhaayad magaalada ku tiil. Wixii xog ahaa ayaan u gudbiyey iyo weliba baqdinta aan ka qabey inay ka sii dari doonto. Awowgey hiillo iyo inuu i garab taagan yahay wuu ii muujiyey, wuxuuse rajaxumo ka muujiyey sida ay u adag tahay inuu xal ka galo arrin uu Warsame gacanta ku hayo. Nin madax adag oo wuxuu ku dhego aan laga fujin karin ayuu ku tilmaamay. Wuxuu ii tari karo inaanu waxba iga hagran doonin ayuu igu samirsiiyey. Subaxdii ayuu inta hore ii sii kexeeyey i saaray bas Xamar u socdey.

Horey ayaan u soo xusay halkii xaal ku dambeeyey iyo in jaamacaddii na laga eryey, aniga iyo Bullaale koox aannu ku jirno. Waxaan isku deyey inaan helo cid aan u garabsado sidii aan mar labaad jaamacaddii ugu noqon lahaa, waayo waxaa weli jirey dad garab lagu geynayey. Geeldoon oo aan isku reerna ahayn, wasaaradna agaasime guud ka ahaa ayaan abbaaray. Waxay is yaqaanneen guddoomiyihii jaamacadda. Dhawr jeer ayaan xaafaddiisii ku noqday oo aan ku hungoobey.

Sugulle oo ay Geeldoon walaalo ahaayeen, degganaana dabaqa hoose ee guriga Geeldoon, ayaan xaafaddiisa ku sii sugi jirey. Geeldoon reer maanu lahayn. Ugu dambayn, goor harkii ah ayuu ii soo baxay, iguna qaabbilay, isagoo taagan kadinka hore ee gurigiisa. Goobtu munaasibba yaanay ahaane, anigoon dan ka gelin ayaan dantaydii u sheegtay. *"Waan fiirin doonaa"*, intuu yiri ayuu gurigii dib ugu noqday, albaabkana soo xirtay.

Maalin aan Geeldoon sugayey ayuu Sugulle wax iga weyddiiyey arrimihii igu dhacay, waanan uga warramey. Wuxuu ii muujiyey dareen ah inuu ka xun yahay, dhanka kalena wuxuuba igu dhiirrigeliyey inaan arrinkaa ka dhabeeyo oo aan gabadha guursado. *"Haddii aan adiga ahaan lahaa gabadhaa waan guursan lahaa, haddana waan ku talin lahaa,"* ayuu yiri isagoo hiil ii muujinaya. Wuxuu ii raaciyey inaan gurigiisa soo degi karo haddii jiifka iyo nolooshu igu xun yihiin. Inuu iga wardhawro inta aan saaxiibkay Bootaan arrinkaa kala soo tashanayo ayaan u soo jeediyey, isaguna waa iga aqbalay.

Runtii nolosha labada reer- waa kan Sugulle iyo midka aan ku noolahaye- aad ayey u kala duwanaayeen. Sugulle wuxuu ahaa sarkaal sare oo ciidammada ah, dhawaanna guursadey. Waxaa oori u ahayd gabar aan isku iskuul ahaan jirney, lana dhalatay Ileeye oo aan isaga qudhiisana isku iskuul aheyn, asxaabtaydana ka mid ahaa. Aqoonta aan gabadha u lahaa ayaa waxay sahashey inaan xaafadda soo dhaweyn fiican ka helo.

Arrintii Sugulle ii soo jeediyey ayaan isla markiiba waxaan u bandhigay Bootaan. Aad ayuu u soo dhaweeyey, wuxuuna igu boorriyey inaanan ka labalabayn, isagoo aniga ii daneynayey. Sidoo kale, waxaa xaafadda Sugulle ku noolaa Ashkir oo aan ilmo adeer ahayn, darawalna Geeldoon u ahaa.

Muddo gaaban kolkii ay ka soo wareegtey ayaan gurigii Sugulle ku noqday si aan ugu warceliyo, kuna wargeliyo inaan rabo inaan xaafadda ku soo guuro. Arrinkii markii aan u gudbiyeyba, waxaan wejigiisa ka dareemay in xaalku aanu sidii hore ahayn oo wax is beddeleen. Miicmiicasho iyo su'aalo aan meesha ku jirin oo uu i weydiiyey ayaan ka arkay, sida: *"Maxaa gurigii ku dhacay aad joogtey?"*

Markii ay ii soo baxday inaanu ninkiisii hore ahayn, ayaan hadalkii u yare kaadiyey. Miiska qadada ayaan fadhinaye, markii aan qadayney ayuu hore ii sii qaaday. Wuxuu ii sheegay in Diiriye oo ergo ah uu u yimid Geeldoon iyo rag kale oo ay asxaab ahaayeen. *"Wuxuu Diiriye maqlay inaan ku iri guriga soo deg, arrintiina waxay gaartey walaalkay Geeldoon, gurigana isagaa masuul ka ah. Marka, ninyohow anigaa naftayda u baqaye iga raalli ahow,"* ayuu Sugulle igu diray.

Ma jirin wax kale oo aan dhihi karey iyo hadal ii furnaa, waxaan ugu garaabaana iima muuqan. Wax jira ayey ahayd inuu Geeldoon guriga uga weynaa, amaba la dhihi karo isaga ayaaba lahaa, Diiriyena ay aad isugu fiicnaayeen, welibana uu abaal ku lahaa oo markii uu Geeldoon jaamacadda dhiganayey Diiriye aad ayuu u gacan qabtay.

Arrintu si kastaba ha ahaatee, way caddeyd in nimanku iska kay xigeen, inkastoo aan aniga iyo Diiriye labada nin ee walaalaha ah u sinnayn, reer ahaan. Xaalku wuxuu ahaa: *Labadii walaalo ah ninkii lacag leh ayaa weyn.*

Xaalkaygii wuxuu isugu soo biyashubtay arrin nin dhalinyaro ah oo xilligaa joogey, xambaarsanna hammigayga oo kale, aan ku habbooneyn. Waxbarasho la'aan iyo shaqo la'aan ayaan noqday. Soomaaliya waa ku yareyd waqtigaa in qofku intuu shaqo raadsado uu helo, inuu garab haysto mooyaane. Ciddii iigu sokeysey ee aan u ciirsan lahaa waa Oday Warsame iyo wiilkiisa, iyagana gacalo nama dhex ool.

Meel aan wax u dhaqaajiyo waan garan waayey. Nin dhallinyaro ah oo markaa dugsi sare ka baxay oo aan lahayn wax waayo-aragnimo ah oo uu arrimahan oo kale uga dabaasho ayaan ahaa. Sidaas oo ay tahay, uu haddana ku dhacay dubbe culus oo aan looga tureyn. Maanan garaneyn albaab aan garaaco oo aan markaa kaalmo, ama shaqo weyddiisto. Inkastoo aaney waxba gacanta iigu jirin, haddana waxaan dareemayey masuuliyad iyo inaan ahay nin reer sugayo oo laga rabo inuu ka fekero sidii uu xilkaa uga soo bixi lahaa.

Runtii, iima caddeyn, mana qiyaasi karin tallaabada xigta ee ay qaadi doonaan reer Warsame, iyadoo ay weliba maalinba maalinta ka dambaysa ay soo xoogeysanayso arrintii ahayd inaan is meherxadnay.

Wax war ah kamaanan helin Ilwaad oo aan ka aheyn in markii meherka sheekadiisa la maqlay loo kexeeyey dhankaa iyo Caabudwaaq, si looga ilaaliyo in wax xiriir ahi na dhexmaro. Waxaa igu maqaal ahaa inay joogto guri ay leedahay habaryarteed. Markii arrintii guurka la weyddiiyey, sidaan isku ogeynba, way inkirtay oo waxay ku sheegtay in arrinkaasi waxba-kama-jiraan yahay.

Xagalo geel wax gunti la geliyo ka weyne, waxaan aaminsanaa maruun in na laga dabategi doono oo si cad na loo ogaan doono. Waxaa sii kordhayey marba marka ka dambaysa colaadda iyo kala fogaanshaha aniga iyo reer Warsame. Wax wanaag iyo wax wada hadal ahi nagama dhaxeyn. Jidkaannu ku kala leexannaa, haddiiba aan iska soo horbaxno.

Waxaan xusuustaa maalin aan Warsame, isagoo lugaynaya, aan isaga soo hor baxnay jidkii Laybeeriya. Kor ayaan iska aragnay. Anigoo ku tallamaya wixii aan sameyn lahaa ayaa waxaan arkay isagoo jidka dhinaca kale u sii goynaya. Illeyn isagaa i hor arkay oo mar hore ayuu isha igu dhuftay.

5. GOGOSHII ODAYAASHA

WAY IGU adkaatay inaan Xamar sii joogo, waxaana wax walba iiga darnaa inay igu wiirsadaan raggii aan is hayney markii ay arkaan dalanbaabigayga. Si kastaba culays ha ii saarnaadee, ALLE waa iga bedbaadiyey inaan noqdo sida dad badani filayeen iyo inaan isku buuqo oo maskax ahaan wax ii gaaraan. Dhibkaa jira dartii, way ila qummanaan weydey inaan isku sii dhejiyo Muqdisho oo aanay iiga muuqan wax rajo ah; dhan waxbarasho iyo dhan shaqaba. Waxay ila noqotay inaan meel uun uga hayaamo.

Rag talo kama dhammaatee, waxaa ii soo baxday bal inaan dhankaa iyo Galguduud aado oo reerahayagu degganaayeen. Bal inaad waxoogaa gacanqabsi ah ka soo heli karto ayaan is lahaa.

Dhallinta waqtigaa joogtey waxay ku waalnaayeen sidii ay mar Yurub iyo Ameerika cagta u dhigi lahaayeen, aniguse arrintaa maanan hawaysaneyn, waayo waxaa ka bixi karayey qof lacag adag haysta. Aniga iyo inta ila midka ahi waxay ka fekeraysey uun in, intay fiise xaj ama cumro raadsadaan, ay Sucuudiga u xoogsi tagaan. Taas laftigeedu aniga iima fududayn, oo waxay u baahnayd in reerku xoolo badan xaraasho.

Gaari kuwa xammuulka ah ayaan ka raacay Siinaay. Dareenkaygu waa ka duwan yahay kii igu jirey safarkan kii ka horreeyey. Kii hore waxaan ahaa nin gacalisadiis meel ku og oo ay ka horreyso, wax ka hortaaganina aanay jirin, maalintaase rajo kama qabin inaan il ka qaado. Haddii hilow iyo yaa mar Ilwaad isha kuu saara ay safarkii hore iga ahayd, hadda inay shakal iyo meel ciriiryoon ku jirto ayaa iga dhaadhacsaneyd.
Isla hadalkaygu maalintaa wuxuu ku ekaa sidii aan dhaqaale u heli lahaa, laakiin hunguri kama qabin Ilwaad iyo la kulankeeda. Yididiilo iyo rajo fiican iyadoon aanay ii muuqan ayaan maalintii xigtey gaarigii uga degey Dhuusamareeb.
Inkastoo magaaladu ay ahayd halkii aan ku noolaa tobaneeyadii sano ee ugu dambeeyey, haddana wax soodhaweyn ah kamaanan helin. Dhallintii aan isku iskuulka ahaan jirnay wax yar ayaa ka joogey. Waxay noqdeen mid jaamacad dhigta, mid meelahaa kale iska aadey iyo mid sidayda oo kale luufluufay.

Warsame wuxuu markaa jiraa miyiga iyo dhulkii reerahayagu degganaayeen. Wuxuu xal ugu jirey mago iyo dhibaatooyin kale oo reerka dhex yiilley. Warsame wuxuu ahaa nin Caaqil ah, aftahanna ah. Wuxuu iigu aaddanaa awoow oo aabbahay adeer labaad ayuu u ahaa. Wuxuu ahaa nin miyi ku soo barbaaray, aqoon fiicanna u leh waxa looga dhaqmo; xeer iyo xisiba.
Wuxuu ahaa nin goobaha garta looga yeero miyi iyo magaalaba. Intaa waxaa u weheliyey, wuxuu ahaa nin jeeb qoyan oo jifadu u soo joogsato, xushmo weynna ku leh. Ku sii daroo, wuxuu ahaa sargaal boolis ah oo khibrad gaamurtay u leh sida bulshada loo dhexgalo. Waxaas oo dhan waxay

5. GOGOSHII ODAYAASHA

u fududeeyeen in waxa uu rabo uu si dhib yar reerka uga dhexfushado.

Sidan uu hadda yeelayo iyo inuu reerka dhexfariisto, arrimahoodana ka taliyo ma ahayn arrin looga bartay. Anigu waxaan u dareensanaa inuu ahaa nin qiiq isku qarinaya, dantiisuna ay aheyd sidii uu reer miyiga uga dhaadhicin lahaa qorshe hoose oo uu watey. Isagoo cuskanaya inaanu reerku isguursan, ayuu doonayey inuu odayaasha ka dhaadhiciyo sidii meel looga soo wada jeesan lahaa xeerkan aan aniga iyo gabadhu jebinney.

Sheekadii guurku waxay noqotay mid faraha ka baxday oo meel walba looga sheekaysto, wax qarinna waqtigeedii waa la soo dhaafay. Dad badan oo Diiriye isu kaaya yaqaanney, arrintana wax ka ogaa ayaa wax badan igu soo celceliyey inaan gabadha iska sii daayo oo aannaan ehelkay kala dhiman. Waxay ogaayeen sida ay Warsame iyo wiilkiisa Diiriye uga go'an tahay inay arrintaa wax walba ku bixiyaan. Kuwo badan ayaa iigu dardaarweriyey, markii ay iga talo waayeen, inaanay suurtagal ahayn inaan gabar reer dhalay xoog ku haysto.

Si kastaba aan arrinta uga dhega-adaygee, haddana waxaan ogaa ninka aan is haynnaa, waa Warsamee, inuu yahay nin aan la fududaysan karin. Inkastoo da'daydu ay markaa ahayd labaatan jir, haddana, sidii la iga arkay ma aanan ahayn qudhaydu nin la dhayalsan karey. Markii la ogaaday inaan Dhuusamarreeb imid, ayaa waxaa igu soo duushay in Ilwaad la sii qaxiyey oo miyi loo kexeeyey. Aad isuguma lurin inaan waraaqo iyo wax la mid ah u diro, waayo waxaan ogaa in isha lagu hayo oo si adag loo waardiyeeyo.

Maalmo kolkii aan joogey Dhuusamarreeb ayaan u sii gudbey Caabudwaaq. Waxaan ugu tegey iyadoo la isla dhexmarayo, "*Kol dhow waxaa la geli doonaa arrintii labada Carruurta ah ee is meher-xaday.*" Aan ahaado nin arrintiisu meel uga go'an tahay, laakiin ololahaa socdaa cabsi weyn ayuu i geliyey. Dhanka kale, waxaan is weydiinayey sida uu noqon doono kulanka aniga iyo odayaasha. Weligay miyaan intaan oday hor fariistay arrini na dhexmartay!

Dadku markii ay arrintaa iga wareystaan iyo sida aan yeeli doono waxay ii muujinayeen welwel iyo cabsi, sidii nin uu ku soo fool leeyahay guluf adagi. Col ha igu soo socdo laakiin, ALLAAH wuxuu arrintiiba iiga dhigay mid aan culays weyn igu hayn.

Anigoon maalinba joogin ayaan goor fiidkii ah, anigoo magaalada iska dhexmaraya waxaan arkay dhawr dumar ah oo dukaan intay ka baxeen hortayda sii socda. Nin baadi ka maqan tahay ayaan ahaaye, ishaan la sii raacay. "*Tolow miyaad is moodsiisey mise socodkaasi waa Ilwaad?*", ayaan ku sheekaystay. Waan laba-laxaadsadey oo socodkii boobay oo aan is iri, "*Bal gaar.*"

Waxaan xaqiiqsaday in dumarka isla socda ay Ilwaad ku jirto. Farxad ayaan is hayn kari waayey. Intaan saanta boobsiiyey ayaan u yeeray. Dhawaaqaygii inta garatay ayey inta sastay oo hore u booddey iyadoo fiigsan oo gacanta wadnaha ku haysa gadaal soo dhawrtay. Inta naxdintii ka badatay ayey istaaggii ku qallashay. Labo gabdhood oo la socday intay yaabeen ayey gabadhii ku dheygageen. Goor dambe ayey inta soo baraarugtay, malaha, gabdhihii ka codsatay inay sii socdaan.

Salaan diirran iyo isku soo bood ma jiree, iyadoo qof walbaa hoganayo oo aan indhaha isa siin la'nahay ayaan hadallo boholyow iyo kalgacal xambaarsan is weydaarsannay. Safar gaaban inay magaalada ku timid, anigana la igu filayey Dhuusamareeb ayey ii sheegtay.

5. GOGOSHII ODAYAASHA

Intii aan guriga habaryarteed u sii soconnay ayaan waqti yar helnay. Waxay iiga warrantay abaabulka Oday Warsame wado iyo sidii naloo kala furi lahaa. Waxaan is tusnay in haddii aan labo arrimood ka soo baxno aan nalaga guulaysan doonin. Mid aniga ayey i saarnayd oo waxay ahayd, inaanan furniin marna yeelin, wax kasta ha dheceene. Midna gabadha ayey saarneyd oo waxay ahayd, inaan la igu dirin markii aniga la iga caalwaayo.

Kulankaasi wuxuu noo ahaa mid san, wuxuuna nagu abuuray kalsooni. Ballantii horena waan sii dhaabnay oo dhidibbada u aasnay, wacad labaad iyo dhaar iyo inaan qofna dhankiisa kan kale looga soo dhicinna waan ku gunaanadney. Waxaan ku kala tagnay habeenkaa: *Barbarkay ka baxdaa waa bakayle-qaleen.*

Waxay arrini hadba meel ku baridaba, waxaa isa soo taray ololihii Warsame wadey. Markii arrimihii reerka dhexyaalley ay badidood dhammaadeen, intii hartayna loo ballamay ayuu Warsame arrintii soo bandhigay. *"Waxaan nahay dad ehel ah oo wiil, adeerki, awowgi iyo ina adeerki ah. Waxaa dhacday arrin ugub oo aan hore inooga dhex dhicin. Waxaa is meherxaday labo Carruur ah oo warkoodu idin soo gaarey, arrintaasina innaga ayey inoo taal sidii aynu ka yeeli lahayn…"*

Hadalkaa iyo ku la mid ah ayuu Warsame jeediyey. Shaki kamaanan qabin inay arrintaasu uga dhex fulayso odayaasha, arrinta inuu hore uga soo shaqeeyey ayaanan qabey. Wax arrintii la lafaguraba waxaa loo saaray sagaal oday oo arrintaa go'aan ka soo saara. Sagaalkii oday dhinac ayey isugu bexeen. Waqti badan kuma qaadan inay hadal cad soo saaraan.

Sagaalkoodii , hal nin mooyaane waxay isku raaceen sidan, iyadoo kooban: *"Markii aan lafagurnay arrintii oo aannu dhinac walba ka eegnay waxaa noo soo baxday inaanu habboonayn guurka jifada dhexdeeda ah, maxaa yeelay taasi waxay keenaysaa in la kala tago, lana kala fogaado mar haddii xididnimo timaaddo. Si markaa loo ilaaliyo midnimada reerka, waxaannu garannay in la joojiyo guurka jifada gudaheeda ah, wixii ay arrintaasi ka dhacday oo is guursadeyna la kala furo."*

Tolow, arrin uga farxad badan Oday Warsame maalintaa, ugana naxdin badan aniga iyo Ilwaad ma jiraa? *Waxaad aadanow maaggan tahay adiyo maankaagu iyo meel Eebbahay ku marin kala mid weeyaane.* Tolow, sida Warsame arrinta u dhigay ma ugu hirgeli doontaa? Bal aan dhawrno!

Go'aankii la gaarey afarta jiho ayaa loola kala dhaqaaqay. Nabar aad filaysay naxdin ma leh, ayuu xaalku aniga igu ahaa oo waxaan rumaysnaa inaanu jirin nin qorshaha Warsame hor istaagi kara, haddii uu jirayna uu hore uga tabaabushaystay. Intii uu hawlaha kale wadey ayuu, malahayga, raggii kala hufay, wuxuuna ka dhigay mid uu xoogaa u laabo iyo mid uu hadal ku qanciyo. Nin iyo labo hadal ka keenay geed ayaa lagu xiray oo tuke canbaar leh ayaa laga dhigay. Intaan isaga la gaarinba, rag uu samaystay ayaaba heegan ku jirey oo kii wax yar laga dareemaba afka goosanayey.

Miskiintii markii warku gaarey ayey muraara-dillaacday oo dhulkii iyo cirkii ku yaraadeen. Keligeed ayaa oohinta iyo baroortu ku ahayd. Ma jirin, reerahana kumaanay haysan cid murugada la qaybsata. Go'doon ayey reerka intiisa kale uga jirtey. Waxba yaanay u qabane, haddii ay nuxnuxleynta iyo dhegahadalka ka daayaan, wax tar ayey u noqon lahayd. Gacmaha intay kor u taagto ayey Allebari miciinsan jirtey.

Dumarka iyo gabdhaha yaryari inta la soo agmaro, iyagoo kor iyo hoos ka eegaya, ayey dhegahadal iyo huruuf isugu daraan. Juuq ma oran karto oo nafteeda ayey u baqaysaa. Awal

5. GOGOSHII ODAYAASHA

way iska roonayde, markii go'aankii odayaashu soo baxay ayaa dhibkii u sii labanlaabmay. Qofkii markii hore wax kale xeerin jirey oo ay xoogaa xaqdhowr ah ku haysatey, hadda waa ku dhiirradey, hawshiina qaybtiisa ayuu ka qaatay.

Waa la ogsoonaa inaan Caabudwaaq joogee, waxaa lagu ballamay in halkayga la iigu yimaado oo inta la ii yeero odayaasha la i dhex keeno, kaddibna baaqii la soo saaray la igu dul akhriyo. *Labo kala bariday kala war la'*. Waan ogaa in la igu soo maqan yahay, wax weyn oo markaa ii diyaarsanaana ma jirin, waxaanse isku laab-qaboojinayey in furidda iyo qabiddu, labaduba ay gacantayda ku jiraan.

Waxaan u diyaargaroobey sidii aan isaga difaaci lahaa weerarkaa culus ee igu soo fool leh. Jifo dhan oo xaqdarro ku heshiisey oo rabta inay dumiso reer dhisan oo Ilaahay isu banneeyey, waxay ka mid ahayd dulmigii Soomaaliya yiilley. Kuwani iigama roona kuwaan Xamar uga soo tegey. Ninba dan lehe, Odayaasha qaarkood waa ka dhab inay caadadooda ilaashadaan, laakiin Warsame waa awr-ku-kacsi, waxaaba i soo gaartey inuu mar guur ka damcay gabar jifada ka mid ah oo ay diiddey.

Dadku waxay dhammaan u dhega-taagayeen goorta ay odayaashu iman doonaan. Maalin walba waxaa magaalada iman jirey dad tuulooyinka ka yimid oo war cusub wada, arrintana tallaabo-tallaabo ayaan ula socdey. Dadku isku mid ma ahayne, kuwo badan ayaa iigu iman jirey inay i samirsiiyaan, iiguna duceeyaan in ALLAAH iga bedbaadiyo dhibkan igu soo fool leh.

Wax la sugoba, odayaashii yimaade, waxay la socdeen iyo warkooduna wuu ka soo horreeyey. Maalin iyo wax la mid ah markii ay nasteen ayaa goor duhurkii ah waxaa ii yimid aabbahay, wuxuuna igu wargeliyey in odayaashii ii soo direen. Aabbahay wuxuu ahaa; *fiqi tolkii kama janno tago,* kumana dhiirran karin inuu, inta tolka ka horyimaado, aniga ila safto. Wuxuu ku gawracnaa waxa tolku garto illeyn *Tol waa tolane e.* Horey arrintan uga maannaan wada hadlin aniga iyo aabbahay, oo isma aannan arag. Wuxuu ii sheegay waxa odayaashu la socdaan iyo sida aanu isagu arrintaa waxba uga beddeli karin.

"*Aabbe, arrinta furidda iyo qabiddu gacantaada ayey ku jirtaa, aniguna nin intuu meel keligii istaago reerka ka dhex bixi kara ma ahi. Waan u sheegay odayaasha inaanan xoog iyo qasbid midna kugu lahayn oo aan iyaga kala mid ahay.*" Hadalkaa iyo mid la mid ah ayaa aabbahay i yiri intii aan sii soconney, kaddibna intuu goobta odayaashu fadhiyaan ii tilmaamay iga leexday.

Geed weyn oo ay fadhiyaan qiyaastii dhawr iyo toban oday oo aan intooda badan garanayo ayaan gaarey. Markaan la soo wareegay oo aan salaamay ayaan meel bannaan oo ishaydu qabatay fariistay. Ragga meesha fadhiya waxaa ka mid ah da'dii aabbahay ka weyneyd. Nin dan laga leeyahay ayaan ahaaye, si wanaagsan ayaa la ii soo dhaweeyey.

Oday waliba hadalba hadalkuu ka macaan yahay oo la igu beerdulucsan karo ayuu maray. Xoogaa hadal kaftan ah markii la igu soo tuurtuuray oo aan is lahaa waxaa looga dan leeyahay in didmada la igu tuhmayo la iiga dejiyo ayaa, markii dabacsanaan la iga dareemay hadalkii la guda galay. Warsame iyo walaalki Cigaal -Ilwaad aabbeheed -goobtay fadhiyaan.

Wax hadalka daafaha laga marmaro oo hadba dhan la iga tuso wanaagga ehelnimada, sida aan loo kala maarmin, dhibka ku iman kara qofka tolkii ku taladiida, iyadoo tusaaloyin iyo dhibaatooyin dad hore qabsaday la iiga warramayo ayaa hadalka nuxurkiisii iyo dantii la lahaa loo soo daadegey. Waxay arrintu ahayd mid laga soo shaqeeyey, malaha nin walbana lagu aaddiyey halkuu ku habboonaa. Waxa maahmaah, gabay iyo sheekooyin is dabamarayaa waxay ahaayeen kuwo aanan u babac dhigi karin. Waxay ahaayeen niman is sheeko yaqaan oo jaanta siday isula helayaan, runtii ay aad ii ashqaarisey. Afkooda uunbaan eegaa!

Warsame iyo Cigaal markan ma hadlin. Malaha wuxuu is lahaa hadaltiro mooyee laguuma baahna oo inta hadashay wiilkan yari hadal kuma soo celin karo. Mise, tolow dib-isku-dhiggu waa raacdareeb.

Wax la darandoorriyo oo hadalka la naashnaashaba, hadalkii waa la ii soo gudbiyey, waxaana la iigu soo gabagabeeyey, *"Intaani waa abkowyadaa, awoowayaashaa iyo adeerradaa, waxayna kuula fadhiyaan maanta duco ama habaar. Maanta waa midka aad adigu doorato, mana filayno wiil caqli leh oo aayihiisa dambe ka fekerayaa inuu intaan oo kale oo madaxu wada caddaaday uu talo ka diidayo. Waxaan wadnaa waa dantaadii, waxaannuna aamminsan nahay, sida naga kaa soo gaartey inaadan sidaa isu quurin, marka maandhow ijaabo iyo hadal wanaagsan ayaan kaa rabnaa."*

Hadalkii ii soo wareegye, tolow xaggeen ka bilaabaa. La igama filayn inaan maahmaah ama gabay ku xardho hadalkayga, ama aan jawaab u helo maahmaahyihii faraha badnaa, aniguna isku maanan hawlin. Waxaan is tusay inaanan hadalka isku badin si aan dhacdhac la iiga helin. Intii aanan goobta imaan ayaan xoogaa isku soo aaddiyey, laakiin mar Alla markii warkii igu soo wareegay ayaan meel ay ka bexeen garan waayey oo soo qaban waayey.

Xoogaa markii aan aamusnaa ayaa waxaa igu soo dhacay su'aalo aan u diyaarsaday inaan weyddiiyo. Anigoo si u far-kanaxsan ayaan iri, *"Adeerrayaal iyo awoowayaal waad mahadsan tihiin, waanan ogahay waxaynu isu nahay, laakiin waxaan idin weyddiin lahaa; maxaa sababay in gabadha fur la i yiraahdo? Ma gabadhii ayaa iga soo sheegatay? Ma gabadhaanan geyin? Ma ila dhalatayoo meher ayaan ii qaban? Ma gef kale oo aan sameeyey ayaa jira? Waxaan jeclaan lahaa inaad bal ii caddeysaan waxa keenay inaad arrintan ii soo jeedisaan?"*

Odayaashii waa yaabeen oo is fiiriyeen! Haddii aan wax diidayo waxay sugayeen inaan, *"waan diiday"* oo aan wax kale wehelin iraahdo, laakiin inaan garnaqsado maanay filayn. Hadalkaygii wuxuu ku noqday xujo, wuxuuna geliyey buuq iyo inuu hadalkii ka kala firdho. *"Hebel ii kaadi"* iyo *"anigaa wiilka u jawaabi"* iyo inay hadalkii isku qabsadaan ayey bilaabeen. Mid walbaa wuxuu is yiri, *"adigaa hadalkii ku habboonaa haya."*

Goor dambe ayaa oday raggii ugu da'da weynaa ka mid ahi hadalkii qaatay. *"Adeer, gabadha waad geydaa, meherkuna waa kuu qabtaa oo haddaanay kuu mehersaneyn gabadhaa walaashaa ah iska siiddaa kumaannan dhahneen. Qolo walba caado ayey leedahay ay ku dhaqanto, adiguse eed kuma lihid inaadan ka warhayn reerkiinna iyo caadooyinkiisa, waayo nin magaalo ku koray ayaad tahay. Soomaalidu waxay tiraahdaa; 'caado laga tagaa caro Alle ayey leedahay.' Marka, si kale wax ha u fahmin. Intii horey laguu yiri ayaan aniguna ku leeyahay ee maqal oo ha ka taladiidin intaan oo nin oo mid aan waalid kuu ahayni aanu ku jirin oo habaar iyo inkaar golaha ha kala tegin".*

Markii hore hadalku suma-salaax ayuu ahaaye markan waa yare kululaaday. Markii aan arkay waxa ay cuskanayaan inay tahay uun caado ayaa waxaa ii muuqday meel kale oo aan u ciirsadaa inaanay jirin oo aan ka ahayn kitaabka ALLAAH. Hadalkii ayaan ku soo noqday anigoo aad i mooddid inaan

5. GOGOSHII ODAYAASHA

sidii hore ka dhiirranahay. *"Adeerrayaal annagu dad muslimiin ah ayaannu nahay, aniguna nin caado haysta ma ahi, ALLAAHna wuxuu noo soo dejiyey Kitaab, wuxuuna na amray inaan ku kala baxno. Wuxuu Aayad Quraan ah ku yiri, 'Qoladii aan isku xukumin wixii ALLAAH soo dejiyey waa daallimiin.' Marka, dadkii diinta yaqaanney iyo culimmadii masaajidda ayey joogaane inoogu yeera hanna kala saareene."*

Taan u dhigtayba maahan! Xaalkii odayaashii wuu ku adkaaday, qaarkoodna waxayba bilaabeen inay iska difaacaan aayaddii aan ku dul akhriyey oo ay yiraahdaan, *"Ha nagu sheegin daallimiin, ma nihin annagu daallimiin ee dad Muslimiin ah ayaannu nahay"*. Hadalkii markuu halkaa marayo, odayaashiina dhawr jeer ku noqdeen, aniguna intii aan ku celcelinayo o xaalkii jiq isku noqday ayaa Warsame is hayn kari waayey oo arrintii soo dhexgalay.

Hadalkiisu kama duwanayn kii hore ee ay odayaashu yiraahdeen, wuxuuse hadda raaciyey inuu iigu gallad sheegto muddadii aan Dhuusamarreeb joogey oo aan reerkiisa ka tirsanaa iyo weliba intii aan Xamar guriga wiilkiisa joogey. Warsame ma soo hadal qaadin wixii ka dambeeyey, isumana muujineyn sidii nin eed galay.

Hadalkiisu jawaab dheer iigama baahan, waxaanan ugu warceliyey, *"Awoowe, waa runtaa oo abaal waad igu leedahay. Adigu nin abaal gala waad tahay, Aniguna nin abaal loo galo, gudina kara waan ahay. Diinteennu waxay noo sheegtay inaanu qofku wanaagguu galay galladsheegad ku burin."* Intaa ma dhaafin, sidoo kalena ma xusin dhibkii ka dambeeyey ee na dhexmaray.

Halkaa marka xaal marayo, odayaashiina ay quusteen ayaa mid ka mid ahi inta adeerkay iyo nin kale oo aan isa sii xigney eegay ku yiri, *"War bal kacoo wiilka la soo hadla."* Labadii oday iyo anigii intaan istaagney ayaan meel gaar ah isula baxnay. Aad ayaan ugu diirsaday mar haddii aan ka soo dhexbaxay. Adeerkay mooyee odaygii kale ayaa hadalkii qaatay. Wuu i canaantay isagoo igu eedaynaya jileec iyo inaanan si wanaagsan u garnaqsan.

Wuxuu ahaa ninkii keligii diiday go'aankii soo baxay markii sagaalka oday la saaray. *"War nimanka gabadhooda u sii daa haddii aad sidan tahay"*, ayuu i yiri. Hadalkii odaygu wuxuu ii kordhiyey dhiirriggelin iyo inaan go'aankaygii ku sii adkaysto. Adeerkay hadal aanan ku diirsan sida midkii ninka kale oo ka gaabsasho ku jirto ayuu i yiri. *"Waxaad odayaasha ku tiraahdaan waa galabgaab, nin walbana xoolo ayuu ka soo tegeye yaanu dhurwaagu ka cunine ha doonteen,"* intaan iri ayaan iska dhaqaaqay.

Anigoo aad i mooddo inaan dabin ka fakaday oo dheg la i qabto laheyn ayaan hortayda u dhaqaaqay. Meel aan sidaa nooga fogeyn ayaa dad badani tuban yihiin oo ka warsugaya sida xaal ku dhammaado. La i arag inaan saanta boobayo, wejigaygana ay dhiillo ka muuqato. Cid walba garatay inaan waxba la iga dheefin oo odayaashii gacmo maran goobtii la fadhiyaan. Dadku mid hoosta ka farxa iyo mid aan odayaasha ka sokeynba waa isugu jireen. Kumaanan hakan, anigoo diidaya in wax la i weyddiiyo.

Dhawr qof ayaa hadal tannaago ah iga soo dabatuuray oo i yiri, *"Arrintii siday ku dhammaatay nooga warran."* *"Dhib ma jiro"* iyo ismoogeysiin ayaan ku dhaafay. Masaajid aan sidaa iiga fogeyn ayaan galay, anigoo rabey inaan ku yare nafiso, xilligii salaadduna waaba dhaweyd. Markii aan salaaddii tukadey ayaan xaafaddayadii abbaaray. Hooyaday iyo gabdho walaalahay ah oo iga welwelsanaa ayaan uga warramay sida xaal u dhacay.

5. GOGOSHII ODAYAASHA

Waqtigii jiifka markii la gaarey ayaan sariirtii isku kala bixiyey. Caadadayda ayey ahayd inaan xiddigaha tiriyee, gaar ahaan markii dareen cusubi jiro, waxaan bilaabay inaan cajaladdii xusuusta dib u celiyo. Dooddii aniga iyo odayaasha na dhexmartay ayaan dib u milicsadaa, saa waxaa ii soo baxa heerka iyo halka dadku joogaan. Dad diin ka dharla' oo aan u aabbayeelayn waxa ay farayso iyo waxa ay ka reebayso, caadadooduna ay kala weyn tahay ayaa ii soo baxay. Waxaanse ku sheekaystaa in Warsame aanu arrinkaa danbigeeda moogeyn ee uu dulmigaa u bareeray.

Markaan xaalka sii shiiqsadaba, ciil iyo caloolxumo ayaa ii sii kordha. Anigu waan roonahaye, markii ay qalbigayga Ilwaad ku soo dhacday ayaan inta sariirtii ka soo boodey oo ilmo igu soo istaagtey laabtu i gubatey. Riyo soojeed ah ayaan ku arkay iyadoo meel cidla-ciirsala ah inta u carartay oohinta iyo baroorta kula dhuumaneysa. Murugada iyo silica haysta ayaa waxay kala dhuumanaysaa kuwii dad u xigey.

Il iyo baal is maanay saarin dhawr habeen oo aanay war u hayn waxa xaal ku dhammaaday, waxayse yara nafistay markii ay soo gaartay inaan odayaashii ka taladiidey.

Habeenkaa soojeed iyo uurxumo ayaan ku dhammeystay, cid arrintii iiga dabatimidna ma jirin. Anigoo markaa salaaddii subax tukadey oo ilgooyada iga muuqata ay ishu qadaadka ka soo jeeddo ayaa oday ka mid ah odayaashii aan shalay kulannay ii yimid, isagoo igala hadlaya, iguna boorrinaya inaan beddelo go'aankayga oo aan odayaasha taladooda qaato. Annagoon isu garaabin ayaanu kala tagnay. Aniguna ciil iyo caro ayaan jiifka qaban waayey, iyaguna maslaxad iyo hadallo inay i damqaan mooyaane aan daawo ii ahayn ayey har iyo habeenba ii wadaan.

Marar badan ayaa odayaal ii yimaaddeen iyagoo arrintaas igala hadlaya oo aannu is-afgarad-la'aan ku kala tageyney. Joog iyo jiifba waa ii diideen ilaa aan ku sigtay inaan guriga ka cararo.

Markii guud ahaan iyo gaargaarba la iiga caalwaayey, ayaa Warsame iyo raggiisii waxay bilaabeen tab kale oo ay rabaan inay culays igu saaraan. Waxay gogol u dhigteen jilibkii ka sarreeyey jifada hoose, iyagoo leh, *"Waxaannu ergo idiinka nahay wiilkan inaad naga qabataan,"* waxayna uga warrameen wixii ay soo gaareen iyo sida aan ugu gacansayray.

Runtii, qolada ay u ergooden maanay moogeyn xaalku siduu u dhacayey, maxaa yeelay xogta oo dhan waa laga dheregsanaa. Hadal kamaanay keenine waa ka aqbaleen gogoshii, waxaana la qabsaday muddo iyo madal. Qoladan cusub inaan shiikh iyo shariif toona ka soo baxayn oo dulmigaa ay ku socdaan ka horistaaga waan ogaa, wax cusub inaanay la iman dooninna waan ka dheregsanaa. Waxay ahaayeen rag isku dhaqan iyo xeer ah oo jidkii qoladii hore inay qaadaan mooyaane aan laga filayn wax cusub inay soo kordhiyaan.

Goor maqribkii ah anigoo, intaan tukadey, raadiye ku dhegeysanaya salligii salaadda ayaa waxaa ii yimid nin dhallinyaro ah, wuxuuna ii sheegay in odayaal ii yeerayaan. Ololahaa dambe ee la wado wuu igu soo duulduulayey, sidaa darteed kumaanan nixin. Intaan kabahaygii illaday ayaan wiilkii raacay. Hadda waan cabsi gooyey oo baqdini ima hayso, niyadse uma hayn waxa ay iigu yeerayeen. Nin la qasbayo oo naflacaari ah, dhibkiina soo karay oo jilcay ayaan ahaa.

Anigoo cagajiid ah oo jir ahaan iyo naf ahaanba u daallan ayaan wiilkii dabaluuday. Wuxuu i geeyey guri ay fagaaggiisa hore fadhiyaan rag aan ku qiyaasay ilaa afartameeyo. Dhallinyaro iyo cirrooleba, kii ay wax ku tuhmayeen, qofna kamaanay soo tegin. Shaki la'aan, waxay ahayd arrin layaab leh in intaas oo oday ay isku raacaan, iskuna garabsiiyaan arrin gardarro ah, iyagoo isu bahaysanaya wiil yar oo labaatan jir ah.

Ruuxii xaalka waddanka hoos u sii ogi layaab kuma

aheyn oo xaqdarro ayaa dhiig badani ku daadanayey. Markan culimmadoodiina way wataan. Markay arkeen inaan ku xiray oo ku xujeeyey sharciga inaan ku kala baxno ayey is yiraahdeen, *"Bal cid idiinka jawaab celisa aad heshaan."* Hadalkii la fur, mase jirin sheeko, ama hadal ka duwanaa kii odayaashii hore mareen. Wuxuu hadalkoodu ku soo hoorismayey in qabiil dhan oo ergo ahi u yimid, anigana ay ergo iga yihiin. *"Wadar iyo waaxid keebaa waalan?, Waaxid baa waalan!"* ayey sidoodii ku halqabsanayeen.

Waxaa afka la iigu gurayey oo la ii laqimayey maahmaahdii: *Tolkaa iyo kabtaadaba bartankaa looga jiraa.* Sidii odayaashii horeba, bilowgii hadalka waxaa laga ilaalinayey wax xanaf ah oo i didiya. In wax la i tusaaleeyo ayaa la isku deyayey, la igana dhigo nin gaboodfal weyn sameeyey oo hadda fursad uu isku saxo haysta.

Wax hadalkii socdaba, wuu igu soo wareegey. Argaggax badani ima hayn oo odayaashii hore ayaad mooddaa inaan ku soo naxdin gooyey oo gogoshii hore ayaan ku ogaadey halka ay ka jilicsan yihiin. Waa odoyaal reer miyi ah oo aan diinta waxba uga bilownayn. Waxay iga ahayd sidii hadalkii dhurwaaga afka loogu tiray ee uu yiri, *"Dhego dameeraad ii sahansan."* Meeshaan ka fiirinayey iyo baqdintaan ka qabey odayaasha waxbaa iska beddelay.

Sidaydii ayaan diinta maciinsaday. *"Waxay wataan waa dulmiye, markii aad aayad ama xadiis ku akhrido ayaa waxay maanta oo dhan dhoodhoobayeen sidii baraf dhalaalay noqonayaan! Waa inaan aayad iyo xaddiis u diyaarsadaa, illeyn hadal iyo maahmaah la keeni kari maayee,"* ayaan iskula hadlay. Su'aalihii qoladii hore aan weyddiiyey ayuunbaan ku celiyey, waayo waxaan ogaadey inaanay jawaab u heli doonin.

Waa rag isku dan iyo aqoon ahe, intii qoladii hore oo la yare qurxiyey ayey jawaabtii noqotay. *"Waan ognahay inaad gabadha geydo oo meher kuu qabanayo, laakiin caado ayuu reerku leeyahay oo ah inaanay is guursan. Waa kala tegeyaan, ehelnimadii ayaa yaraanaysa. Sidaa darteed, waxaan qabnaa inaadan reerka ku talo diidin oo aad aqbasho".* Hadal dheer oo biyadhiciisu sidaa yahay ayey mareen.

Muddo ayuu hadalkii iyaga uun ku dhex wareegayey oo midba meel ku dhufanayey. Dadku kala hadal dabacsane, qaar ayaa hadal deggan lahaa, kuwana hanjebaad iyo in geed la igu xirayo haddii aan talada reerka diido ayey iigu goodinayeen. Oday ka mid ahaa raggii ugu tugtugta roonaa ayaa hadal aanan ka filayn goobta ka yiri: *"Wiilkaagaas oo kale wuu na soo maray, waana naqaannaa sida loo galo. Geed inta lagu xiro ayaa quraanjo lagu jafaa oo qasab dalqadaha looga yeersiiyaa!"*

Iyadoon cid kale hadlin ayaa mid aqoon dhaamay, kana xumaaday sida uu iila hadlay la soo boodey, *"War bal u kaadi, xoog wax kuma furmaane!"* kaddibna, hadal dheer oo waano iyo inaan talada qaato ah ayuu maray. Waraabuhu qofkii *'ka daa'* yiraahda ayuu dhankiisa isu buusaaye, hadalka ninkaasi wuxuu ii noqday hiillo aanan marna illoobin, wuxuuna iga siibay waran igu taagnaa iyo cabsidii uu igu abuuray hadalkii ninkii ka horeeyey. Hoosta ayaan uga duceeyey, hadda oo la joogana waan ka jeclahay ragga kale.

Sidaan soo xusayba, habeenkaa culimmadoodiina way wateen, illeyn horaa la iigu ogaa inaan aayado u soo daliishadaye. Hadalkii jid u bixi waa! Wax walba igu daye oo soo liicsami waayey. Waxay noqdeen mid ii hanjaba, mid i dejiya, mid i sasaba ilaa mid culimmada ka mid ahaa yiri, *"Annagu samaddoonno ayaannu nahay, waxaana noo yeertay reer dhan oo arrin ay ku heshiiyeen aad diiddan tahay. Midda kale, haddii laba arrimood kulmaan oo ay kala dhib badan yihiin tan dhibka yar ayaa la qaataa. Tusaale ahaan: Haddii ay simanto in qof dhegta laga jaro iyo in la dilo, dhegta ayaa la goyn, sidaa ayaanan arrintan u arkaa iyo inay fududdahay inaad reerkaaga maqasho."*

Ka daroo dibi dhal! *Waa majabihiiyoo jaamo loo tolay!* Kuwii oo aan u maaro la'aa hadalkooda iyo maahmaahdooda ayaa, haddana shiikhoodii u fatwooday oo u ansixiyey dulmigoodii. Uma dabcin arrintaa, wax jawaab ahna kama bixin. Hadalkooda oo tiro badnaa darti iyo halkii mar oo laga yaabo ilaa toban ku dhawaad inay hadalka isaga dambaynayeen ayaa waxay ii fududaysay inaan qofkaan doono u jawaab celiyo, kaanan doonaynna ka gudbo.

Arrintii waxay keentay bulaan ilaa odaygii u weynaa hadalkii qaatay. Wuxuu ku bilaabay eed uu igu eedaynayo inaan intan oo oday oo wada tolkay ah ka taladiidey. Waxa kale oo uu igu sheegay nin ay derbiyada u taagan yihiin wiilal yaryar.

"*Waxaa la yiri; 'nin aan kuu furi doonin yaanu kuu rarin.' Waxaan aragnay kuwo badan oo sidaada oo kale ah oo inta tolkood ku talo diidey dabasalaax ku dhacay oo khasaare mooyee aan ka faa'iidin. Waxaan maqlay kuwo masas iska dhalay. Marka haddii aad rabtid inaad kuwaa ku biirtid, reerkiinna ka taladiid, haddii kale maantay talo kula gudboon tahaye yaanay kaa hoos bixin.*" Odaygii hadal dheer oo duluciisu ku soo uuurayso baqdingelin, caqlicelin iyo eedayn ayuu jeediyey. Waxaa ii muuqatay in hadalkani yahay gabagabadii mar haddii odaygii u weynaa soo galay. Cid kale inaanay ka dambeynayn oo aniga la iga war dhawrayo ayaan gartay.

Waxay ila noqotay inaan eedaha la ii soo jeediyey iska leexiyo, hadalkana soo afjaro. Waxaan soo xusuustay xadiis aan ku soo qaatay maaddadii Diinta waqtigii aan Dugsiga Sare dhiganayey.

"*Adeer, horta ma jirto cid meelaha ii taagan oo aan arintan kala tashado. Midda habaarka iyo waxa aad sheegayso, Nabigu NNKA wuxuu yiri: ogow dadkoo dhan haddii ay kuu kulmaan oo ay damcaan inay wax kuu taraan, kuuma tari karaan illaa wax ALLAAH kuu qoray mooyaane. Haddii ay damcaan inay wax kuu dhimaanna, kuuma dhimi karaan illaa wax ALLAAH kuu qoray mooyaane. Qalmaantii waa la kor yeelay, waraaqihiina way engegeen. Wax ALLAAH ii qoray mooyaane wax kale i haleeli maayaan!*"

Hadalkii habeenkaa wuxuu ku soo gabagaboobay; '*middi middi ku taag*' iyo '*ismariwaa*'. Warsame iyo raggiisii habeenkaa hadal uma ool, waxayna ahaayeen dhegaystayaal. Anigoo hoosta duco ka boobaya iyo in ALLAAH ishooda iyo carrabkooda iga nabadgeliyo ayaan gogoshii ka hilhishay oo aan u dhaqaaqay dhankii xaafaddu iga jirtey.

Anigoo dheganaban oo aan docna fiirineyn, gadaalna ka baqaya, oo aan is leeyahay, "*Amay koox kaa soo dabadiraan,*" ayaan saanta boobay. Quraanka wax baan ka aqaannaye, waxaan soo xusuustay in Yaasiinka la cuskado oo la akhristo markii la yaabo. Yaasiinkii ayaan afka saaray oo bilow iyo dhammaad muddo yar uga dhexbaxay. Baqdin iyo walbahaar anigoo beerku i belbelayo ayaan xaafaddii gaarey.

Sidii oo kale, ayaan u tegey reerkii oo dhammaantood barxaddii guriga gabran oo welwel iyo cabsi jiifka qaban waayey. Markii ay i arkeen ayaa neefi ka soo booddey. Hooyaday oo aad mooddo sidii curadkeedii oo geeri loogu sheegay uu iridka ka soo galay ayaa la soo booddey, "*War Samatar, hooyo, Ilaahay dhagartoodii ma kaa soo samatabixiyey? Ilaahow ishooda iiga duw.*" Murugo iyo caloolxumo intay qiblada u jeesatay oo gacmaha kor u taagtey ayey Alle tuug bilowday.

5. GOGOSHII ODAYAASHA

Waa sidii ay ahaan jirtaye, sariirtii markii aan dhinaca dhigay ayaan mawjadahaygii aan kala go'a lahayn dhex muquurtay. Maskaxdayda waxaa ka guuxayey oo ii sawirnaa sida arrintu u sii cakirmayso. Marba marka ka dambeysa waan sii kala fogaanayney eheladii Ilwaad oo geed dheer iyo mid gaabanba u fuulay sidii ay noo kala furi lahaayeen. Warsame, inkastoo uu isku daygii labaad ku guuldarraystay, haddana waxaan ogaa inaanu ahayn nin sidaa ku haraya. Waxaan is weyddiinayey, *"Tolow waa maxay dabinka xiga ee uu dhigi doono iyo sirta uu maleegi doonaa?"*

Odayaashii gogoshii ku kala kece, isna tuse meel dambe oo wax laga qabto inaanay jirin oo la iigu soo noqdaa. Waxaa la is weyddiinayey, *"War wiilkan yar arrintan keligi kuma ahee, mana hindisi karee yaa xaska ugu jira?"* Ninba meel la aad oo ku dhufey, laakiin Warsame iyo Cigaal -waa Ilwaad aabeheede- waxaa tuhunku u saarnaa oo u eedaysnaa aabbahay. Maanay qarsan walibee, Cigaal si toos ah ayuu aabbahay arintaa ugu dhaleeceeyey oo ay isugu afdhaafeen.

Aabbahay oo dul iyo sabir lagu yaqaanney, waxaas oo dhib ah wuu u gagsadey oo dulqaad u yeeshay. Raalli kamaanu ahayn gardarradaa loola bareeray, tabarna uma waayin uu isaga celiyo, laakiin hiillo uu u is lahaa wiilkaaga u hiilli ayey ka ahayd. Wuxuu is lahaa, *"Haddii aad daandaansigaa ka dagaallantid oo aad sida ay tahay uga hadashid, armay noqotaa marmarsiinyo ay xaajada ku sii fogeeyaan, arrintaasina ay wiilkaaga dhib u kordhisaa!?"* Cid walba ha ahaatee, ciddii arrinkaa garab igu siisa, sidii uu doonaba ha ii gacan siiyee, waxtar iyo tabantaabo ayey ii ahayd.

Oday Warsame sii joog dambe uma laheyne, dhawr beri kaddib wuxuu dib ugu noqday reerkiisii iyo Dhuusamarreeb. *"Wiilkii odayaashii ku talo diid"*, ayaa meel walba martay. Lama filayne, dadkii oo dhan yaab ayey ku noqotay. Cigaal ciilkii ayuu la noqday. Inuu miskiintii oo murugo in ku filani ay haysato uu bakoorad kala duldhacay ayaa isoo gaartay.

Nin abtigeed ah oo markaa la joogey ayey ku fakatay oo inta ku hagoogtay ka qabtay. Wuxuu ku hanjabay inuu xabbad ku dhufan doono haddii uu reerka ugu yimaado. Inay baroorta iyo urugada hawdka kula dhuumato ayaa la iigu warramay. Hagardaamada iyo saxariirta ay ku nooshahay ayaa joog iyo jiif ii diidey. Warkii iga soo gaaraaba, caloolxumo hor leh ayuu igu abuuraa. Waxba uma qaban karee, intaan uurka ka ooyo ayaan Eebbe weyne ka tuugaa inuu dhibka naga dulqaado.

Aniga laftigayga waxba iima oollin Caabudwaaq. Waxay noqotay inaan Warsame ka dabatago oo aan Dhuusamarreeb afka saaro. Runtii, waxba iigama horreyn, laakiin waxaan dareemayey inay ii dhaanto sii joogidda Caabudwaaq. Waxyaabaha ugu waaweyn oo aan ka fekerayey waxay ahaayeen sidii aan shaqo u heli lahaa. Dhuusamarreeb waa degmo yar, meel shaqo taalna ma ahayn, irdaheeda iyo meel laga galana maanan garaneyn.

Cosoble oo aan isku fasal ahaan jirney, markaana ka shaqaynayey Dawladda Hoose ee degmada ayaa ii sheegay in wasaaradda Hawlaha Guud ee gobolku u baahan tahay xisaabiye, isagana laga codsaday inuu cid raadiyo oo Agaasimaha ayey is yaqaanneen. Wuxuu u tegey ninkii madaxda ka ahaa, wuxuuna ku wargeliyey inuu cid u hayo, anigana wuxuu ii bilaabay inuu teebka iyo sida loo garaaco i baro. Saaxiibkay ii dadaal, ninkii meesha haysteyna markii hore u carrab-laalaadi, laakiin arrintaasi ma suurtagelin. Ninkii meesha agaasimaha ka ahaa ayaa arrinkii ka gaws-qabsaday oo malaha is cululubtey. Wuxuu is tusayba, dhankiisa ayey ka socon weydey.

5. GOGOSHII ODAYAASHA

Muddo ayaan sii joogey Dhuusamareeb, iyadoon xaalkayga waxba iska beddelin. Warsame oo aan isku magaalo joogney wax xiriir ahi nama dhex ool oo rag colloobey ayaannu noqonnay. Isha ayaan ku hayey dhaqdhaqaaqiisa. Ma xusuusto sidii aan ku ogaadaye, maalin uun baan waxaan war ku helay in Warsame ayaamahan uu aad ugu noqnoqonayey maxkamaddii degmada.

Arintii ayaan dabagal ku sameeyey, waxaanan ogaadey inuu beryahanba uu ku hawlanaa sidii uu qiil ugu heli lahaa inuu fasaq sameeyo. Lagu lama yaabeyn in hawadaas iyo inuu fasaq raadiyo ay gasho, waayo caan ayey ka ahayd Dhuusamarreeb iyo waddankaba.

Muddo aan sidaa u fogeyn ayey ahayd markii maxkamadda dhexdeeda nin dhegta la goostay. Miskiin askari ah oo furinta hore difaac uga jirey ayaa isagoo maqan reerkiisii fasaq loogu jiidey. Xafiiska ninkii sidaa sameeyey intuu ugu tegey, isagoo iska dhigaya inuu dhegta wax ugu sheegayo ayuu xaf siistay. Naynaas ayuu ka qaaday iyo in *'hebel dhegey'* loogu yeero.

Markii ay arintaasi i soo gaartey ayaan aniguna ku dhexdhacay wixii dad ahaa ee aan is lahaa waxbay arintaa kaala qaban karaan. Waxaa ugu horreeyey cid aan u sheego Cosoble, isagoo xafiiskiisii Dawladda Hoose fadhiya. Waxay qaraabo ahaayeen gudoomiyaha Maxkamadda Gobolka oo markaa maqnaa. Markii uu guddoomiyaha gobolku yimaado inaan u tagno ayaan goosannay. Waxa kale oo aan arintii la kaashaday wiil uu aabbihii teebgaraace ka ahaa Maxkamadda Degmada. Wiilka aabbihi ayaan ka ogaanney wixii Warsame kala kulmay guddoomiyaha.

Wuxuu u tegey guddoomiyihii maxkamadda degmada oo ay is yaqaanneen, markii uu arrintii u gudbiyey iyo inuu arrinkaa wax kala qabtana, gudoomiyihii ayaa ka maagtay oo ka cudurdaartay, maaddaama arrinta fasaqu ay u baahan tahay baaritaan dheer iyo in la arko labada dhinac ee is haya. Markii aan ka warhelnay in oday Warsame ku hungoobey qorshihiisii, ayaan annaguna isaga harnay arrintii.

6. KULANKII HAWDKA

WAXAAN FILAYEY in xoogaa nafis ahi isoo geli doono oo aan nasan doono haddii aan gartii adkeyd ka soo baxay. Runse ma aheyne, culays iyo welwel hor leh ayaa i bilaabay. Inaan meel cidlo' ah taagnahay oo aanan hayn xilo, xidid iyo xigaalo toona ayaan yaqiinsaday. Wax soo hagaagid iyo ka soo rayn ahi midna iima muuqaneyn.

Waxaa taas iiga sii darnaa wax qorshe ah oo aan ku dhaqaaqo maanka kuma hayn, arrintaydiina waxay ku soo uruurtay inaan uun suuqa meeraysto oo meelaha lagu caweeyo aan midba mar fariisto. Dhaqankaas waxaa lagu yaqaanney dhallinyarada shaqo-laawayaasha ah.

Culayskii Warsame iyo asxaabtiisu igu hayeen waxaan, isaguna, ka dhicin midkan shaqo la'aanta ah ee igu habsatey. Shaqo la'aan, waxbarasho la'aan, colaad sokeeye iyo cid aan arrimahaa ula ciirsado la'aani waxay ahaayeen arrimo aan la jaahwareeray oo naftayda ku abuuray cabsi faro badan.

Xaalku si kastaba ha ahaadee, waxaan mar walba isku laab-qaboojinayey inaanan sidan ku sii jiri doonin oo ALLAAH maruun ur ii bixin doono.

Nin bukaa boqol u talisaye, waxaa igu batay, '*war sidan yeel*' iyo talooyin faro badan oo iiga imanayey dhammaan dadka wanaagayga jecel; yar iyo weynba, dhab ahaantiina u arkayey in sida aan ku suganahay aanay aayahayga dambe u fiicneyn. Waxay ciribta dambe ahaataba, aniga qudhaydu ii soo baxday in lugo dawaafa, ama socdaa uu khayrku ku jiro.

Waa run oo xaglo laaban xoolo kuma yimaadaan. "*War meesha ka kac oo xag uun labada daarood ku daran,*" ayaan isku canaantay. Waxa arrini hadba meel joogto oo taladii aan qaado is iraahdaba derbi adagi uga hor yimaado, waxaan goostay inaan Dhuusamarreeb ka hayaamo oo aan safar uga diyaargaroobo.

Nin faro madow ayaan ahaaye, talooyin badan oo ii roonaan lahaa ayaa tabari ii diiddey. Waxaan labo-labeeyo oo aan labo talo is dhinac dhigaba, waxaan go'aansaday inaan Sucuudiga u xammaal tago. Dib inaan ugu noqdo Caabudwaaq iyo reerkii, si aan arrintan ugala soo tashado ayaan goostay.

Anigoo baadigoobaya gaari aan raaco ayaa Cawrala oo xaaskii Warsame ahayd ii sheegtay inuu baxayo gaari xaajiyad ah oo Warsame lahaa. "*Orod, gaarigu meesha baabuurtu ka baxaan ayuu yaale, sii raac,*" ayey ayeydey i tiri mar aan magaalada dhexdeeda ku kulannay. Waan is naqaanney darawalkee, intaan u tegey ayaan u sheegay inaan raaci doono oo uu shirka boos iiga qabto. Boorsadaydii intaan soo qaatay ayaan goobtii gaarigu taagnaa abbaaray.

Anigoo gaarigii agtaagan ayaa darawalkii, inta ii yimid i yiri, "*Ninyahow Warsame ayaa soo socda, waxaanan filayaa inuu maqlay inaad gaariga raacayso, marka sii soco aniga ayaa kaa dabo imanayee.*" Waan ka yeelay oo horey laamiga u sii qaaday.

Waa siduu wiilku u gartaye, warkii ayaa gaarey. Ma suuquu ka soo maqlay, mise xaaskiisuu warka ka helay, ogaa inaan rabo inaan gaariga raaco. Intuu darawalkii u yimid ayuu i weyddiiyey. Wadihii gaarigu inaanu i arkin ayuu u sheegay. Warsame wuxuu wiilkii ku yiri, *"Gaariga qiimihiisa haddii uu bixiyo ma raaci karo gaarigayga."*

Dhacdadaasi waxay ii bidhaamisay colaadda Oday Warsame ku jirta iyo halka xaalku ka joogo. Meeshaba ma soo dhigan in awowgey arrinkaasi ka suurtoobo. Dareen iyo dhiillo hor leh ayey i gelisey, waxaanan garwaaqsadey in arrinku ka fog yahay sida aan malaynayo.

Darawalkii markii uu gaarigii rakaabsadey ayuu meel dhexe iiga dabayimid, horena ii sii qaaday. Intaan sii socdey waxaa qalbigayga ku wareegayey arrintii awowgay Warsame sameeyey. Markii aan fakarkeeda ku sii fogaado ayaa hal mar dareenkaygu isbeddelaa oo aan soo gocdaa wixii dhib i soo maray.

Markii aan aayaha dambe ee arrinta aan male-awaalo oo aan oddorosaba, waxaa ii muuqda mustaqbal madow. Nin geeliisa cirka lagu maalayo ayaan ahaaye, anigoo keligey isla sheekaysanaya ayaan galabgaabkii magaaladii gaarney, kaddibna xaafaddayadii ayaan u sii gudbey.

Ma jirin xoolo magaalo oo reerku lahaa, laakiin waxaa jirey xoolo miyi oo aan sidaa u sii badneyn. Aabbahay, oo berigii hore ganacsiga xoolaha ku jiri jirey, maanu heli karin dhaqaalaha aan markaa ka doonayey.

Hadalhaynta sheekadii aniga iyo Ilwaad magaalada kama dhammaan, inkastoo ay xaaladdu ka degganeyd sidii ay ahayd waqtigii gogoshu socotey. Aragtida dadka ee arrinta way kala duwaneyd. In badan waxay aragtida la qabeen Warsame iyo gaashaanbuurtiisa, qolo faro-ku-tiris ahina way diiddanaayeen. Tiradaa yar ee hoosta iga raacsaneyd, xoogaa tabar ah ayaa soo gashay markii aan odayaashii gacmamaran diray, mase jirin ruux si bareer ah isu muujin karey.

Waxaa i soo gaartey in nin wadaad ahi yiri, *"War arrinta sidan aan ka deynno oo mar haddii wiilka iyo gabadhu is mehersadeen aan raadinno wixii kale oo xal ah."* Hadalkaa uu yiri eeddii ka raacdey iyo sida loogu dhaleeceeyey waxay noqotay cashar lagu waanaqaato.

Maalmo markii aan joogey ayaa waxaan u sii gudbey tuulo aabbahay degganaa oo qiyaasteyda ilaa 40 km dhanka Galbeed ka jirta Caabudwaaq. Qorshahaygu wuxuu ahaa sidii aan aabbahay ugala tashan lahaa sidii aan u heli lahaa dhaqaale aan ku gaaro Sucuudiga.

Gaari qolo aan qaraabo ahayn caws ay muddul saartaan ku soo raranayeen ayaan sii raacay. Goor ay duhur-ku-dhawaad tahay ayaa waxay i dhigeen meel cidlo ah, kaddibna ii tilmaameen dhanka ay tuuladu iga jirto. Wadiiqo yar oo ay ii tilmaameen ayaan ku dhacay.

Maanan lahayn aqoon miyiga ah, laakiin waxaa i caawinayey muddo markaa sannado laga joogey oo waqtigii fasaxa iskuullada aan in door ah miyiga joogey. Xilligu wuxuu ahaa waqti roob dabadi ah oo aanay abaari jirin, welina dhirtu qoyan tahay.

Dharka aan xirnahay waxaa ii weheliyey go' iyo ul bakoorad ah. Wax dad iyo duunyo ah midna ma arkin intii aan sii socdey. Cadceedda oo kulul darteed ayaan inta go'aygii madaxa ku duubtay, saanta boobsiiyey. Walow ay maalin cad ahayd, haddana cabsi ayaa igu jirtey.

Dhegta ayaa ii taagneyd, meeshii aan shanqar ka maqlana ishaan la raacayey. Shanqarta shinbiraha iyo geedaha dabayshu ruxayso ayaa marmar dareen i gelinayey. Cabbaar markii aan sii socday oo aan isleeyahay, *"Tolow miyaad habowday,"* ayaa waxaa ii muuqday meel taag ah oo qurac badani ku yaallaan oo qoladii aan la socday hore iigu tilmaameen. Waxay ii sheegeen

6. KULANKII HAWDKA

meeshaa garowga leh markii aan xoogaa dhaafo inay tuuladu ii muuqan doonto.

Tuulo ay guryaheedu waabab iyo aqal-soomaali yihiin, balli weynina ku yaal ayaa aabbahay degganaa. Balliga waxaa laga dareemayey in biyihiisu sii gurayaan. Xoolo lo' u badan ayaa cabbayey. Dadkii ayaan soo wareystay, wax yar kaddibna waxaan soo gaarey gurigii reer-aabbahay.

Markii aan soo galayba, waxaan la kulmay aayaday oo waab xoogaa alaab ahi taal, makhaayad shaahna ah dhexfadhida. Salaan kaddib, si wanaagsan ayey aayaday ii soo dhaweysey, isla markiibana waxay ii keentay gogol iyo biyo aan cabbo. Xoogaa markii aan is waraysannay ayaan caag yar inta biyo ku qaatay hawdka aadey si aan biyo isugu soo daadiyo.

Markii aan cabbaar joogey, duhurkiina aan tukaday ayaa, aabbahay oo markaa xoolo-waraabin ku maqnaa yimid. Salaan iyo is waraysi kaddib, qado ayaa naloo keenay, qadadii kaddibna xoogaa ayaan istuuray. Casarkii markii aan kacay, salaaddiina aan tukaday ayaan aabbahay isu raacnay duurka si aan isu waraysanno, waxaanan u gudbiyey wixii aan ku socday.

Runtii, aabbahay waa ila dareemayey arrinta culus ee, gaar ahaan i haysatey, guud ahaanna reer Samaddoon hortiil, wuxuuse xaalkiisu ahaa: *Gacalkaa gacmo u waa*. Wuxuu iiga warramay sida reerku u dhaqaale xun yahay, xooluhuna aanay iib u lahayn. Waa yeelkeede, wuxuu ii muujiyey siduu hiil iyo hooba iila barbar taagan yahay. Cabbaar markii aannu hawdka ku jirney, marna aannu geed hoos fariisanno marna tamashleynayno ayaannu tuuladii dib ugu soo noqonnay.

Intii aannu dhex ku sii jirney waxaa hadba naga hor imaanayey ama naga dabo-imaanayey, rag iyo dumarba, dad carraabo ah oo tuulada ka sii baxayey iyo kuwo sii gelaya. Aabbahay oo tuulada aad looga yaqaanney qoladii ka hor timaaddaaba waxay weyddiinaysey cidda aan ahay, isna wuxuu ugu jawaabayey inaan ahay ninkii ragga reer Samaddoon ugu weynaa ee ay dhashay bahdii weynayd ee reer magaalka aheyd.

Markii aan gurigii gaarney ayaa waxaan ugu tegey rag dhallinyaro iyo waayeelba lahaa oo kolkii ay imaanshahayga maqleen salaan iigu yimid. Ragga qaar wajigoodu iguma cusbayn oo dhawr jeer oo waqtigii fasaxa iskuulka ee aan baadiyaha imid ayaan is aragnay.

Nin dhallinyaro ah oo raggii ii yimid ka mid ahaa ayaa igu faqiyey in Ilwaad reerkoodii uu dhow yahay, odaygii iyo habartiina ay maqan yihiin. Allaylehe fursaddaa ka faa'iidayso oo Ilwaad maruun soo arag ayaa i gashay, inkastoo aan ka baqdin-qabey marka odaygu soo noqdo oo uu arrinkaa ogaado inuu eedsiin doono.

Kama labalabayne, waxaan tilmaansadey halka reerku yiil. Tilmaan baaddiye waa la iiga fiicnaaye, waxaan ninkii dhallinyarada ahaa ka codsaday inuu ii sii wehel yeelo oo kor reerka iga tuso. Casargaabkii kolkii ay aheyd ayaan u carrawnay dhankii reerku jirey. Cabbaar markii aan sii soconney, tuuladiina ay weli ii muuqato ayuu wiilkii farta iigu fiiqay aqal-soomaali in door ah ii jira. Intaan *"mahadsanid"* iri ayaan u laba-laxaadsadey dhanka aqalkii uu ii tilmaamay.

Aqal-soomaaligii ayaan gaaray, oo inta iridka istaagay iri, *"Yaa jooga?"* Cod aan u malaynayo inuu raadiye yahay ayaa ka baxayey. Raadiyuu ahaaye, inta qofkii gaabiyey ayuu shanqar-dhageystey. Mar kale ayaan hadalkii hore ku celiyey.

Qof dumar ah ayaa ila hadashay oo tiri, *"Waa qofma?"* Hadalkii markii uu dhegahayga ku soo dhacay ayaan, anigoon dheg la i qabto laheyn, sida gantaalkii aniga oo aan, *"ma soo galaa"* iyo waxba oran *dalaq* iri. Qofkii dumarka ahaa yaabtay oo markii ay aragtay inaan soo socdo ayey, inta ku booddey go'

agteeda yaalley isku duuduubtay. Waaba Ilwaad oo kaligeed ah!
Hadalkeedii markii aan gartay ayaan is illaawey oo cabsidii igu jirtey iga ba'day. Ilaahay yaab ayuu u keenay markii ay isha igu dhufatay. Fadhi uma oollline, intay soo booddey ayey isku kay duubtay.

Cabbaar markii aannu isku burursanayn oo aan isku ooyayney ayey hal mar inta iska kay fujisay dib u faagatey. Illeyn waa qof wadnaha la gooyaye, waxay xusuusatay meesha aan joognaa inay tahay meel dadka jooga oo dhan ay na kala ilaalinayaan. Dibadda ayey u baxday si ay u fiiriso cid meelaha maraysa, mise qof dumar ah ayaaba bowdka guriga ku lammaan oo dhegta ku haysa.
Haweeney ari markaa meesha daaqayey la joogtey ayey ahayd. Markii ay aragtay gabadhii oo soo baxday ayey inta is majiirtay arigeedii dib ugu noqotay. Intaan baxnay ayaan isu raacnay meel dhirley ah oo aan sidaa nooga durugsanayn. Runtii kamaannan badin karin inaan xoogaa iswaraysanno, kaddibna aan ballanno, maxaa yeelay waxaa jirtey baqdin badan oo aan qabney.
Waan ogsooneyn in nala kala ilaalinayo, sidaa darteed kumaannaan dhiirran karin inaan cabbaar sii wada joogno. Inta Ilwaad farta iigu fiiqday geed qurac ah ayey tiri, *"Geedkaas hoostiisa caawa fiidkii igu sug oo hadda si fiican u sii fiirso si aadan u lumin, reerka halkaa ka muuqdana waa adeerkaa Weheliye ee sii mar, iskalana joog illaa waqtiga laga gaarayo."*
"Waa yahay" intaan iri ayaan u dhaqaaqay dhankii reer adeerkay uu iga jirey.

Waxay ahayd qorraxdhicii marka aan Ilwaad ballamayno. Intii aan aasku madoobaan ayaan ka gaarey gurigii adeerkay anigoo, intaan dhexda sii socday, hadba dib u soo jalleecaya quricii Ilwaad ii tilmaantay si aan si wanaagsan ugu calaamadeysto oo aanan caawa u lumin.

Runtii, ma jirin wax qorshe ah oo ii dhaafsanaa inaan Ilwaad arko iyo inaan uga warramo sababtii aan halkan u imid. Aad ayaan ugu hamuunqabey la kulankeeda, aad ayaanan u jeclaa oo u sugi la'aa inaan iska waraysanno hagardaamooyinkii uu qof walbaa kala kulmay reer tolkayo. Jadhaa-balaf mooyaane, wax badan oo war ah maannaan kala hayn.

Magaalo waxaa laga filaa in taleefon, warqado iyo wixii la mid ah lagu wada xiriiro, laakiin miyiga xiriirkiisu waa uun farriimo afka ah oo laysku dhiibo. Farriimahaas qudhigoodu suurtagal nooma ahayn, waayo cid walba oo aniga la ii aaneynayo lama oggoleyn inay heeladka ka soo dhawaato.

Fursaddan aan hadda helay waxay ahayd uun Alle-ku-sii ee ma ahayn mid qorshaha iigu jirtey. Ballantan aan habeenkaa sugayey laftigeedu iima kala caddeyn suurtagaliddeedu. *"Amaa inta warka la is gaarsiiyo caawa waardiye adag laga qabtaa,"* ayaan is lahaa.

Arintu si kastaba ha ahaatee, kolkii aan Maqribkii tukadey ayaan isu diyaariyey inaan aado geedkii ballantu ahayd. Hiimamowga maanan tegine, waxaan dhawray aasmadoobaadkii. Guure habeen oo keligey ah wuxuu ahaa mid igu cusub, laakiin waxaa jirey wax iga xoog badnaa oo i hagayey oo cabsi iyo wax kaleba i illowsiiyey.

Xoogaa waaya-aragnimo ah oo aan isku halleynayey waa ay jirtey oo waqtiga iskuulku xiran yahay ayaan miyiga marmar u soo caanadoonan jirey. Habeenkaa dayax ma jirin oo waxay ahayd mugdi. Mugdigaa ka sokow, dhulku wuxuu ahaa hawd dhir miiran ah oo meelaha qaarkood haddii isha farta lagaa gelinayo aadan dareemeyn. Waxaan sheeko ku hayey in meelaha hawdka xirka ah inta badan dugaaggu ku badan yahay oo ay maalintiina ku dhuuntaan, habeenkiina ka ugaarsadaan.

Kaba sii darane, waxay ahayd ay iyo hayjad cidlo ah

oo aanay reero ka dhaweyn. Waxaas oo isbiirsadayi waxay igu abuureen cabsi, laakiin uma jixinjixine markii aaskii si qumman u madoobaadey ayaan ka boodey. Adeerkay oo aan arrinta u sheegay intuu reerkii iga soo ambabixiyey ayuu dib iiga noqday.

Waxaan ka maqli jirey dhallinyaro reer miyi ah oo adeerraday dhaleen in waqtiga mugdiga ah haddii aad fariisato aad arki karto geedaha waaweyn fiiddooda iyo madaxyadooda. Hadba waxaan sii fariisto oo aan geed ka duldhacaba, gaaray quricii aan Ilwaad ku ballannay.

Markii aan hubsaday in geedku geedkii yahay ayaan, iyadoo cabsi meel ay jirtaba ay isugu kay timid, iska hoos fariistay. Intaan soo xusuustay in habeenkii ay dhirtu kaarboon soo dayso ayaan, inta ka hooskacay fagaaggiisa hore fariistay.

Cabbaar markii aan meeshii fadhiyey oo aan jabaqdii yeertaba aan Ilwaad moodo ayaa waxaan maqlay shanqar aan is iri *"Malaha waa koor geel."* Xoogaa kaddib, geel malaha xeradiisii dheelmad u ah ayaa igu yimid.

Waxaan is iri, *"Isqari si aan laguu arkin."* Tolow, ma geedkaad fuushaa? Sow mas iyo balaayo saarnayd, amaba aad ka soo dhacdaa! Mayee geedkaa mareerka ah ee quraca dhinaca ku haya hoosta ka gal. kaba darane, bilaa mas ama abeeso duuban aad ka dul dhacdaa! Amey fiican tahay inaad dabamarto oo markuu geelu gudbo aad soo noqota. Bilaad geedka dhaaftaa oo hayjad cidlo ah ka dhacdaa!

Talo waa igu caddaatay, go'aan aan qaatana waan garan waayey. Anigoo jaflaynaya oo hadba dhan isu qaadaya ayaa, intaan tallamayey geelii igu yimid. Talo faro ka baxday. Intaan qummaati u istaagey oo aan xagga iyo xagga dhugtey ayaan waayey wax dhaama inaan mareerka salka u fariisto.

Intaan laan mareerka ku taal ku dhegey ayaan ruxruxay,

si haddii bahal ku jiro uu uga baxo. Wax qalab ah bakoorad ayaan ka sitey. Shanqar markii ay ka bixi weydey ayaan inta xuluushay salka fariistay.

Geelaba cidi ma wadane, markii uu i dhaafay ayaan geedkii ka soo baxay oo aan meeshaydii hore fariistay. Waxaan shanqar dhageysto oo hadba geed ii dhaqdhaqaaqo oo uu qof isaga kay dhigaba, markii aan jabaq dareemana aan mareerkii ugu gurguuranayo ayaa tuhun i galay iyo inaan cidi ii soo socon.

Markiiba waxaa qalbigayga ku soo dhacay dareen ah in arrintii la ogaaday, kaddibna ay gabadhii soo bixi weydey. Goor ay waqti dambe tahay oo sidii dabayli iigu dhacaysey aan bastey noqday, oo aanay ii baxeyn wax aan ka ahayn shanqarta dhirta ee ay dabayshu ruxayso ayaan, anigoo jabay meeshii ka luuday.

Anigoo hagaagi la' oo aan hadba is leeyahay, *"Amay ku soo dabamartaa"* ayaan ka huleelay. Guuldarradaa waxaa iiga sii darnaa baqdinta i haysey. Waxaan ka cabsanayey inaan ka duldhaco dugaag ama libaax wuxuu iligga saaro u hamuunqaba.

Isla-hadalkii iyo baqdintii ayaan weydaartey gurigii adeerkay. Anigoo tuuladii qarka u saaran ayaan is arkay. Gurigii reer aabbahay ee aan galabta ka carraabey ayaan si dirqi ah ku helay.

Habeenkaa il iyo baar ismaanan saarin, waxaanan is weyddiinayey suurtagalnimada inaan mar kale Ilwaad la kulmo. hadda talo faro ka baxday oo meel walba ayaa la iga ogaadey.

Waa sidii aan u gartaye, illeyn markii la i ogaadey ayaa habeenkaa waardiye adag la saaray, loona diidey inay saan rogto. Anigoo quustaa ku jira, kuna dhiiran la' inaan reerkii dib ugu noqdo ayaa nin ay adeerkay daris ahaayeen, Ilwaadna qaraabo yihiin wuxuu naga ogolaaday inuu farriin naga qaado.

6. KULANKII HAWDKA

Waxaan ku ballannay inuu habeenkii xigey iigu keeno meel aan sidaa uga fogeyn halka adeerkay degganaa.

Reerkii adeerkay ayaan u sii carraabay oo kolkii makhribkii la tukaday, aaskiina madoobaadey aan aaday halkii aan ku ballannay. Xoogaa markii aan taagnaa ayey ii yimaadeen iyagoo wada socda. Waxay ahayd gudcur aan geed iyo qof la kala saari karin. Ninkii odayga ahaa markii uu isku kaaya hubsaday ayuu naga tegey.

Waxaan ahayn dad isu xiisaqaba, muddana aan kala warhelin, run ahaantiina waqtiga ay haystaan uu aad u yar yahay. Boholyowga aan isu qabney qofkii habeenkaa na arkaa wuu naga dheehan lahaa! Waxaan iska waraysannay wixii waayo qof walba soo maray.

Waxay gabadhu iiga warrantay sida ay go'doonka u aheyd, una adkayd inay xiriir ila soo samayso. Har iyo habeen in waardiye laga hayey, lagana ilaalinayey qof kasta oo aniga la i xijinayo ayey ii sheegtay. Waxay iiga warrantay habeen in reerkooda ay ku soo hoydeen rag uu aabbahay ka mid ahaa, kaddibna waardiye adag la saaray, iyadoo la diidayo inay aabbahay kulmaan.

"Waxaa la islahaa amuu warqad ama farriin adiga kaa wadaa!" ayey tiri. Raadiye ayaa wehel u ahaa oo ay la sheekaysan jirtey, markii ay dadkii gooyeen oo ay cunaqabateyn ku soo rogeen. Taasi way caddeyn iyo in Raadiyo Muqdisho uu wehel u ahaa waa anigii dorraad galab ka duldhacay iyadoo keligeed raadiye la shawreysa.

Xoogaa markii aan dhibka iyo waxa waayuhu na baday is dhaafsanney ayaa waxaan u gudbiyey wixii aan ku socdey iyo inaan rabo, haddii ay suurtagasho inaan Sucuudiga u xammaal tago. Arrintaa Ilwaad kumaanay qancin, soomana dhaweyn. Waxay ii soo jeedisay in haddii aan wax heli karaba aan guri aan ku wada noolaanno ku diyaariyo.

Inkastoo ay ahayd, '*quud aan jirin qoryo u guro,*' haddana wixii aan helaba inaan si degdeg ah u soo wargelin doono ayaan u ballan qaaday.

Waa garteed oo waxaa soo karay oo ka horyimid noloshii qallafsaneyd ee miyiga, taana waxaa u sii dheeraa cadaadiska iyo dhibaatada ay ku hayeen reerkoodu. Waxay ahayd qof aan dhinacna u fayoobeyn, haddii ay ahaan lahayd waalid, walaalo iyo qaraabo kaleba. Waxay jeclaan lahayd inaan helno hoy aan ku wada noolaanno. '*Allow yaa tan mar meel kuu dhaafiya*' ayey ka taagneyd.

Habeenkaa waxaan kala tagnay annagoo murugo iyo caloolyow saanta rogi la'. "*Tolow mar dambe ma is arki doontaan?*" ayaan ku tallamayney. Waxay ii sii dhaweysey gurigii adeerkay, iyadoo ka cabsi qabta inaan ka habaabo. Waan kala hagaagi weyney! Markii aan kala tagnaba mid ayaa kan kale ka dabadhawaaqa sidii uu wax muhiim ah soo xusuustay. Markii aan isku soo noqonnana, waxba isuma sheegno. Waqtiga iyo isla joogga ayuunbaan ku dheeraysanayney.

Inaan degdeg u kala tagno waan ku qasbaneyn oo qof walbaa gadaal ayuu ka baqayey. Iyadu waxay ku soo tagtay inay reer hebel baadi ka soo fiirinayso. Wax yar haddii la waayo in la soo raadin doono ayey ogeyd. Anigu bahal iyo inay waqti dambe igu noqoto ayaan ka cabsi qabey. Labada dhaban intaan iska dhunkanney, annagoo isu dardaarmayna inaan la isku kaaya dirin ayaan is macasalaamayney.

Habeenkaa dhinac waxaan ka dareemayey farxad oo wax walba kulanka gabadha ayaa iiga weynaa, dhinac kalena waxay ii ahayd habeen murugo. Waxaan hadba soo gocanayey dhibka iyo hagardaamada nalagu hayo. Waxaa hadba i hor imaanayey rafaadkii iyo dacdarradii gabadha ka muuqday.

Intay qayirantay oo gooman dhaadheeri ka soo hareen ayey, iyadoon curan, shan dhal u ekaatay. Luddeedii waxaa cunay, dhabankeediina beddeley silicii iyo noloshii adkayd ee ay ku jirtey. Qof toosan oo ishu qabanayso ayey ahayde, intay waydowdey ayey soo godatey.

Habeenkaa hurdo waan isa seegnay, waxaanan ku dhammeystay is gedgeddi iyo inaan kolna soo fariisto, marna dibadda intaan u baxo aan cabbaar wareegaaleysto. Dhafarkii habeenkii midkan ka horreeyey oo kale ayaa waagu iigu beryey.

Maalin kaddib ayaan dib ugu noqday Caabudwaaq, waxaanan sii raacay gaari yar oo ay lahayd jabhad aaggaa degganeyd. Wax xoolo ah anigoon wadan oo hungoobay ayaan dib u noqday. Xurquunba yaanan heline, anigoo dhanka kale maskaxdu ii degtey oo qalbigu sahay fiican wato, kuna nafisey aragtidii Ilwaad ayaan noqday. Waxba aabbahay igama hagrane, xilli-xumaa ayaan ku soo aadey. Xoolayaraanta waxaa weheliyey suuq la'aan. Markii suuq la helo in xoolo la ii gadi doono ayuu aabbahay igu diray.

Dhawr beri ayaan sii joogey Caabudwaaq, ujeeddadayduna waxay ahayd inaan uga sii gudbo Dhuusamarreeb. Dhuusamarreeb, laftigeeda inaan wax badan sii joogo oo ku negaado ma dooneyn. Markan qasdigaygu waa inaan sii aado Muqdisho. Qorshaha igu jiraa wuxuu ahaa sidii aan marka hore u sameysan lahaa baasaboor.

Markii aan Dhuusamareeb gaareyba, waxaan gudagalay sidii aan u diyaarin lahaa waraaqo badan oo looga baahan yahay qofkii baasaboor doonaya. Cosoble oo ahaa wiilkii Dawladda Hoose joogey ayaa wixii Dawladda Hoose looga baahday ii soo dhammeeyey. Waraaqo-samayntii markii aan bogey ayaan safar isu diyaariyey.

Ismaanan moogaysiin karin dardaarankii Ilwaad ee ahaa inaan wixii aan helo guri ku diyaariyo, laakiin waxay ahayd arrin iga daadegi weyday oo aan ku dhiirran kari waayey. Waxaa culays igu ahaa in wixii aan helo aan guri ku gado, kaddibna ay timaado inaan ka fekero wixii aan reerka ku biili lahaa. Qof aan shaqo hayn, cid uu ku tiirsado oo uu miciinsadana aan Xamar ku ogeyn waxay u muuqatey talo aanu u bareeri karin.

Waxay ila ahayd, haddii aan arrinkaa yeelo, inaan noqonayo qof aan wax ku qaybsan nolosha iyo xaalkii Xamar yiilley. Kaba sii darane, kalsooni weyn kuma qabin in gabadhu ka soo fakan karto xabsigii ay ku jirtey. Taladaa waxaa gabadha ka keenay waa iska caddeyd oo waxay ahayd mid aan caad saarneyn. *Dheriga karka kulkaa ka keenay!* Waa dhibkii iyo dacdarradii haystey.

Bas iyo gaari yar toona iskamaanan bixin karine, waxaan dusha qabsaday gaari weyn oo kuwa xamuulka ah. Waxaan safarka iska helnay wiil ay Ilwaad ilmo adeer ahaayeen oo isagu dagaalkaa iyo waxa lagu jiro aan xogba u hayn. Wiil markiisii horena Xamar ku dhashay, kuna barbaaray, miyi iyo dhaqankiisana aan aqoon ayuu ahaa. Haddii uu cid wax tari karo, aniga inuu ila safan lahaa ayaan tuhmayey.

Safarkan sidii hore waan dhaamey oo dadka sheekada waan la wadaagayey, walow xoogaa markaan joogaba aan duulal kale la sheekaysanayey. Waxaan sii soconnaba subaxdii dambe goor barqadii ah ayaan xamar galnay. Wiilkii aan qaraabada ahayn, safarkana rafiiqa ku ahayn ayaan xaafaddoodii u raacay oo aan maalintaa ku nastay.

Ashkir oo aan ilmo adeer ahayn oo markaa aroos ahaa ayaa galabtii ii yimid. Laba qol oo uu degganaa oo ku yaalley Kaaraan, Hotel Lafweyn gadaashiisa, ayuu mid ka mid ah joodari ii dhigay. Sidaan hore u xusayba, wuxuu darawal u ahaan jirey Geeldoon, haddase wuxuu gaari yar u wadaa Wasaaradda Lacagta.

Warkaygu meel walba Xamar wuu yaalley. Xiiso badan looma qabin inaan uga sheekeeyo wixii aniga iyo odayaashii reerka na kala qabsadey. Kama helin Xamar soo dhaweyn fiican, ugumase ciilqabin oo waxaan ogaa kuwii dad iigu dhawaa inay abley ila gaadayaan. Ciil sokeeye waa waxaan EEBBE kugu ibtilayne, waxaan ka diday qof kasta oo aan xigaalo ahayn. Waxaan kala saari waayey mid col ii ah iyo kaan u calool-warrami lahaa, bal inaan ku nafiso.

Niman dhallinyaro ah oo ay yareyd waxa ay i tari karaan ayaa miciin ii ahaa. Sir ma qabe saab ayaa biyo u celiyee, waxaa naruuro ii noqday oo aan ku bedbaadey xasillooni xag Rabbi iiga timid. Niyaddaydu kuma degganeyn waxa ay ku hamminayeen dhalinyaradii ila ayniga ahayd ee ahaa waxbarasho iyo wax la mid ah.

Asxaabtaydu, intoodii badneyd, waxay isugu jireen kuwo jaamacado dhigta, qaar dhoofay, kuwo dhoofitaan isu diyaarinaya iyo kuwa ku raadjooga sidii ay jaamacad u heli lahaayeen. Aniga waxaa ii caddaa sidii aan baasaboor u heli lahaa, kaddibna aan kuuli ugu raadsan lahaa Sucuudiga. *Labo kala baridayi kala war la!*

Tallaabadii ugu horreysey ee aan qaaday waxay noqotay sidii aan baasaboor u heli lahaa. *Xaal Xamar muraayad ayaa kaa xigta!* Albaab kasta oo aad garaacdaba waa in labo mid uun ay kugu lammaansan yihiin. Waa inaad lacag iska hormarisaa, ama aad heshaa cid garab kuu noqota. Nin aan qaraabo ahayn oo u shaqayn jirey hay'addii Nabadsugidda ayaan goostay inaan u tago. Xafiiskiisii iyo xaruntii Godka ayaan goor barqo ah ugu tagey, una sheegtay dantii aan ugu imid.

Waraaqihii aan sidey iyo dhawr sawir ayuu iga qaaday, waxaanan ku ballannay muddo kaddib inaan ka soo wardoono. ALLAAH waa noo fududeeyey oo waqti gaaban kaddib baasaboorkii waa soo baxay.

Helay baasaboorkii, laakiin maxaa xigi? *Haddii hawadaadu kuu been sheegto tabartaada ayaa kuu run sheegta!* Waxaa loo baahday in la helo kharashkii fiisaha, kii tikidka, jeeb-ku-qaadashadii, iwm. Oo xaggee ayaan ka keeni? Maba haysto! Iska daa tikide waxaan bas ku raaco maanan haysan! Ma jirin cid maskaxdayda ku soo dhacaysey oo aan is iraahdo waxuun caawimo ah ayaad ka heli kartaa.

Waxaa igu dhacay hammijab, candhuuftaydiina dib ayaan u liqay. Waxaan bilaabay fakar iyo inaan isweyddiiyo, *"Halkee ayaad kaalmo iyo gacanqabad ka heli kartaa?"* Dhan kasta oo aan eegaba albaabbadii waa isa soo xireen. Mase quusane, waxaan isku deyey haddii waddo igu soo xiranto inaan raadiyo jid kale oo aan ka bixi karo. La-taliyeyaashaydu waa dhallintii aannu isku iskuulka ahayn. Hiil iyo hooba, waxay igu tari karayeen ma jirin. Waa rag arday u badan oo qalinka iyo buugga ka badin la'.

Sida asxaabtayda kaleba, haddii subaxdaa la helo basraac magaalada ayaan u dhaadhici jirey. Waxaa caado u ahayd in, inta meelahaa la istubo, lagu sheekaysto waddan hebel layn bixitaan oo ka furmay iyo mid qarxay iyo sheekooyin uun anfacaya dhallintii u heellaneyd sidii ay u dhoofi lahaayeen. Anigu kii Sucuudiga ayaanba u taagwaayaye ma Yurub oo lacag xoog leh uun lagu hawaysan karey ayaan u babac dhigi karaa!? Waxaan isku deyi jirey inaanan sheekooyinkaa dan iyo heello ka gelin oo aanay hiyikac igu abuurin.

7. MISKIIN IYO MURAAD XAMAR

WAX WAA' cusubi ii baryo, wax isbeddel ahna aanan hayn, meel aan wax ka quud-darreynayana aanay jirin, ayaa waxaa igu soo duulay inay jiraan dhallinyaro aan isku hayb ahayn oo la doonayo in laga shaqaalaysiiyo Wasaaradda Lacagta. Cidna la iigama magac-dhebin ragga shaqada loo doonayo. Hunguri baa iga galay, waxaanan jeclaystay inaan kooxdaa ka mid noqdo. War baan raadiyey iyo cidda dhallinyarada shaqada u goobeysa.

Arrintii waxaan ka dhursugaba, goor dambe ayaan suuqa ka maqlay inaan dadkaa shaqada loo codsanayo ka mid ahay. Hididdiilo cusub ayaa i gashay, xog dheeraad ahna waan raadiyey. Waqti gaaban kaddib, arrintii waa rumowdey. Saddex ruux oo magacooda la geeyey wasaaradda ayaan ka mid ahaa. Waxaa i weheliyey Shirwac oo Ilwaad adeerkeed ahaa, horena Warsame uu labadayadaba naga eryay gurigii wiilkiisa iyo wiil kale oo isna qaraabada ahaa. In kol dhow magacyadayada lagu soo dhejin doono derbiga iyo looxa ogeysiiska ee wasaaradda ayaa nalagu wargeliyey.

Waxaan war sugo oo aan ku meeraysto Wasaaraddii Lacagta, goor dambe ayaa la soo dhejiyey shaqaalihii la qaatay. Markii warkaasi i soo gaarey ayaan si halhaleel ah u aadey xaruntii wasaaradda. Waxaan sii ordoba, looxii baan isa sii taagey oo aan magacaygii ka eegay. Magacaygii meesha kama muuqdo! Anigoo rumaysan la' ayaan warqaddii fiiro ku celiyey. Shirwac iyo wiilkii kale iyaga magacyadoodu warqadda waa ku qoran yihiin. Yaab iyo amakaag ayaa Alle ii keenay. Anigoo anfariirsan oo saanta qaadi la' ayaan meeshii ka dhaqaaqay. Anigoo wareersan oo madaxu i dakaamayo, ayaan kaabad wasaaradda horteeda ah dhankeeda u dhaqaaqay oo aan yare fariistay.

Dhallinyaro aan xigaalo ahayn, wasaaraddana ka shaqeysa oo iyaguna la yaabban waxa magacaygii meesha looga la'yahay ayaa ii yimid. Waxay i weyddiiyeen bal inaan dhacdadaa wax xog ah ka hayo. Inaanan waxba ka ogeyn ayaan u sheegay. Duhurkii intaan masjidkii Arbaca-rukun ku tukadey ayaan xaafaddii isaga wirwiray. Ashkir oo ahaa wiilkii guriga lahaa, ilma adeerna aannu ahayn ayaa isna arrintii soo maqlay.

Warkii ayaa magaaladii la isla dhex-xulay. Inkastoo aan u kaadsan la'aa inaan ogaado sida wax u dheceen, haddana waxaan isku dajinayey, '*War jiraaba Cakaaruu iman!*' Arrinka runtiisu inay iska iman doonto oo aanan waxba degdegin ayaan isugu caqli celiyey.

Goor aan u maleynayo inay ahayd maalintii xigtey ayaan kulannay nin ka mid ahaa raggii magacyadayada wasaaradda geeyey. Isagoo, malaha islahaa, "*Yaan lagugu tuhmin inaadan magacii gudbin,*" ayuu ii caddeeyey inuu magacaygu ku jirey dadkii la geeyey. Biyo-kama-dhibcaan ayey noqotay inaan kooxdaa ku jirey, waxaase meel la saari waayey waxa keenay inuu magacaygii soo bixi waayo.

Waxaa wasaaradda agaasime guud ka ahaa Geeldoon oo ay Diiriye saaxiibbo ahaayeen, horena aan u soo xusay inaan mar ugu tegey inuu jaamacaddii Lafoole oo la iga eryey uu igala hadlo guddoomiyihii Jaamacadda Ummadda oo ay is yaqaanneen, walow aanay waxba iiga suurtoobin. didmaa i gashay iyo inay suurtagal tahay in shaqadaa si ula-kac ah la iiga reebay oo Diiriye iyo Geeldoon iska kaashadeen.

Ma jirin cid tuhunsaneyd arrinkaa aan maleeyey oo dadku meelo kale ayey u saarinayeen. *"Tolow, haddiiba ay caddaato ma jirtey cid Diiriye iyo saaxiibkii ku qabsan kartey arrinkaa?"* ayaan is weyddiiyey. Jawaabtu waa ii caddeyd oo waa `maya', waayo horaa loo yiri: *Gardarrada maroodigu waa gar!*

Waxay ahaayeen labo nin oo laga haybeysto oo canaan daaye aan hadal lagu soo celin. Madax sare oo midkoodna agaasime guud yahay, kan kalena sarkaal ciidammada ah yahay ayey ahaayeen. Xoolo iyo maamuus ayey ku heleen darajadii ay dawladda u hayeen. Arinkaasi labadooda kuma ahayne, xoolaha dawladdu waxay ahaayeen kuwo aan la kala xigin oo qof walba halka uu ka soo gaaro uu majarafadda darsanayey.

Dhawr beri kolkii ay ka soo wareegtey, arrinkiina uu kala caddaan la' yahay ayaan goostay inaan u tago Guhaad oo ay Geeldoon walaalo ahaayeen. Waxaan is iri, *"Bal sida ay wax u dheceen walaalki ha weyddiiyo."*

Goor ay barqadii tahay ayaan Guhaad kula kulmay huteelkii Curuba oo dhinaca ku hayey xaruntii Wasaaradda Lacagta. Fagaag weyn oo huteelku lahaa ayaan xoogaa wada istaagney. Waxaan uga warramay sida xaal u dhacay iyo inaan ka doonayo bal inuu Geeldoon iiga ergeeyo oo uu arrinkaa ii soo weyddiiyo.

Guhaad oo ay ka muuqato inuu arrinka ka maaganayo, iskana dhigaya nin aan war iyo wacaalo u hayn ayaa isagoo jeesjeesanaya oo jihanaya yiri, *"Bal waayahay, waan fiirin doonaa ee aniga iga wardhawr."* Xaalkii wuxuu hadba meel joogaba, waxay iila badatay in Geeldoon magacayga si kas ah u reebay, maaddaama la xaqiijiyey in dadkii loo geeyey aan ku jirey.

Arkay in arrintii ay gun iyo baar bixisay oo dagaal dhab ah ay igula jiraan reer Warsame iyo xulufadoodu. Waxay go'aansadeen in cadaadis dhan walba ah la i saaro si la iigu qasbo inaan u hogaansamo waxay doonayeen oo ahaa inaan gabadha furo. Waxay is tuseen, haddiiba ay ii suurtagasho inaan shaqo helo, waxa xiga ee aan ku fekeraa ay noqonayso sidii aan gabadha ku heli lahaa.

Xiriirka aniga iyo gabadha naga dhexeeya inuu yahay mid adag ayey ogaadeen, sidaa darteedna laga yaabo mar haddii aan noloshii ka adkaan karo inaan si hoose farriin ugu diro, kaddibna ay ka soo fakato reerka.

Wax cid walbaa garan karto ayey aheyd ruux noloshii la rafanaya inaanu reer iyo ka fakarkii tabar u hayn. *Laabi labo u la'!* Fursaddani inay ahayd tii iigu dhaweyd ee aan shaqo ku heli lahaa ayaan rumeysnaa. Way adkayd waqtigaa qaab kale oo shaqo lagu heli karey.

Xoog iyo xeel toona maanan hayn oo aan nimankaa isu kay gaashaan-buuraystey aan isaga celiyo. Umalka iyo carada i hayey cid aan u sheegto oo aan gacan ka filayey ma jirin. Waxaa igu rumoobay murtidii Soomaaliyeed ee laheyd: *Ma ciil sokeeyaad qabtaa, mise ciddi hoosteed ayaa lagaa soo baxay!*

Maalin baan nin dhallinyaro ah oo ku noolaa guriga

7. MISKIIN IYO MURAAD XAMAR

Guhaad oo ahaa ninkii la dhashay Geeldoon ee aan ergada ugu tegey ku kulannay huteelkii Shabeelle. Wiil aan is naqaanney ayuu, wuxuuna ii sheegay inuu baryahanba i baadigoobayey. Intaan isku raacnay qaybta kore ee huteelka, labo bakeeri oo banbeelmo la miirey ahna u yeerannay ayaan meel gaar ah fariisannay.

Wiilkii wuxuu ii bilaabay sheekadan: *"Ninyahow waan ka xumahay dhibka ku gaarey, wax kale oo dhallinyaradayadu aan kugu caawin karno ma jirto oo aan ka ahayn inaan ku tusno inaan dhibkaa kula qaybsaneyno. Waxaan maqlay arrin laga yaabo inaad adiguna og tahay. Si xan ah ayaan ku maqlay inuu jiro nin la damacsanaa in Ilwaad la siiyo, welibana laga wada hadlay, arrintiisuna ay gabagabo ku dhaweyd oo aad adigu soo dhexgashay. Ninkaasi waa Geeldoon, waxaana arrintaa wadey walaalkii Guhaad-waa ninka uu gurigiisa joogee-iyo Diiriye, Warsamena waa ku waafaqay. Waxaa la rabey in gabadha aabbeheed loo yeero oo markaa iyada lala hadlo, lana meheriyo"*

Waa yaab! *Hashu maankayga gaddaye ma masaar bay liqday?* Arrintii ayaan dib u jalleecay! Illeyn ninka aan jaamacadda ku celinteedii aan hiilka ugu doontay, hungurina iga qabtay inaan gurigiisa ku noolaado, welibana magacayga loo geeyey si uu iiga shaqaaleeyo wasaaraddii uu agaasimaha ka ahaa waa nin loollan colaadeed naga dhexeeyo.

Hal mar ayaa waxaa qalbigayga ku soo dhacay hadal ay maalin Ilwaad i tiri oo ahaa inuu dhawr jeer Guhaad ku yiri, *"War gabadhan ma dumaashiday baa? Sidee tahay dumaashi"* iyo hadallo la mid ah. Waxay ii sheegtay in isaga iyo Diiriye ay beryahan nuxnux ka dareentay, laakiin aanay garaneyn waxa ay ka wada hadlaan.

Arrintii wiilku ii sheegay waxay igu kordhisey welwel iyo inaan sii fogaado. Colaad hor leh baa igu abuurantay.

Dareemay inay isu kay baheysteen oo isugu kay tageen raggii, sida aan jifo u nahay, majaraha noo hayey; maal iyo madaxtinnimaba. Guhaad isaga laftigiisu sargaal sare oo milateriga ah ayuu ahaa. Maannaan ahayn dad isu dhigma oo isku miisaan ah, dagaalkooduna isu dheellitirmi karey.

Nin geed u buuxo ayaa talo u go'daaye, ma jirin cid ku dhici kartey inay tiraahdo, "*War maxaad wiilka yar sidaa ugu galeysaan?*" Dhallinyaro xaalkoodu aashuun-ku-addin ahaa ayaa arrintaa ka dhiidhiyey, hadalkoodase eed uun baa ka raaci jirtey.

Cadowgaaga oo aad ogaataa waa wax dhan, balse aniga waxba iima tareyn, aan ka ahayn ciil iyo caloolyow. Cadow waxaa kuugu daran mid kaa xoog badan oo aan kuu tureyn, haddana tabtaada iyo tabartaada og. Waxba nooma kala qarsoona oo dad xigto ah baan nahay. *Ilma adeer waxba uma kala qarsana.*

Sida i soo gaartey oo aanan xaqiiq u hayn, waxaa la bilaabay in inta dhallinyaro la soo diro la yiraahdo: "*Bal soo eega xaalkiisa iyo inuu isla hadlay!*" Waxa kale oo la isku deyi jirey bal in la eego cidda aan ku tiirsanahay. Waxaa la goostay in albaab kasta la iga soo xiro, kaddibna maalin cad aan is dhiibo.

Calool-adayg ayaan weheshadey iyo inaan madaxa ciidda ka ceshado. Shaatigayga ayaa ii caddaa, xoogaa haddii aan helana waxaan aadi jiray huudheyda, illeyn carwooyinkii Xamarweyne iyo kuwii Shaqaalaha beesadaydu ma gaadhee. Inaan la iga dareemin inaan laallaado oo aan diif iyo darxumo la igu arag baan goostay. Arrad waa dan, uskagse waa doqonnimo.

Xaalkaa adag ayaan galay; shaqo la'aan, waxbarasho la'aan.

7. MISKIIN IYO MURAAD XAMAR

Wax kasta oo nin dhallinyaro ah u daran ayaa igu kulmay. Waxaan ku roonaa, arrinkaa shaqo iyo waxbarasho la'aanta ahi keligey maahayne, waxay ahayd masiibo baahsan oo waddankoo dhan haysatey. Waxa aniga ii dheeraa uun in la isugu kay daray in aniga iyo gacalisadaydii nala kala teeday, col iyo dagaalna la iigu daray.

Xog kama helin Ilwaad muddadaa aan ku luufluufay ee aan ku rafaadsanaa Xamar, xiriirna iskumaba deyin, maxaa yeelay waan ogaa sida ay u adag tahay oo aanan u gaarsiin karin dhanbaal iyo farriin toona. Sidii aan miyiga isugu aragnayba, waardiye ayaa la saaray. Waa sidaan filayaye, markii xog lagu helay inaan kulannay ayaa xariggii lagu sii giijiyey oo hanjabaad iyo guulguul hor leh lagu bilaabay. Waa ilmadow aan waxba iska celin karine, markii loo caga-jugleeyaba oohin ayey maciinsataa.

Maanan quusan oo ismaanan dhigane, shaqo iyo waxbarashaba wixii i soo mara inaanay i dhaafin ayaan goostay. Si aan warka ku helayba, waxaa i soo gaartey in machadkii Sidam uu arday cusub qaadanayo, taariikh heblona imtixaan la geli doono. Luqadda wax lagu bartaa, imtixaankana lagu gelayaa waa Ingiriis. Iskumaannan wanaagsanayn luqaddaa oo iskuulkana wax sidaa ah kuma soo qaadan, xoolo aan iskuulladii gaarka ahaa ku galana maanan haysan.

Anigoo rajada aan qabaa aanay buurneyn ayaan imtixaankii galay. Muddo kaddib ayaa natiijadii la soo dhajiyey. Machadkii ayaan isa sii taagey, magacaygana ka eegay looxyo waaweyn oo lagu soo dhejiyey magacyadii ardayda; mid gudbay iyo mid dhacayba. Waran aad filanaysey naxdin ma lehee, sidaan oddorosayeyba imtixaankii kuma guulaysan.

Shinbirba shinbirkiisuu la duulaaye, sidaan hore u xusay

dhallinta aynigayga aheyd midkayaga ugu rooni waa midka jaamacad dhigta, inta shaqaysaana waa faro-ku-tiris, weliba shaqada ay hayaani ay tahay mid hoose. Raggaygu maanay gaarin xilli ay isgacan qabtaan; dhaqaale ahaan iyo da' ahaanba.

Hiraabe oo aan is naqaanney wuxuu ahaa arday, wuxuuna ka shaqeyn jirey wakaaladdii Xoogga Korontada. Dhallinyaradii ka dhiidhidey dhibkii la igu hayey ayuu ka mid ahaa. Maalin ayuu ii soo jeediyey inaan u tago Abtidoon oo aan isku reerna ahayn, wakaaladdana meel fiican ka joogey. Kama labalabayne halhaleel ayaan u ajiibey. Inay adag tahay in qof aan korontada waxba uga bilownayn uu shaqo ka helo wakaaladda ayaan is tusnay. Sidaa darteed, inaan koorso korontada ah soo qaato ayaan isla garannay.

Iskuul korontoda lagu barto oo ku yaalley jidkii Soddonka ayaan isku soo qoray. Waxaan la raftaba, koorso muddo gaaban socotey ayaan soo dhammeeyey.

Koorsadii markii aan ebyey ayaan, anigoo kalsooni weyni igu jirto subax u kallahay wakaaladdii Xoogga Korontada. Abtidoon waan is naqaannay, laakiin wuxuu ahaa nin reer Banaadir iska noqday oo aan xiriir badan reerka la lahayn. Markii aan galay dhismihii wakaaladda ayaan qoladii soodhaweynta joogtey u sheegay inaan Abtidoon rabo. Cabbaar inaan sugo ayaa la iga codsaday.

In door ah markii aan sugayey ayuu ii soo baxay. Si wanaagsan ayuu ii soo dhaweeyey, kaddibna xafiiskiisii ayaan isku raacnay. Xoogaa ayuu iga wareystay arrintaydii oo uu ii sheegay inay soo gaartey. Inaanu arrinkaa ku raacsanayn reer Warsame oo uu aad ugu diiddan yahay ayuu ii caddeeyey. Waxa kale oo uu ii sheegay in waxa la igu eryanayo ay tahay inaan ahay wiil yar oo aan waxba haysan.

7. MISKIIN IYO MURAAD XAMAR

Markii aan arrinkaygii xoogaa iska waraysannay ayaan u gudagalay dantaydii iyo waxa aan ugu imid. Waxaan u sheegay inaan koorso korontada ah soo qaatay oo aan ka rabo inuu shaqo wakaaladda iiga raadiyo. Runtii, fikraddayda aad ayuu u soo dhaweeyey, laakiin wuxuu ii muujiyey saluug weyn oo uu ka qabo inuu ka dhaadhiciyo agaasimihii wakaaladda. Si kastaba ha ahaatee, wuxuu ii sheegay inuu arrinkaa isku deyi doono oo aan mar kale u soo noqdo.

Muddadii uu Abtidoon ii qabtay markii la gaarey ayaan dib ugu noqday bal si aan u ogaado halka xaal marayo. Sidii aan filayey ee aan hadalkiisii hore ka qaatayba, uma suurtoobin inuu u tago agaasimihii wakaaladda. Gadaal ayaan ka ogaaday in xoogaa xurguf ahi ka dhaxaysey isaga iyo agaasimaha. Subaxdaa wuxuu ii sheegay inuu rabo inuu la kaalmaysto qolo kale oo ka mid ah madaxdii wakaaladda. Mar kale ayuu haddana subaxdaa i ballamiyey.

Sidii oo kale, ayaan haddana maalintii noo muddaysneyd ku noqday Abtidoon. Salaan ka dib, wuxuu ii sheegay in marka aan dhammaysanno biyo aan markaa cabbeyney aan u tegi doonno haweeney ka mid ahayd masuuliyiinta wakaaladda. Waxay ahayd wakiilkii Xisbiga ee wakaaladda. Intii aan dhex sii soconnay ayuu Abtidoon wuxuu i dareensiiyey inaanu rajo badan gabadha laftigeeda ka qabin. In ninkaasi yahay nin aan waxba laga dhaadhicin karin ayuu ii sheegay.

Gartey inay qancin uun ka tahay sababta uu gabadha iigu wadee, aanay waxba faro ugu jirin. Gabadhii u galnay isna bariidinnay. Waxay ahayd haweeney da' dhexaad ah oo ay ladnaan iyo quruxi ka muuqato. Xafiis aad u qurxoon oo si wanaagsan u sharraxan ayey fadhidey. Kursi, malaha waqtigaa waddanka ku cusbaa oo ah kuwa warwareega ayey ku fadhiday oo isku ruxaysey. Si wanaagsan oo furfuran ayey noo soo dhaweysey. Kuraas ka soo horjeedkeeda yaallay ayey noo tilmaantay inaan ku fariisanno.

Kolkii aan salka dhignay ayuu Abtidoon gabadhii u sharraxay arrinkaygii, una sheegay inaan ahay wiilkii uu u sheegayey. Gabadhii oo u muuqata inay arrinka ka dheregsan tahay ayaa hadalkii qaadatay.

"Eeddo, waan jeclahay inaan ku caawiyo, laakiin sida Abtidoon kuu sheegayba, ninka meesha haystaa waa nin runtii aan oran karo ma ahan nin furfuran oo u roon shaqaalihiisa. Ciddii uu doono ayuu keenaa, ciddii uu doonana wuu eryaa. Marka naga raalli ahow, waan ka xun nahay inaan wixii aad naga codsatay kuu qaban weyno".

Sida xog la igu siiyey, agaasimihii Wakaaladda Xoogga Korontada wuxuu ka mid ahaa mucaaradkii dawladda ee weliba u galay Itoobiya. Xubnihii ugu firfircoonaa ee jabhaddii la oran jirey Kulmis, kaddibna la baxday SSDF ayuu ka mid ahaa. Markii ay siddeetanaadkii isku dheceen jabhadda iyo dawladdii Itoobiya, raggii waddanka dib ugu soo noqday ayuu ku jirey. Waxaa madax looga dhigay Wakaaladda Xoogga Korontada.

Anigoo cagajiid ah oo niyadjabsan ayaan ka luuday. Hiraabe oo ahaa wiilkii igula taliyey inaan wakaaladda u shaqo doonto xaalka wuu la socday, laakiin waxba kamaanu beddeli karin. Wixii uu ii tari karayey ii samee, wax aanu awoodinna ugumaanan caraysnayn. *Wax la waayey Geellow ninkii waalan baw duda!*

Tolow maxaa xiga oo aad sameysaa illeyn fadhi dhimaye! Meel la fadhiyo oo la fariisto maanan joogin. Albaab kasta oo aan is leeyahay, *"Waxaa la arkaa inuu kuu furmo,"* inaan garaaco baan goostay. Inkastoo lagu halqabsado; *Muraad Xamar muraayad baa kaa xigta*, haddana inaan madax-madax isugu tuuro halkii rajo iiga bidhaantaba ayaan go'aansaday. Naf-la-caari iyo *neef gawracani geedo kama waabto* ayaa xaalkaygu ahaa!

Waxaan khilaaweeyo oo aan naftayda la sheekaystaba, inaan ku kiciyo Guuleed oo ahaa nin maalqabeen ah, isku reerna aan ahayn ayaa ii soo baxday. Aqoon iimaanu lahayn, laakiin haddii aan isku sheego waxaan ogaa inuu i garan doono. Wuxuu xafiis ku lahaa Gurigii Hooyooyinka ee ka-soo-horjeedka Tiyaatarka.

Waxaan qorsheeyey sidii aan u arki lahaa iyo wixii aan ula tegi lahaa. Waan aaminsanaa inay adag tahay la-kulankiisu, lama huraanna ay tahay inaan subax badan ku jarmaado oo aan isaga dabanoqdo. Xog baan ku helay inay xiriir fiican leeyihiin mid ka mid ah wiilashii Maxammed Siyaad, sidaa darteedna laga yaabo inuu wax badan ii qaban karo.

"Bal horta waa iyada baryahan deeqaha waxbarasho aad loo daldalanayee, weyddiiso inuu deeq waxbarasho kuu raadiyo. Haddii uu arrinkaa ka cudurdaartana, illeyn waa nin taajir ahe, deyn weyddiiso aad muddo gaaban ugu soo celiso," ayaan ku sheekeystay. Intaan shahaadadaydii dugsiga sare hore u sii qaatay ayaan maalin ALLAAH xaalkayga og yahay oo duruuf iyo busaaradi si daran ii hayaan, ku kallahay xafiiskii Guuleed.

Waxaan sii hawaawiro, maankaygana ay ka guuxayso hawo adduun, markaan dhab u falanqeeyana sansaan dhaan dabangaalle ay iila egtahay, ayaan dhismihii weynaa ee Guriga Hooyooyinka isa sii taagey. Dhankii xafiiskii Guuleed ayaan jaranjarada u sii raacey. Qolkii soodhaweynta oo ay fadhido inan aad mooddo, sida ay u labbisan tahay qolada dharka xayeysiisa, oo runtii, been Allaa caaayaye qurux ALLAAH ku mannaystay ayaan gaarey. Waa caado baryihii dambe jirtey iyo in gabarba gabadhay ka qurux badan tahay soodhaweynta la fariisiyo. Gabadhii ayaan dantayda u sheegtay iyo inaan odayga rabo. Ilaah baa qalbigeedii ii soo jeediyey. Isla markiiba inta istaagtey ayey inta u gashay u sheegtay, waxba iyadoon ka soo wareeginna inaan sugo ayey ii soo celisey. Anigoo hoosta gabadhii uga ducaynaya ayaa la ii yeeray. Isagoo fadhiya qolka uu dadka ku qaabilo oo nin iyo haweeney la fadhiyaan ayaan u galay. Waa igu cusbayd xafiisyo-geliddu, waxaanan dareemayey baqdin. Kaba sii darane, cabsi ayey ii sii siyaadiyeen qoladii kale ee la fadhidey oo xoogaa wejigabax ayey igu abuurtay. Wax kasta fursadda aan helay ayaa iiga weyneyd oo waan ku qasbanaa inaanan arrimahaa dheg u dhigin.

Salaan ka dib, waraysi ayuu Guuleed iigu dhaqaaqay iyo ninkaan ahay, aniguna si wanaagsan oo hufan ayaan isugu sheegay. I garey illeyn dad qaraabo ah ayaan ahayne. Kaddib, wuxuu i weyddiiyey danta aan ugu imid. Anigoo si u farka-naxsan ayaan iri,

"*Muddo hore ayaan dugsi sare dhammeeyey, haddana waxaan rabaa inaan waxbarashadayda sii wato. Waa ii suurtageli weydey inaan halkan jaamacad ka helo. Waxaan ayaamahan ku mashquulsanaa sidii aan deeq waxbarasho u heli lahaa. Arrintaasi waa igu adkaatay, waayo qof aan garab haysani waxba u suurtageli maayan. Marka, waxaan kaa codsanayaa, adeerow, inaad arrintaa iga caawiso.*"

Hadal muhimaddiisu intaa tahay ayaan Guuleed u gudbiyey. Hadalkaygii u muusoo, walow uu xoogaa saluug ka muujiyey sababta aan halkan jaamacad uga raadsan waayey. Xoogaa markii aan ku celceliyey hadalkii, oo aan dareemay inuu arrinka ka yara biyadiidey, ayaan is iri, "*Bal arrinkii kalena ku day."* "Haddii, adeer, arrinkaasi kugu adag yahay waxaan kaa codsanayaa inaad lacag deyn ah i siisid oo aad muddo gaaban ii qabato. *Lacagtaas waxaan rabaa inaan ganacsi ku bilaabo."*

Malaha waxaa ii dhaantey inaan taydii hore ku adkaysto. Wejigiisa ayaan ka akhristay inuu dayn-weyddiisigii aad uga diday. Jawaab waafi ah ima siin. Intuu kuurkuursaday oo jeesjeestay ayuu hadal aan is leeyahay meel dheer kama soo go'in igu yiri, *"Bal waa yahaye mar kale isku kaaya keen."*

Soortaad cuni doonto sansaankeeda ayaad taqaane, hunguri weyni ballantaa igama galin. *'Bal isku kaaya keen'* waxay ahayd oraah la isaga diro mid aan waxba lala rabin, ama la isaga dhaqaajiyo mid hagaagi waayey.

Ma quusane, inaan Guuleed la dhammeeyo oo aan meel la yaqaan uga soo haro ayaan goostay. Dhawr maalmood markii aan moogaa ayaan xafiiskii dib ugu noqday. Sidii oo kale, ayaan gabadhii u sheegay inaan Guuleed ballansan nahay. Xaalku sidii hore maahan, gabadhuna dareentay inaan meesha la iga rabin. Waxay ii soo celisey inuu mashquul yahay oo aan mar kale u soo noqdo. Maalintaa ku guuldarraystay inaan la kulmo. Maalintii xigtey ayaan soo noqday. Xaalku kaba sii dar.

Markii aan arkay inaanay suurtagal ahayn inay gabadhu i sii dayso, ayaan goostay inaan taleefonkiisa raadiyo oo aan la hadlo. Darawalkiisii oo aan aqoon isu lahayn, isku haybna aan ahayn ayaan weyddiistey inuu taleefonkiisa i siiyo. Baqdin uu ka qabo darteed ayuu ka cudurdaartay. Waxaan ku celceliyaba, wuxuu markii dambe i siiyey taleefonkii isagoo iga codsaday inaanan sheegin, aniguna waan u ballanqaaday. Haddii uu i weyddiiyo cidda taleefonka i siisay, inaan oran doono, *"Xoghayntaada oo lanbarka garaacaysa ayaan ka qishay,"* ayaan ku qanciyey.

Waxaa la ii sheegay inay ugu roon tahay inaan waco xilliyada gelinka dambe oo uu joogo guri labo dabaq ah oo u dhawaa Garoonka Diyaaradaha oo ay isaga iyo asxaabtiisu ku qayilaan. Wuxuu ahaa guri loogu talagalay in lagu qayilo uun! Xaafadda aan joogo taleefon ma lahayn, sidaa darteed ayaa wiil saaxiibkay ah i geeyey reer ay daris ahaayeen oo taleefon ugu jirey.

Lanbarkii garaacay, dabadeedna Guuleed iga qabey. Hadal dabacsan oo qof dan leh ku habboon ayaan isugu sheegay. War kale intaan sugayey ayaan ku naxay codkii taleefonka oo go'ay. Taleefonkii ayuu igu dhigay. Naxdintii ayaan taleefonkii dhegta ka qaadi waayey. Saaxiibkay markii uu xaalkayga arkay ayuu inta taleefonkii iga qaaday isa saaray.

Guuleed i tus waxaan ku haro, laakiin nin nafi waddo ayaan ahaaye intaa kuma quusan. Qof baahani gob maahan, waxayna naftu kugu jirrabaysaa inaad samayso waxaan kugu habboonayn. In gaajo wax xil leh tahay waxaa kuugu daliil ah, in ALLAAH u fasaxay qofka baahan inuu bakhtiga cuno.

Indha-adaygayga, subaxdii dambe ayaan xafiiskii isa sii taagey. Maxaa wejikaduud iyo rabitaan la'aan meesha ka muuqda! Dan kama galine, waxaan goostay inaan gaado markuu xafiiska ka soo baxo. Isagoo ay weheliyaan niman Kuuriyaan la iigu sheegay oo, malaha, hawlo ganacsi ka dhexeeyeen ayuu soo baxay. Waxba ma sugine, intaan istusay ayaan inaan sugayo dareensiiyey.

Wax kale intaan ka dhawrayey ayuu inta indhaha igu gubay yiri, *"Waryaa, yaa ku yiri soo wac taleefonkayga?"* Intaan naxay oo hadalkii igu dhegey, igana kala firdhay ayaan, anigoo indhaha caddaynaya, sidii qof shigshiga iri, *"Adeer taleefonka in layska soo waco ayaa loogu talagalaye...."* Intaanan hadalkii dhammeyn ayuu igula soo boodey canaan iyo hadal iga argaggixiyey.

Qof baahani dulqaad badanaa! Inta waxaasi dhacayaan waxaan ka sii degaynaa jaranjarada. Markaan naftaydii u baqay iyo inuu ii gacanqaado ayaan dib uga joogsadey. Naftu waa malabe, gadaal ayaan uga hakaday. Hal mar ayaa dawan igu yeeray oo jihadu iga luntay! Jaranjaradii oo aanan weli ka dhammaan ayaan dhowr jeer jaanta la waayey oo ku turunturrooday, dhidid waaweynina *'shax'* iga soo yiri.

Hal tallaabo markaan qaadaba, waxaa maskaxdayda iyo qalbiga hal mar ku soo butaaca farriimo digniin ah oo si daran laabtayda u garaaca! Waxaa dhegahayga ka sii yeerayey oo ay *'jawda'* la hayeen qayladii iyo wax la'aantii isugu kay darmay. Nin bayr yeeshay oo iska didsan ayaan ahaaye, waxaa haatuf igu soo tuuray su'aasha ah, *'Ma kuwii ayaa kuu dabamaray!'* Qoladii- Diiriye iyo saaxiibadi- inta arrinka ogaadeen inay igu direen ayaa igu soo dhacday.

Lama yaabin inay dhici karto, waayo reer ahaanna waan u sinnayn, teeda kalena agtiisa iyagaa xushmad iyo tixgelin ka lahaa. Guuleed gaarigiisii oo dibadda heegan ugu ahaa ayuu ku dhacay, anigoo indhaha ka mirigmirig siinayana iga dhaqaaqay.

Darawalkii gaariga oo goobjoog u ahaa wixii igu dhacayey, ayaa inta isoo jalleecay gaarigii dhaqaajiyey, isagoo aad moodda inuu i leeyahay, *"Waan arkaa waxa kugu dhacay, waxbase kuuma tari karo."*

Wixii dad agagaarka ka dhawaa oo qayladiisa maqlayey ayaa inta is tubay, marna aniga i eega, marna Guuleed oo gaarigiisa sii galaya isha la sii raaca. Yaxyax iyo qajilaad, anigoo tuubaxlaynaya oo jabkayga qarsanaya ayaan dhankaa Barxadda Yaasiin u dabayshaday. Anigoo qalbijabkaa qaba ayaan xafiiskii Guuleed ka wirwiray.

Xaafaddii ina adeerkay ee aan ku noolaa, kuna taalley agagaarka suuqii Arjantiin ee degmada Kaaraan ayaan bas u sii raacay anigoo niyadjab ka qaadey kulankii aniga iyo Guuleed. *"Tolow xaggee xigta ee aad isku qaaddaa,"* ayaan ku tallamayey intii aan sii socdey.

Nin Alle leh looma dardaar-weriyee, naf iyo shaydaan waxay iigu sheekaynayeen in iridihii oo dhan ay iga soo xirmeen oo aanu ii harin hebel dambe oo aan hiil iyo hoo u doontaa. Nin ahlu-salaad ah oo ALLAAH ku xiran ayaan ahaaye, intaan cawdu-billaysto ayaan nafta u sheegaa inaan baryo aadane ka bixi doono oo maruun ay xoolahaygu digajebin doonaan.

Si kastaba ha ahaatee, nin aan tabartiisa la socon maanan ahayn. Waan ogaa inaan ahay labaatan jir cid u xilqabtaa aanay jirin. Waxyaabaha insaanku isku xiriiriyaan ee xoolo, da', aqoon iyo darajo ah midna maanan lahayn. Wax la ii xeeriyaa ma jirin. Sidaan sheegayba, markii ay noqoto aniga iyo qoladaan is haynaa, xaalku wuxuu ahaa: *Miskiin ayaa misko la rarto leh.*

Marmar ayaad is leedhahay waxaa dhab ah maahmaahdii laheyd: *Nin aan shantaadu kaa celin, sharci kaama celiyo!* In badan oo dadka ah waxay ku joogsadaan ma ahan Alle-ka-cabsi iyo xaqdhawr toona. Qofkii la tun-jilicsado oo ishiisa laga arko, inta badan looma naxo oo madaxaa looga istaagaa.

Dantu seeto weeyee, hadda igu yaraaday orodkii iyo hebel-u-taggii. Iyadoon cidina meel fariiso i oran ayaan salka dhulka ku dhuftay. In maruun dulmigani ku wareegi doono reer Warsame iyo qolooyinkii ay gaashaanbuurta ahaayeen ayaan isku qancin jirey. Sida ay u dhaqmayeen uma muuqan inay aaminsanaayeen inay maruun ka daba-imaan doonto.

Maahsanaantaasi keligood kuma ahayn ee xaalkii Soomaaliya yaalley wuxuu ahaa mid intiisa badan ka dharla' diin iyo dhaqan toona. Waxaa goob walba laga dareemayey dulmiga iyo dunuubta ay dadku falayeen. Tolow nimcadan ma lagu waari doonaa?

Intii aan ku mashquulsanaa bal inaan meel madaxa la helo, wax war iyo wacaale ah kama helin Ilwaad, rajo sidaa ahna kamaanan qabin inaan akhbaar ka helo. Waxaa saarnaa waardiye har iyo habeen ah. Marmar ayaa jadhaa-balafi iga soo gaari jirtey iyo in xaalkeedu meel adag marayo. Go'doomintii iyo cadaadiskii ayaa loo sii labajibbaaray.

Waxay noqotay qof ku dhex nool bulsho aan arxan u galayn, kii la kulmaana uu ugu yaraan dhaleeco dusha ka saarayo iyo inay ehelkeed oo idil ka dooratay wiil yar oo aan wax dan ah u hayn. Maxaan miskiinta u qaban karaa? Warkii iga soo gaaraaba welwel iyo calool xumo ayuun buu ii kordhiyaa!

8. DHAMBAALKII DHIILLADA

ANIGOON WELI ka soo kaban niyadjabkii iga raacay kulankii Guuleed, ayaa waxaa la igu wargeliyey in soddoggay uu Muqdisho ku sugan yahay. Dareen didmo ah ayaa i galay, waxaanan is weyddiiyey waxa soddoggay la socdo.

Maaddaama aanay nabad iyo heshiis naga dhaxeyn, inaanu wax khayr ii ah la socon baan u badinayey. Nuxnux iyo hadallo aan jid iyo jiho lahayn oo ku saabsan waxa soddogay u yimid ayaa igu soo duulduulay. Qaar sheegaya inuu u yimid danihiisa gaarka ah. Qaar kale oo oranaya inuu u yimid arrintii gabadha. Kuwo si kale ka dhigaya iyo in socodkiisu ahaa inuu dacwo iyo dagaal Xamar ka bilaabo. Si kastaba ha ahaatee, run ku sug ayaan xaalkii ku xiray.

Wax dhegtu ii taagnaataba, maalin ayaa farriini ii timid. In soddoggay ii baahan yahay oo uu rabo inuu i arko ayaa la i soo gaarsiiyey. Wuxuu igu ballamiyey hotel Mubaarak oo carwadii Itko dhinaceeda ahaa.

Inkastoo laba-caloolyow iyo welwel igu dhacay, xaalkana

aanan qiyaasi karin, haddana waan ogaa in ajiibid mooyee aan diidmo jirin. Asxaabtaydii oo Kulmiye, Bootaan iyo Bullaale ugu horreeyaan ayaan arrinkii ku taabtay. Inaan u tago, waxa uu la socdana aan ka dhegaysto ayaan isla aragnay. Haddii dantiisu furitaan tahay inaan laga yeelin, haddii uu wax kale la socdana la isla eego.

Rag talo kama dhammaatee, waxaa la is tusay in, bal inta dagaalka la iga joojiyo sasabaad la igu dayo. La isla qir in fududaysigaygii uu wax badan dhaafiyey. Rag lama quursadee, in la ii yimaado oo la i soo dhaweeyo ayey talo ku gaareen. Waxa kale oo ay raggii gaashaanbuurta ahaa is tuseen in ballanqaadyo la ii sameeyo oo, xataa haddii ay suurtoobi karto dalqadaha la iga gado. *Wax isma yeeleene rag yaa u kala warrama!*

Waxaa la isla gartay in cidda ay xoogaa caaqibo ahi naga dhaxayso, lagana yaabo inaan wax ka maqlo ay tahay Ilwaad aabbeheed. Taas ayaa keentay in isaga la ii soo diro.

Goor galabgaab ah ayaan ka carraabay Baar Sanca oo aan agagaarkiisa degganaa. Baar Ubax ayaan isa sii taagey, Maqribkii oo soo galayna masjid aan aagga ka dheerayn ku tukadey. Salaaddii kaddib, ayaan goobtii ballanta ugu tegey soddoggay oo i sugaya. Salaan wejigabax iyo xishood ku dheehan yihiin ayaan iska qaadnay.

Makhaayad yar oo dhinaca ku haysey Carwo Itko ayaan fariisannay. Shaah inta awoowgey noogu yeeray ayuu bilaabay is waraysi guud. Intaa kaddib, dantiisii ayuu u soo degey. Hadal dheer oo arar iyo wax-u-sheeg isugu jira ayuu hormariyey.

"Awoowe, Samatar, waxaad la socotaa arrinkii ina dhexmaray. Waxaan ogahay inaad tahay nin aan arrini dhaafin oo caqli iyo dadnimo leh. Waxa kale oo aan ogahay inaad ka

8. DHAMBAALKII DHIILLADA

dheregsan tahay gabadhaasi inay tahay walaashaa oo aanay kaa mudnayn xumayn iyo inaad meermeeriso. Waxaan kaa codsanayaa inaad maanta duco iga qaadato oo aad gabadhaa walaashaa ah iska sii deyso. Waxaan kuu ballan qaadayaa wax alla wixii aad iga codsato inaan kuu yeelo. Waxaad doontid sheego." Hadal biyadhiciisa dulucdiisu sidaa ahaa oo aad iigu daran, ina damqay, ayuu soddoggay maray.

Jawaabtaydu way ii caddeyd, laakiin waxaa is weyddiin lahayd sida aan u gudbin lahaa. Maanka anigoo ku haya in jawaabta aan soo wadaa ay sun iyo waabaayo soddogey u tahay, ayaan haddana ku dedaalayey inaan naashnaasho oo aan ka ilaaliyo hadal xanaf leh. Anigoo malaha rajo ka qaba in ALLAAH qalbigiisa ii soo jeediyo oo waxuun naxariis ah geliyo, ayaan goostay inaan hadal dabacsan oo urursan ugu jawaabo.

Mahadnaq iyo hadal aan ku muujinayo inaanan moogeyn waxa aan isu nahay iyo ehelnimadayada ayaan ku bilaabay. Siduu isaguba yeelay, hadalba midka uu ka wanaagsan yahay ayaan doortay oo aan is lahaa inuu dhawr arrimood muujinayo: Dhan ka muujinaya inaan eed sheeganayo oo sida la ii galay aanay ahayn si qof ehel ah qabata. Dhanka kalena, caddeynaya inaan ahay wiilkiisii oo kale anigoo raba inaan ku beer-dulucsado.

Dhinac kale waxaan ka tusayey inaanay suurtagal ahayn inaan Ilwaad xumeeyo, balse aan naftayda u huri lahaa. Inaan dumar oo dhan ka xushay, una arko inay geyaankay tahay, wax dhib ah oo aan iyada ama cid kale u gaystayna aanay jirin ayaan ku muusannaabay.

Ugu dambeyn, waxaan adeerkay ka baryey in aniga iyo gabadhaa la isku kaaya daayo, anigoo u ballan qaadaya inaan wiilkiisa oo kale u noqon doono. Inaan fara-marnaanta maanta ah aan la igu nicin oo aan ahay nin dhallinyaro ah oo aayahiisa ka rajo qaba ayaan warkii ku soo gunaanadey.

Meel hoo u baahan hadal waxba kama taree, hadalkaygii ALLAAH dhan iyo dhinac buu ka mariyey. Dhawr jeer ayuu damcay oo ku sigtay inuu hadalka iga gooyo, markii uu arkay inuu ka weecsan yahay jidkii uu la rabey.

Dareen oo arag inaan arrini iga soo dhaweyn. Hadalkii ayuu ku noqday isagoo inta badan tixraacaya hadalkaygii, kana dhigaya inaan waxba la ii gaysane ninka dambiilaha ahi uu aniga yahay. Wuxuu si dahsoon igu dareensiiyey in sida aan ku socdaa ay tahay si aan ehel iyo sokeeye lagu ahaan karin. Wuxuu iigu duurxulay in haddii ay dhib iyo xiniinyo taabad noqoto, aanay jirin cid iiga tunjilicsan. Hadal waano iyo gooddin isugu jira markuu maray kaddib, ayuu codsigiisii hore ku celiyey.

Nin gooddi iyo cagajugleyni horey u soo daashadeen ayaan ahaa, galabtaana arrinta uu soddogey la socdey u arkayey mid aan xilligeediina aheyn, taladeediina aanu hayn. Ereyadaa kulul ee soddogey marey dhiillo ima gelin, umana dabcin.

"Meesha wanaag kama soo socdee waxba afka ha iska xumeyn," intaan si hoose isugu sheegay, ayaan goostay inaanan dood dheer gelin. Hadal kale iima muuqan oo aan ka ahayn aniguna inaan intii hore ku celiyo. Hadalkii soddoggay oo ay ka buuxeen eedo badan oo aanan lahayn oo uu ii tiirinayo, ka jawaabiddooda mid habboon iiguma muuqan.

Dhanka kale, nin gadaal ka baqaya ayaan ahaa oo wixii aan geysto waxaa u qoolan Ilwaad oo gacanta ugu jirta. Si kastaba ha ahaatee, meelo soke intaan marmaray ayaan aniguna ku soo gabagabeeyey baryadaydii ahayd in aniga iyo gabadha la isu kaaya daayo.

8. DHAMBAALKII DHIILLADA

Soddogey arag xaalku tuu u dhigtayba inaanu ahayn. Wuu carooday, wuxuuna bilaabay inuu toos ii weeraro, igana dhigo nin dulmi u soo xaytey. Wuxuu iigu hanjabay inaan sida aan ku socdo aanay waxba iigu hagaagayn.

"Awoowe, waxaa fiicnaan lahayd inaadan na kala dilin oo aannan kala dhiman. Sidaad ku socotaa si na kala qabata ma ahan, mana aha si daawo keenaysa. Ka fiirso go'aanka aad qaadatay, gabadhaan walaashaa ahna iska sii daa."

Xaalku kululaa, arkayna inay dagaal marayso. Wayso iima dhawrnee, inaan hadalkaygii hore uun ku celiyo, sasabaad iyo dajinna ku daro mooyaane wax kale iima muuqan.

Waa sidaan filayaye, soddoggay oo cirkaa maraya oo aan kaba baqay inuu ii gacan qaado ayaa, inta fadhigii ka boodey yiri, *"Samatarow, wanaag diiddey, waxaadna ku talagashay xumaan. Haddii aad indhaha biyo ka keentid Ilwaad xaas kuu noqon mayso, ee geedka aad gaarto miro ka guro,"* iskana dhaqaaqay isagoo tallaabada halkuu dhigayo aan ka warhayn.

Allow mar arrinta iga dhammee ayey iga joogtey, maxaa yeelay caadyaal ayey aheyd sida aan u kala fognahay aniga iyo soddogay Cigaal. Arrin aan marna la isu soo dhaweyn karin ayey aheyd. Midkayaba waxaa fadhigaa daawo u ahaa wax kan kale sun iyo waabaayo u ahaa.

Uurkaba aan ka gubtee, haddana wuxuu ii ahaa nabar aad filayso naxdin ma leh. Awalba soddoggay kamaanan sugayn inuu xariir ii gogli doono. Xumaan iyo dhibaato hore ayey noogu horreysey. Dan iyo heello kamaanan gelin hanjabaadda iyo dhaartiisa.

"Waa sidaan filayey," intaan hoos iska iri ayaan ka hilhishay meeshii aan fadhiyey. Shaahii aan cabnay intaan sii bixiyey ayaan u dhaqaaqay goob koox asxaabtayda ahi igu sugayso. Aad ayey iigu tahniyadeeyeen markii aan uga warbixiyey wixii

aniga iyo soddoggay na kala qabsaday.

Habeenkaa ka lugeeyey anigoo farxad iska-keen ah oo aan hoos jirin isku maaweelinaya, waxaase dhab ahayd in isafgaranwaagii aan soddoggay ku kala tagnay uu arrinta cirka ku shareeri doono. Wuxuu yareeyey rajadii aan ka qabay inaan maruun aniga iyo Ilwaad guri yagleeli doonno.

Anigoo si u irdhaysan, kana murugeysan sida xaalku ku dhammaadey, ayaan dib ugu dheelmaday xaafaddaydii. Si aan laab-la-kac ahayn oo qummaati ah markaan arrinta u dhuuxo waxaa ii soo baxaysey in jug culusi igu dhacday, xaalkiina uu ka sii darayo.

Markii aan jiifkii isu diyaariyey ayaa halmar waxa igu soo rogmaday waabaayadii iyo wixii runta ahaa ee caloosha jiifey ee aan is moogeysiinayey. Arrinta dhabnimadeedii ayaan dhadhamiyey. Dhalanteedkii iyo hadalladii aan aniga iyo saaxiibbaday isu jiibineyney iyo guushii aan ku naallooneyney ayaa meesha ka baxay.

Guul inaanay jirin ee ay guuldarro tahay, mar haddii aan aniga iyo soddoggay fadhigii ku kala kacnay ayaan garwaaqsadey. Markii isla-hadalku ila tago ayaan halmar intaan majaraha beddelo isugu sheekeeyaa oo isku qanciyaa, *"Meel adag ayaad haysataa, cid wax kaa qaadi kartana ma jirto inta uu xariggii weli gacanta kuugu jiro, Ilwaadna ay wax kula waddo!"* Dalqaduhu waxay ahaayeen hubka keliya ee aan ku dagaalgeli karo oo aan haysto.

"Roonaana Rabbaa og!" sidaydii intaan iri markii aan jiifka qaban waayo ayaan is duudduubay.

Arrinkii aniga iyo soddoggay na kala qabsaday magaalada ayuu dhan walba u xulay. Qof walba halkii uu markii hore arrinta ka taagnaa ee uu ka qabey iyo sidii uu u arkayey ayuu u fasirtay. Qoladii iga soo horjeeddey waxay suuqa geliyeen inaan

8. DHAMBAALKII DHIILLADA

odaygii xumeeyey oo aan ahay nin dharka dhigtay, ceebina waxba la ahayn. Asxaabtaydii, iyagu waxay u arkeen inaan ahay nin ammaan mudan oo gaashaanka u daruuray sasabashadii iyo ballanqaadyadii aan dhabta aheyn.

Anigu sidaa si ka duwan ayaan dareemayey iyo in is afgaran-waa kastaa uu arrinta sii ragaadinayo, mana ahayn arrin aan rabey. Waxa kale oo aan dareemayey daal badan oo arrintan dabadheeraatay aan ku noogey. Naftu dhib iyo rafaad inay marto ma jeclee, waxay qalbiga ku tuurtaa calaacal iyo catow ay leedahay, *"Allow yaa maruun kaa dhammeeya,"* inaanay dagaal dambe u diyaarsaneynna way muujisaa.

Naftu mar walba waa sii tabar dhigaysey, waxayna mararka qaar iigu sheekaysaa inaan is dhiibo oo aan arrintan faraha kala baxo. Markaanse xaalka dib u eego ayaan isu sheegaa, iskuna dhiirriggeliyaa inaan marayo halkii laga oran jiray: *Nin qoyani biyo iskama dhawro.* Meel ii fayowba ma jirto.

Waxaa lagu ciyaaray aayahaygii waxbarasho, kas baana la iiga reebay shaqo aan is lahaa, *"Allaylehe aad maruun baryo aadane kaga baxdid."* Albaab kasta oo aan garaaco waa la xiray, qof kasta oo aan u tagana inta la ii dabamaro ayaan maalinta dambe u tagaa isagoo geeso leh. Maalin dhan ayaa ciidan i eryanayey oo malaha la rabay in god iyo xabsi la igu tuuro, amaba inta xabbad la igu dhufto doofaar bakhtiyey la iga soo qaado. *"War ma meel la iska dhiibo ayaad joogtaa!"* ayaan isku canaantaa.

Iyadoon waxba ka soo wareegin kalataggii aniga iyo soddoggay ayaa waxaan maalin kulannay wiil aan isku ayni ahayn, isna naqaanney. Waa sidii aan qof kasta oo dulmidiid ah ku aqaannaye, wuxuu iiga tacsiyeeyey wixii igu dhacay. Xoogaa markii aan sheekadii wadney ayaan isla soo qaadnay inaan arrinta u sheegno oday nabaddoon u ahaa jilib aan aniga iyo wiilku ku abtirsanno.

Shire wuxuu ahaa nin caaqil ah, reerkana oday u ah, aadna loo xushmeeyo. Wiilka oo ay odayga isa sii xigeen ayaan ka codsaday inuu arrintayda odayga u sheego, isaguna igama diidine isla habeenkii xigey ayuu ku taabtay. Markii uu warkii u dhammeeyey ayaa odaygii wuxuu ku jawaabay arrin wiilka laftigiisii garwaaqsaday.

Wuxuu ku yiri, *"Adeer, waa arrin fiican, waanad ku qumman tahay inaad saaxiibkaa la damqato, laakiin waxa wiilka lagu haysto iyo inaan jifadoodu isguursan, jifadeennaba waa ka jirtaa. Marka, haddii la i yiraahdo,`Shirow horta jifadaada oo taayada ka ballaaran guurka u soo fasax, markaa kaddib arrinkaa nagala hadal,' maxaan ku jawaabi?"*

Arrini halkaa iyadoo maraysa, oo wax ii kala furmay aanay jirin, orodna iga dhammaaday, hebel u tagna aanay igu jirin, welibana aan tabar dhigay ayaa farriin aanan soo dhigani ii timid.

Dhul Doollo baa haatuf iiga yimid. Habboon oo walaashay ah, arrintaydana xabsi u gashay, ayaa qof safar u soo ah Xamar, kana soo anbabaxaya Caabudwaaq ku tiri, *"Walaalkay iga gaarsii inay Ilwaad maalin dhaweyd aabbe u timid, kana codsatay inuu isaga kala hadlo oo haddii uu ALLAAH yaqaan uu xariggeeda u dhigo."*

Farriintii ayaan rogrogey, oo hadba dhan u qaaday. Mar waxaan is iraahdaa, *"Dumarow ballantiin ba'day, waa xillima xilligay garabkayga ka baxday oo ay aagga iyo furinta ii banneysay!"* Marna waxaan is iraahdaa, *"Arrinkaasi waa mid lagu qasbay, oo markii ay nafteeda u yaabtay ayey, malaha 'isku furo' is tiri."* Mar waxaa ii muuqda, markaan keligay garnaqsado, in culayska saarani uu yahay mid qof dumar ahi aanay u dulqaadan karin. Mar ayaa la gaarsiiyey in qori loola

8. DHAMBAALKII DHIILLADA

baxo.

Waxaas oo aan ku tallamayey, marna garowsho Ilwaad ugumaanan hayn inay xilligan ay xeero iyo fandhaal kala dheceen xaalka halkaa ka tuurto. *"Bal farriintaa run ku sug,"* ayaan is iri.

Markii soddoggay iga waayey dabac iyo inaan aqbalo ballanqaadyadii uu ii soo jeediyey, ayuu markuu noqday wuxuu abaabulay col. Degmadii wuxuu ku dhex tuuray qayladhaan. Wuxuu, malahayga, ku warbixiyey inaan ula dhaqmay sidii nin aan rajo ka qabin xididnimo iyo xigaalo toona. Wuxuu ka dhigay inaanan guur iyo reer u soo jeedine uu hadda xaalku iga yahay xiniinyo-taabad, xin iyo rag-iska-celin.

Markii la tashaday ayey u soo baxday inaan difaacayga la jebin karin inta gabadhu wax ila waddo. Si la yeelaba, in gabadha la hanto ayaa taladii lagu soo uruuriyey. Waxaa ubbada loo biyeystey sidii gabadha la iiga hor keeni lahaa oo geed dheer iyo mid gaabanba loo fuulo. Miskiintii dagaal adag ayaa lala galay, dhan kastana waa looga biyakeenay.

Wax loo sheegayba, waxaa lagu qanciyey inaanay dan u ahayn sidan ay ku jirto oo ay meesha ka kacdo, aayaheedana aanay u baabi'in nin xarigeeda u haysta uun inuu rag isaga celiyo.

Sidii ay gadaal Ilwaad iiga sheegi doonto, geed ayey inta keligeed fariisatay xisaabtantay. Waxaa u soo baxday inay dheer tahay oo ay wax adag tahay in, inta la isku kaaya oggolaado la yiraahdo, *"Reerkaasi waa reerkii Samatar iyo Ilwaad."* *"Mar haddii sidaa xaal yahay maxaad reerkiinna u kala dhimaneysaan oo nin aan laguu oggolayn ugu dabalumaysaa!?"* ayey isku qancisay.

Wax dhegtu taagnaatabaa, warka runtiisii ayaa timid. Waa

biyo-kama-dhibcaan farriintii la ii soo diray. Habboon ayaa warqad ku soo tuuntuunsatay ay arrinta ku xaqiijinayso. Waxay ii sheegtay, *"Ilwaad ayaa aabbe u timid oo ka codsatay inuu idin kala furdaamiyo, aabbena wuxuu ugu jawaabey inaanu arrintaa waxba ka qaban karin, oo uu hore isugu dayey. Wuxuu ku qanciyey inaad labadiinnu ka wada hadashaan."* Waxay Habboon intaa ii raacisay inay Ilwaad u soo xirxiran tahay Xamar, una socoto furriin.

Dhanbaalkii waxay iigu soo xirtay in reer xididkay ay ayaamahan damaashaad u tahay oo ay aaminsan yihiin in, mar haddii ay gabadhii na kala dileen, aan noqonayo haad geed waayey. *"Adigaa yaqaan waxaad yeeli lahayd,"* ayey walaashay iigu soo xirtay dhanbaalkii.

Xaalku wuxuu u ekaaday mid ku dhaw gunaanadkii. Geedkii ugu dambeeyey in la iga saaro ayaa la rabey. Guuldarro ayaa ii bidhaantay, halka qolooyinkii kale ay ku naalloonayeen in guushii ay kaabiga u saaran tahay. Mar haddii Ilwaad oo col iyo dagaal ku socota ay soo fool leedahay, in meel xun la iga galay ayaan rumaystay.

Culayskii iyo welwelkii ayaa ii sii laba-jibbbaarmey. Shalay haddii aan isku qancin jirey, *"Ilwaad ayaa kugu jaal ah oo kula jirta,"* maanta waxaan nafta ku sasabo ma hayo. Hareeraha ayaan eegay oo maskaxda ka shaqaysiiyey oo aan is iri, *"War meel dambe oo aad ku gabbato, illeyn harka in lagaa saaro ayaa la rabaaye, ma kuu muuqataa!?"* *"Maya,"* intaan isugu jawaabo ayaan, haddana soo xusuustaa inaan raxmadda Eebbe laga quusan. Samir taagwaa intaan isa samirsiiyey ayaan is iri, *"Bal ka wardhawr waxa ay la timaaddo!"*

Xiiso weyn ayaa ii hayn jirey inaan maruun gabadha indhaha saaro, haddase, in kastoo aanu iga suulin xubbigii iyo maxabbadii aan u hayey dhaawac weyn ayaa i gaarey oo colaad

8. DHAMBAALKII DHIILLADA

ayaa i gashay. Dad badan oo arrinka maqlay ayaa qaarkood tacsi iigu yimid, halka qaarkood ay wiirsi iyo dardaarwerin u ahayd. *Qof Alle leh looma dardaarweriyo!*

Dan kama gelin, illeyn awalba kama rajo qabin inay irbad dun ii geliyaane. Dad badan oo aan daacadnimo ku tuhmayey ayaa igu talasiiyey in arrinkani uu asaaggay iga reebay oo aan ku dhibtooday, sidaa darteedna aan faraha kala baxo. Kumaanan ceebayn, kumana hiifin, waxayse ahayd arrin aan markaa ii dhadhamayn. *Nin meel u caddahay, meeli ka madow!*

Waxaan dherersado oo aan maalmo tiriyaba, Ilwaad iyadoo bedqabta ayey Muqdisho soo gaartey. Waxay ku degtey gurigii Diiriye oo ay hal sano iyo bar ka hor dhuumashada uga baxday. Markan Warsame waa joogaa. Si diirran ayaa loo soo dhaweeyey marka laga reebo adeerkeed Warsame iyo wiilkiisa.

Waxaa igu maqaalaa inay Ilwaad salaan ugu tagtay adeerkeed oo barxadda guriga wiilkiisa kursi-jiif u yaal. Salaam uu ka qaado iska daaye, intuu kor u eegay ayuu ku yiri, *"Salaan iyo hadal na dhexmari maayo ilaa aad Samatar dhinac iska marisid."* Iyadoo malaysan la' oo naxdin tallaabada qaadi la' ayey dib uga guratay. Hore ayey uga soo daashey hadal ka nixiya iyo weliba nabar lagu hummaajiyo.

Waxaan dhawrayey oo aan dhegta u taagayey goorta ay Ilwaad ii soo farriindiri doonto. Maalmo markii ay joogtey ayaa dhambaal ii yimid i faraya inaan si degdeg ah ugu imaado. Khayr iyo wanaag in la iigu yeerayo maanan filayn, laakiin inaan dhawaaqaa ajiibaa labo isma weydiineyn.

Dhib ayey igu aheyd inaan ugu tago gurigii Diiriye oo runtii ay colaad xumi na dhextaalley. Inaan gurigaa gelitaankiisa ku dhiirran karo iyo in kale ayaan isa su'aaley. Arrinkii markii aan rogrogay ayaan isku qanciyey inaan guriga ugu tago. Waa la og yahay inaanan salaan iyo booqasho toona ku socon ee aan ahay nin dani waddo oo gacaladiisii guri aanu wejiga siin karin inuu ugu yimaado ay ka dalabtay.

Waxa kale oo aan is iri, *"Malaha waa lagu tijaabinayaa oo waxaa la is leeyahay gurigan ma imanayo, waayo waa nin aan rabitaan ku jirin. Haddii uu wanaag ku jiro, meel kasta oo ay gabadhu joogto wuu ugu imanayaa."*

Goor galab ah ayaan inta lebbis isku taagey u dhaqaaqay dhankaa iyo Afisyoone oo xaafaddu ahayd. Intii aan dhex sii socdey waxaan ku jirey walaac iyo waxa aan la kulmi doono. Waxa kale oo aan ka welwelsanaa sida aan isku qaabbili doonno xaafadda.

In Warsame xilligan oo kale uu joogo ayaan ku tirinayey, sidoo kalena waqtiyadan oo kale uu Diiriye qudhigiisu joogo. Inaanay wayso ii dhawrneyn oo raggaa weji naga dhaxayn, sidaa darteed aanan salaan guud u dhaafin, kaddibna aan dantayda qabsado ayaan isku qanciyey.

Waxaan sii socdaba, gaarey ganjeelkii guduudnaa ee xaafadda. Anigoo jiqillada buuraya, wadnaha garaaciisana aan ka baqayo inuu dibadda u soo boodo ayaan, gacan aan kalsooni qabin oo gadaal ka baqeysa albaabkii ku garaacay. Hoos ayaan ALLAAH ka tuugayey inuu Ilwaad ka dhigo qofka iga fura albaabka. *"Waa qofma? Soo gal albaabku waa furan yahaye."*

Wadnaha ayaa la ii dhaafay markii codkaasi dhegahayga ku soo dhacay. Waa Warsame oo daaradda guriga ilmo yar oo uu wiilkiisu dhalay ku koolkoolinaya. Meel laga noqdo ma joogo. Ganjeelkii intaan iska furay ayaan hore u sii dhaafay. Warsame markii uu indhaha igu dhuftay ayuu inta naxay igu dhaygagay. Salaan aanan xarfaheeda hadda xusuusan karin ayaan inta ku salaamay hore u sii gudbey.

Hadalkayga ayaa waxaa maqlay Ilwaad iyo Siraad (Xaaska

8. DHAMBAALKII DHIILLADA

Diiriye) oo meel aan sidaa iiga durugsanayn fadhiya, igana codsadey inaan soo gudbo. Dhankoodii ayaan u leexday oo anigoo yare anfariirsan salaamay.

Inkastoo aanay suurtagal ahayn inaan aniga iyo Ilwaad isku salaanno sidii lammaane kala abaadey, haddana iyada iyo Siraadba si diirran ayey ii soo dhaweeyeen. Inta Ilwaad qol dhinacayga ahaa u dhaqaaqday ayey inta albaabkii furtay tiri, *"Samatar, Halkan na soo geli"*

Dhab ahaantii, ma qiyaasi karo sida galabtaa dareenkaygu ahaa, si aan u sawirana garan maayo. Dhan marka laga eego, waxaan ahaa nin qalbi jabey, danta iyo duruuftuna ka hiillisay. Iima muuqan ifafaale rajo, kal iyo laab in la igu soo dhaweyd doonana ma fileyn.

Galabtaa in xaalkayga su'aalo la iga weydiiyo uma baahneyn oo war dhafoor ayuu ku yaalley. Nin uu dhufayska uga baxay qofkii ugu dambeeyey oo uu ciidan ka haystay ayaan ahaa. Waxay ii aheyd waran dhabarka la igaga tummaatiyey. Dhanka kale, si kastaba aan u niyad xumaadee, weli lexejecladii aan gabadha u qabey meesheedii kama soo degin.

Markaan indhaha ku dhuftay ee aan arkay sida jirkeedii iyo midabkeedii u qayirmay, ayaan muraara-dillaacay. Garteed ayey ahayd in muuqaalkeedu sidaa noqdo, waayo hawl iyo anfac-yaraanna baaddiye ayey u joogtey, maskax ahaanna waa loo diley oo dhegteeda hadal san kuma soo dhici jirin. Labadaa dareen ee aan is qaban karin anigoo galabtaa u dhexeeyey; dareen kalgacal iyo mid colaadeed, ayaan u luuday dhanka qolkii ay gabadhu ii tilmaantay.

Markii aan is bariidinnay kaddib, ayaa waxay dareentay ma aqaane, waxay ii sheegtay inaannan halkan ku wada hadli karin, waxayna ii soo jeedisey inaan ugu imaado berri galabnimadii guri markaa aan sidaa nooga fogeyn oo ay lahayd gabar xaafadda joogi jirtey oo markaa aroos aheyd. Laftigaygu la dareemay ciriiriga, waanan jeclaaa inaan meel kale ku kulanno. Hadal kama soo celine waan ajiibay, kaddibna halhaleel ayaan gurigii uga baxay.

Warsame goobtii aan markii hore ku soo maray ma joogin, waxse igu maqaalaa inuu is weyddiinayey indha-adaygayga iyo sida aan ugu soo dhiirradey inaan guriga idan la'aan u soo galo. *"Nin naagi waddo iyo rati rati kale wado, midna kaama leexdaan,"* horaa loo yiri.

Habeenkaa quus iyo rajo ayaan u dhexeeyey, dhanka quustaba aan u badnaadee. Alle ayaan ka baryey inuu been iyo riyo ka dhigo warkii Ilwaad la iiga keenay. *"Waxaas waxba kama jiraane, waxaan rabey si aan meel-baastii uga soo tagee, gacaliye waxba iskama kay beddelin"* inay tiraahdo ayaan jantay oo naftu muhatay.

Marna waxaan is iraahdaa, *"Ninyahow, waad riyoonaysaa oo dhalanteed ayaad isku qancinaysaa! Waxaad isugu sheekaynayso waa wax runta ka fog ee sidii aad arrintaa uga dabbaalan lahayd falankeed qabo."* Taa dambe ayaa dhab ahayd inkastoo aanay naftu ku xasileyn.

Inaan dagaal adag u galo sidii aan gabadha maankeeda u soo celin lahaa ayaan goostay. Wax walbaba ha igu qaadatee, inaan soo nooleeyo qalbigeedii la diley oo aan hadal macaan iyo baryo iyo jilbaha oo aan qabsado isugu daro ayaan goostay.

Waqtigii ballanta markii la gaarey ayaan u carraabay goobtii aan Ilwaad ku ballannay. Si diirran ayaa gabadhii xaafadda lahaydi ii soo dhaweysey, isla markiibana waxay ii gudbisey qol si wanaagsan loo sharraxay oo loogu talo galay in kulankayagu ka dhaco.

Gabadhii xaafadda lahayd, inta cabbitaan iyo waxyaabo yaryar noo keentay ayey, inta naga baxday nagula kaftantay,

8. DHAMBAALKII DHIILLADA

"*Waa idinkaa! Dad muddo kala maqnaa oo isu xiiso qaba ayaad tihiine, kala bogta maanta oo ha is martiyaynina.*" Hoos intaan ka iri, "*Amaa gurigaagu noqdaa kii reerka lagu duminayey!*" ayaan uga mahadceliyey soo dhaweynteeda wanaagsan.

Cabbaar kolkii aan wada fadhiney, hadal is bariidinta dheerna aanu na dhexmarin ayaa Ilwaad oo aad ka dareemayso hadalkeeda niyadjab iyo quusasho ii bilowday hadalkii. Sidii xaal ahaa iyo waxa is beddeley ayey ii sheegtay. Waxay ii caddeysay inaanay iyadu hadda is wadin, arrinta ay ii soo bandhigi doontana aanay iyadu inta kaligeed meel fariisatay aanay dooran.

Iyadoo indhaheeda ilmo ku taagan tahay ayey hadal oohini ku laran tahay ku tiri, "*Walaalow aniga talo gacanta iiguma jirto, waxaa la igu qasbay inaan inta kuu imaado aan furriin kaa dalbo, haddii aan diidana la i dayrin doono, dib dambena aannan reerkayaga isu sheegan doonin. Dhib intaa ka badan ma qaadi karo, waana la isku kaaya diidey. Marka, waxaan kaa codsanayaa inaad iska kay sii deyso.*"

Halkaa markii ay marayso ayey inta ilmadii celin weydey soo dhaaftay, hadalkiina ku xirmay.

Muddo daqiiqado ah ayaan midkayana hadal ka soo bixin. Way ii muuqatey inaan Ilwaad hadal ku harin, haddana hadalku aniga ila yaal. Hore ayaan u ogaa waxa gabadhu la socoto, sidaa darteed mar hore ayaan talo meel soo dhigtay. Waxaan goostay inaan calooladayg maciinsado. Wax kale oo gacan iigu jirey ma jirin oo aan ka ahayn dalqadaha. Inaan fudayd la iiga faramaroojin ayaan ku tashaday.

Go'aan kasta aan soo qaatee, hadalkii gabadhu nugeyl ayuu i geliyey iyo inaan ka murugoodo miskiinta halka xaal ka marayo. Anigu ninnaba xarigga uguma jirin oo nin bannaankiisaas durdurinaya ayaan ahaaye, waxay gacalisaday gacanta ugu jirtey qolo aan aaminsanaa inaanay arxan u galeyn. Si kastaba dabac ha ii galee, marnaba kama degin go'aankaygii ahaa inaan fudayd wax la iiga helin.

Oohintii iyo muusannowgii gabadha waxaa iiga soo baxay inay tahay qof meel ay u ciirsato la' oo labada dhinacba ay mawjado adagi ka garaacayaan. Waxaan istusay inaan hadal dabacsan oo aan qalbigeeda ku dejinayo aan ku iraahdo. Inaan xusuusiyo wixii dhib iyo rafaad aan isla soo marnay iyo ballantii adkayd ee ahayd inaan qofna dhankiisa cadow ka soo gelin.

Sidoo kale, inaan u dulmaro wixii xumayn iyo jawrfal iyada darteed la iigu sameeyey. Inaan soo xusuusiyo wixii aan waayo soo marnay iyo sida aannan weli mirihii jacaylka u guran.

Hadal dheer oo aan dhan ka dareensiinayo ballantii iyo wacadkii noo yiil iyo sida aan weli ugu dhegganahay, dhanna aan ka dareensiinayey waxa aan iyada darteed ku waayey; dhan kalena aan qalbigeeda ku ruxayo oo aan rabo inaan, inta dareen kalgacal geliyo, mirirka iyo daboolka la saaray ka faydo ayaan ku dul akhriyey.

Hadalkaygii saamayn weyn ayuu ku yeeshay, sida ay u dhegeysaneysana waxaad mooddaa in shinbir-malab dhalada ka saaran tahay. Sida ay u hoganayso oo aanay far u dhaqaajineyn, intay calaacasha dhabanka ku qabatay, waxay ahayd farriin si dhab ah uga turjumaysey sida ay weli arammidii jacaylku uu qalbigeeda u ruxayey.

Xoogaa kolkaan si fiican jaanta isula helno oo aan is iraahdo, *"Allaylehe isku soo dhawaate,"* ayaa, illeyn waa qof meel kale laga haystee, waxaa ku soo dhacda arrinta laga sugayo iyo dhulka ay jafeysaa inaanay is laheyn. Hal mar ayaa majaruhu is beddelaa oo arrintu cirka isku shareertaa. Mar kale ayaan, haddana celcelin iyo dejin bilaabaa. Hogatusaalayn iyo hadal

8. DHAMBAALKII DHIILLADA

beerlaxawsi ah ayaan isugu daraa.

Waxaan isku dayo inaan arrinka uruuriyo oo aan ka dhawro inuu hadalka kala firdho ama uu gacanta ka baxo, ugu dambayn quusw ayaan soo istaagey iyo inaan faraha ka taago oo aan xakameyn waayo.

Wax kale iguma harin oo aan ka ahayn inaan markan qorshahaygii madax-dhul-ladhaca ahaa soo bandhigo. Waxaan Ilwaad u sheegay inaan la mid ahay, nin qoyani biyo iskama dhawro, oo meel ii fayoobi aanay jirin. Waan u caddeeyey inaanan maanta iyo berri toona u diyaarsanayn arrinka ay iga codsatay.

Ugama turine, dusha ayaan u saaray wixii dhib iyo ballan ka bax ahaa ee ay sameysay. In dhankeedii nalaga soo galay oo ay garabkayga ka baxday ayaan ku celceliyey. Waxaan tiriyey wixii dhib la ii gaystey oo aan mustaqbalkaygii iyada ku waayey.

Afka ayaan furtay, wax alla wixii calooshayda ku jirayna dibaddaan keenay. Sidaas oo ay tahay, marna hadal xadgudub laga dareemi karo kuma tiraabin.

Hadal dheer oo cabasho iyo eedayn u badan ayaan maray. Inay talo iiga go'an tahay inaan ballanta sideedii u hayo ilaa ay iyadu ka garwaaqsato oo ay ka soo noqoto ayaan hadalkii ku jaray. Markii ay Ilwaad aragtay meesha xaal iga marayo ayaa waxaa ka soo haray, intay garka iyo labada low isgashatay, oohin iyo catow.

Hadal kamaanu soo bixin aan ka ahayn inay ALLAAH u cabato oo ay ka barido inuu dhibka ka saaro iyadoo ku celcelinaysa, *"Ilaahayow sidee yeelaa, sideen dhibkan uga baxaa!?"*

Fadhi iima oolline, intaan istaagey ayaan, anigoo murugo iyo ciil saanta rogi la', qalbiguna i gubanayo albaabka xaggiisa u dhaqaaqay. Iridkaan ka baxay anigoo ay dhegahayga ku soo dhacayaan muusanawgii iyo oohintii gabadha. Uma istaagine, iyadoo dhididka iga baxaya aad mooddo in wadaan biyo ah la igu shubay ayaan ka baxay xeradii Afisyoone oo aan u dabayshaday dhankaa iyo Lambar Afar.

Waxaan sii dalanbaabiyaba, gaarey Lambar Afar oo aan koox dhallinyaro ah ku filayey. Markii aan culays iyo dhib dareemo ayaan iyaga u carari jirey, markaas ayey inta i dejiyaan ku nafisi jirey. Habeenkaa waxaan kula cawaysimay asxaabtayda wixii aniga iyo Ilwaad na kala qabsaday galabnimadii. Sidii aan uga bartayba, waxay saxiibbaday igu taageereen go'aankii aan qaatay, waxayna ii muujiseen sida ay uga xun yihiin sida loogu guulaystey in gacalisaday la iiga horkeeno.

"Waa dumar iyo caadadood, waana lagu yaqaan haljileeca ee u samir, annaguna hiil iyo hooba, waxaan tari karno waan ku barbar taagan nahay. Arrinkaasu wuxuu ka mid yahay dulmiga jira iyo sida la isugu xadgudbayo. Nimankaasi waxay kuugu awood sheegteen waa darajada iyo magaca dawladeed, ee ma ahan dadnimo iyo karti ay ku dheer yihiin. Waxaad uga guulaysan kartaa waa dulqaad iyo hal-adayg. 'Sabraa sedkiis hela!'" Hadalkaa iyo kuwo la mid ah ayaa barbaartii aan kullannay igu qalbi-qaboojiyeen, iguna sabirsiiyeen.

Waa sidii aan ka filayaye, hadalladii iyo sheekadii saaxiibbaday waxay ii noqdeen daawo, waxayna igu abuureen hididdiilo cusub iyo inay rajadaydu soo noolaato. Xoogaa xasillooni ah ayaan dareemay waxaadna mooddaa in la i yiri, *"War madaxa kor u qaad oo ka bax hogashada, guushu kaabiga ayey kuu saaran tahaye!"*

Runtii, sidaa ayuu dhadhamayey hadalkii saaxiibbaday, yaanayba kalmadahaa ku dhawaaqine. Anigoo niyadjabsan oo dhafoorrada haysta ayaan u imid, haddase, ALLAAH mahaddii, anigoo yare deggan ayaan goobtii ka dheelmaday.

Si kastaba aan isku qanciyee, dhab ahaantii waxaan ahaa nin badweyn ku jira oo ciddii kula dhacda aan dan iyo heello ka lahayn. Horaa loo yiri: *muddul gubtay, mid gubanaya kama naxo!* Waxaan dareensanaa cid la tirsado, ama magac ku leh jifadii aan ka dhashay oo ii xilqabtey inaanay jirin.

Ma fileyn inay jirto cid si bareer ah uga hor iman kartey reer Warsame iyo reerkii rabey inay Ilwaad u soo gogol-fariistaan. Madaxnimo iyo maalba, waxay ahaayeen qoladii sidaan jifo u nahay majaraha noo haysey. Dadka qaar ayaa ii arkayey nin dagaal iyo colaad aanu geli karin, awooddeeda iyo dadkeedana aan lahayn isku tuuray oo is miidaamin ku jira.

Waa jireen dad ka xumaa sida la ii gelayo, laakiin aan madaxa kor u qaadi karin oo eed iyo dhib ka cabsiqabey. *Qof buka sidee tahay wax uma tarto, qalbiga ayeyse u roon tahay!* Yaanay waxba ii tarine, inay dhibka ila qaybsadaan oo ay i tusaan inay ka xun yihiin silica i haysta qiimo weyn ayey iigu fadhidey, ruuxii sidaa yeelaana, wuxuu ii ahaa qof, hiil iyo hooba, i garab taagan.

Warkii ahaa inay gabadhii iga codsatay furid oo aan ku gacan sayray, ayaa Muqdisho ku faafay. Dadkii waxay noqdeen mid iigu hanbalyeeya iyo mid ka xumaada oo u arka luggooyo iyo dhib aan gabadhaa miskiinta ah ku hayo. Si kastaba ha ahaatee, uma dabcin umana soo joogsan hadalladaa suuqa dhex meerayey.

Si kasta aan u dareemo inaan weli la iga helin wixii la iga dhawraayey oo ahaa is dhiibid iyo inaan hanjabo, haddana inaan weli dagaal dhammaan oo dabin la ii qoolaayo caad igama saarneyn. Waxa xiga iyo tallaabada la qaadi doono ayaan u dheg taagayey.

Kama aanan filayn wax aan shiddo ahayn, hadda oo ay gabadhii dhankoodii martayna kaba sii daran. Waxaa igu maqaalo ahaa inay aad u quud-darreynayaan in arrinku hadda sida ay u qorsheeyeen uu ugu hirgeli doono. Nin nabarsuge ah oo dhegtu u taagan tahay, dhufaysna ku jira oo waran-la-yuurur ah baan ahaa.

Xaalka marka loo kuurgalo, difaacaygu ma ahayn mid la isku hallayn karey oo hor istaagi kara weerarkii igu soo fool lahaa. Waxay doonaan ha keeneene, way iga go'nayd, wax kasta ha igu qaadatee inaan dalqadaha ku mintido oo aan la iga faramaroojin.

9. WARQADDII MAXKAMADDA

MUDDO KAMA soo wareegin markii la igu wargeliyey, anigoo xaafaddaydii jooga in gabdho i sugayaan. Anigoo is leh, *"Tolow waa kuwama kuwan wirwirka kuugu yimid,"* ayaan u dhaqaaqay dhankii qolka fadhiga. Taan u dhigtayba maahan! Waa Ilwaad iyo Suubban oo ka mid aheyd gabdhihii aan wada joogi jirney xaafaddii reer Diiriye.

Xoogaa markii aan wada fadhiney, sina aan u anfariirsanahay ayaa, inta Ilwaad warqad soo bixisay ii soo taagtey oo tiri, *"Xaashidani adiga ayey kugu socotaa ee hoo."* Istaagid iyo weyddiin waxa ay tahay intaan isku daray ayaan ka qaaday. Waan furay, mise waa warqad maxkamadeed! Yaab! Waa mid aanan xisaabtaba ku darsan!

Maba soo dhigan, maankaygana kuma soo dhicin in Ilwaad maxkamad tegi doonto oo ay i dacweyn doonto. Dad iyo duurba wax aadan filanayn ayaa kaaga soo baxa! Waa tan maantana warqadda maxkamadda ii wadda. Waxay warqaddu ka timid maxkamaddii degmada Kaaraan oo aan sidaa uga dheerayn xaafaddii aan degganaa.

Amar ayaa la igu siinayaa inaan maxkamadda imaado maalinta Arbacada oo markaa maalmo naga xigeen. Warqaddu waxay i fareysaa inaan xilliga la ii qabtay ilaaliyo. Akhriskii markii aan dhammeeyey ayaan inta warqaddii laallaabay dhankii gabdhaha inta u jeestay iri, *"Ilwaadeey, xaalku ma halkaas buu kaa marayaa iyo inaad maxkamad iga dacwayso."*

Hadal kale iyo garawsho intaan ka dhawrayey ayey inta dhoolla-caddaysay tiri, *"Samatar, walaalle anigu horey ayaan kuula hadlay, intaa ka badanna ma awoodo. Waxaan kaa codsaday inaad iska kay fasaxdo, adiguna waad diiddey. Arrintan samee ayaa la i yiri, waanan sameeyey. Adiga ayey kuu taal waxaad sameynayso."*

Hadal malaggi galay oo aanay dhegaheedu u daloolin, kuna socon, catawna aanu ka marnayn ayaan u jeediyey. Waxaan ku soo celiyey eedayntii iyo sida ay garabkayga uga baxday, arrinkiina dhabarka uga jebisey. Sidoo kale, sida ay u gacan siisay kuwii weligood doonayey inay aayahayaga baabbi'iyaan, reerkayagana burburiyaan. Inay maanta heleen waxay doonayeen iyo fashilkii ay nala maagganaayeen ayaan ku muusannaabay.

Sidaan xusayba, hadalkaasu ma ahayn mid gelayey, umana diyaarsanayn inay iiga jawaabto. Malaha, haddii la fasiri lahaa oo hadal loo beddeli lahaa dareenka wejigeeda ka muuqday, waxaa loo turjumi lahaa sidii inay leedahay oo kale, *"Saaxiib calaacalka iska daa, rag ayaad is haysaan. Shalay waa maalin tagtay ee maanta ayaa la joogaaye intaan maxkamad lagu saarin oo xoog la iiga kaa furin, inta goori goor tahay iska kay fasax."*

Gabadhii kale oo xaalkayaga tin iyo cirib ula socotey juuq maanay oran, oo isha uun bay naga dhawraysey, waxaanse qiyaasayey inaanay raalli ka ahayn sida wax u socdaan.

9. WARQADDII MAXKAMADDA

Anigoo istiilaya oo jabkayga qarsanaya ayaan gabdhihii sii dhaweeyey. Markaan goobtii baska ay ka raaci lahaayeen ku hubsaday ayaan ka soo noqday. Waa sidaydiiye, islahadalkii iyo in madaxu i qarxo ayaa bilowday. *"Maantana ma maxkamad ayey maraysaa iyo in xabsi la ii diyaariyo,"* ayaan iskula hadlay. Waxaan is iri, *"Allaylehe, wax badan ayaad maqashay hebel maxkamad ayaa naagtii ka furtay oo ka fasakhday, maanta adiga ayey seeftii ku saaran tahay."* Allow magantaa!

Quus ayaan qarka u fuulay markaan xaalka si qummaati ah u lafaguray, mooskii inuu ila ciiryeyna arkay. In hadda la rabo in la ii awood sheegto oo, inta maxkamad been-been ah la i mariyo, barqadii reerkayga la iga dhaqaajiyo ayaa ii caddaatay. Qorshahaasu inuu u fuli karo dhawr sababood markii aan fiiriyey ayaan rumeysnaa.

Midda hore, waxay lahaayeen awood ay ku meelmarin karaan waxay rabaan, sababtoo ah waxay ahaayeen rag darajo sare leh oo madax ah. Midda labaad, waxay ahaayeen rag ladan oo dhaqaale leh oo cidday doonaan intay jeebka u buuxiyaan ka fushan kara waxay doonayaan. Midda saddexaad, waxay lahaayeen asxaab badan oo ay u kaashan kareen, arrinkana gacan ka siin kara.

Maanan ahayn nin wax xog ah ka haya siday maxkamadi u shaqayso iyo waxa ay tahay. Iima dhaafsanayn inaan maqli jirey qof maxkamad la saaray oo intaas oo sano lagu xukumay. Waxaan is lahaa mararka qaarkood, *"Amaa inta qoorta lagu qabto, isla markiiba xabsi lagugu tuuraa!"*

Waxa kale oo i sii cabsi geliyey in xilligaasu ahaa waqti musuqmaasuqa iyo wax-is-dabamarintu ay cirkaa marayeen. Baqdin iyo cuqdad weyn ayaa i galay, waxaanan ku sigtay inaan ku dhici waayo inaan maxkamadda tago.

Arrini meesha ay ka daganeyso iyo sida wax u dhaceen ayaan uga warramay lataliyeyaashaydii. Markaan xaajadii lafagurnay, in la rabo sidii qasab gabadha la iiga furi lahaa, taas oo ay u marayaan dacwada, kaddibna la go'aamiyo in la iga fasaqo ayaa noo soo baxday.

Taasi ma ahayn mid la fogeysto, aad ayeyna waddanka caan uga ahayd. Arrinkii waxaan rogrognaba, inaan maxkamadda tago oo aan soo ogaado waxa la iigu yeerayo, baqdinta iyo shakigana iska saaro ayaan ku soo hoorinnay. Midda kale, inaan xoog iyo jujuub wax ku furmin, sidaa darteed aan meel cidlo ah la iga cayrsan.

Waxa kale oo aan is tusnay inaan iska ilaaliyo buuq iyo wax kasta oo marmarsiiyo la iiga dhigan karo. Intaas oo dhan waxaa ka muhiimsanaa, dooddiina aan ku soo afjarnay inaan garab iyo maciinba raadsanno. Inaannaan keligayo waxba qaban karin haddii aannan cid ku tiirsanayn ayaan is tusnay.

Waxaan maalmo tiriyaba, la gaar maalintii Arbacada, oo ku beegnayd bilowgdii Sibtember 1989 oo ahayd dharaartii maxkamaddii Kaaraan aan ka ballansanaa. Goor barqadii ah ayaan, anigoo xaashidii maxkamadda iiga timid wata u dhaqaaqay, anigoo lugaynaya, dhanka iyo maxkamadda. Anigoo welwel iyo baqdin darteed beerku i balbalayo, laakiin calool-adaygaya, isna tiilaya, ayaan dhismihii maxkamadda gaarey.

Waxay ahayd goor markaa shaqadu bilaabantay, dad badanina ay qaarna dibadda tuban yihiin, kuwo kalena ay gudaha ku jiraan. Qof meesha taagnaa ayaan inta wax weyddiiyey uu ii tilmaamay qol markaa aan iga dheerayn. Qolkii ayaan galay anigoo si u anfariirsan.

Qof aanan garaneyn nin iyo haweeney wuxuu ahaa ayaa ila

hadlay oo i weyddiiyey waxa aan doonayo. Anigoon wax hadal ah oran ayaan warqaddii u dhiibey. Qofkii intuu kacay ayuu iga codsaday inaan sugo.

In door ah markii aan meeshii taagnaa ayaa haweeney uur lehi qolkii soo gashay. Warqad ay gacanta ku haysey intay kala bixisay ayey magacaygii yeerisey. Dhankeedii intaan u dhaqaaqay ayaan isu sheegay. *"Ma adigaa eeddo qofkaasi? Na keen,"* intay tiri ayey dhaqaaqday. Waan dabagalay, wax yar kaddibna qol kale oo uu fadhiyo nin baan galnay.

Qol ka duwan kii aan ka soo baxnay ayuu ahaa, waxaanan u gartay inuu yahay nin jago sare haya. Haweenaydii ayaa u sheegtay inaan ahay wiilkii la sugayey iyadoo dhoolla-caddeynaysa. Ninkii inta dhinacayga soo jalleecay ayuu isna yiri, isagoo sidoo kale ilka-caddaynaya *"Ma wiilkan yar baa ninka la sheegayey? Adeer gabadhaan hebla ayaa la yiraahdaa, iyadaa dacwadaada haysa, hadda kaddibna iyada ayaad la xiriiraysaa."*

Intaa kaddib, aniga iyo haweenaydii intaan soo baxnay, baan qol kale galnay. Runtii, hadallo aanan hadda wada xusuusan, aanse ka diday ayey islaantii i tiri. Sheeko aan u gartay in qorshe la isla og yahay uu jiro. Waxaan ka xusuustaa inay i tiri, *"Wiil yar ayaad tahaye maxaa waxaan ku geliyey oo gabadhan walaashaa ah mustaqbalkeeda ugu ciyaaraysaa, maad wax iska baratid."*

Iyadoo hadalkii wadda ayey khaanad inta furtay ka soo bixisay warqad dheer oo buuxda. Intay ii soo taagtey ayey igu tiri, *"Warqaddaan qaado, soona akhri, waxaana lagaa rabaa arrimaha ku qoran inaad ka soo dacwo baxdo, maalin heblana soo celi."* Warqaddii intaan haweenaydii ka qaatay ayaan iridka ka toosay.

Anigoo dhanna ka walbahaarsan oo ka welwelsan waxa

warqadda ku qoran, dhanna is xanba-booraya oo nin darbi adag jebiyey iska dhigaya ayaan, anigoon dhanna eegin ku dhacay basaskii ka dhex shaqayn jirey Kaaraan iyo bartamaha magaalada. Markaan kursi salka ku hubsaday ayaan is iri, *"Bal warqadda waxa ku qoran aad fiirisid."*
Weligey warqad ashtako ah ima soo marin, mana akhrin. Akhrinteedu waxay ila aheyd arrin culus oo dhib badan. Muddo ayaan gacanta ku hayey oo aan ku dhici waayey inaan kala furo. Goor dambe ayaa anigoo gadaal ka baqaya si dareen leh u kala bixiyey. Ishaan si tartiib ah ula raacay oo aan muddo yar uga dhex baxay.
Sidaan uga baqayeyba maahan oo waaba hadal caadi ah. Intaan nafisey oo culayskii iyo baqdintii iga ba'een ayaan, anigoo neefguraya si fiican, anigoo xasillan u akhriyey.

Waxay warqaddu ku doodaysey, marka la soo koobo inaan ahay nin dayacay xuquuqdii reerkiisa oo aan masruuf iyo marasho midna laga helin muddo labo sano ah. Sidoo kale, waxay gabadhu ku dacwidey inay rabto xuquuqdeedii inay hesho, sidoo kalena madaxeedii la siiyo.

Dhawr jeer anigoo warqaddii ku noqnoqday ayaa baskii gaarey halkii aan uga degi lahaa. Kulmiye iyo asxaab kale oo war iga dhawrayey ayaan ugu tegey goob ay igu sugayeen. Markii aan u warramay ayaan is weyddiinney tallaabadii aan qaadi lahayn.
Ugu dambayn waxaan ku heshiinney inaan u tago arji qore ku yaalley Hotel Shabeelle, una sii jeedey dhanka kaalintii shidaalka ee baarlamaanka ku dhinac taalley. Magaca arjiqoraha ma xusuusto, laakiin waxaa lagu naynaasi jirey Abuuraas.

Goor ay barqadii tahay ayaan u tegey arjiqorihii, isagoo

9. WARQADDII MAXKAMADDA

markaa inta xafiiska soo fariistay wax-kala-hagaajin ku jira. Gacmo furan ayuu igu soo dhaweeyey. Hadal dabacsan iyo dhoollo-caddeyn isagoo isugu kay daraya ayuu i yiri, *"Adeer soo dhawow, soo fariiso. Maxaan kuu qabtaa?"*

Arrintii ayaan uga warramay iyo inaan rabo inuu iga caawiyo sidii aan uga jawaabi lahaa dacwad been ah oo la igu soo oogey. Warqaddii ayuu iga qaaday oo si fiican u akhriyey.

Markuu dhammeeyey ayuu inta isku laabay yiri, *"Dhib ma leh adeer, wax weyn ma ahan. Waan ka jawaabaynaa, arrintan oo kalena wax badan ayey i soo martay. Laakiin, waxaan kaa rabaa inaad arrinta si dhab ah iiga warranto si ay iigu fududaato ka-jawaabiddeedu."*

Runtii, maanay ahayn arrin aan fadhi ku dhammeyn karayey, laakiin waan u dulmaray, si wanaagsanna waan u fahansiiyey. Aad ayuu ula yaabay sida arrintu tahay, isagoo amakaagsanna wuxuu i weyddiiyey kuwa ay yihiin ragga aan is hayno. Kuwa ay nimankaasi yihiin iyo weliba darajadooda ayaan u sheegay.

Madaxa intuu gacanta saaray ayuu, isagoo yaabban, igu yiri, *"Adeer miyaadan xaalka waddanka la socon, maxaa nimankaa wax kuugu daray? Wiil yar ayaad tahay, kamana soo waaqsan kartid dhibka ku soo gaara, raggaas aad ii magacawdayna ma ahan kuwo aad isku dhigmi kartan. Maad iska deysid arrinkaa oo aad gabadhooda u fasaxdid. Wiil yar oo aanay da'na eryayn, lixdiisii lixaadna u dhan yihiin ayaad tahaye, maad wax iska baratid oo aayahaaga dambe ka tashatid?"*

Waxaan soo xusuustay hadalkii Cilmi Boodhari marka aan eego sida hadalkaasi ii damqay. Waxa la sheegay in gabdho ay qaraabo ahaayeen u yimaadeen oo ay ku yiraahdeen, *"Maxaa Hodan iyo gabar aan ku rabin ku dabadhigay? Gabdhahaan middii aad rabto kala bax,"* ee uu ugu jawaabey gabaygii ay

mirihiisa ka mid ahaayeen:
**Idinkuna halkii qoomanayd baad i qabateene
Qalbigaan bogsiinaayey baad qac iga siiseene!**

Anigoo og waxa uu ka hadlay Abuuraas inay xaqiiq jirta tahay, haddana naftu waa dhibsanaysey inay maqasho talooyinka caynkaas oo kale ah. Waxay iila mid ahayd gabdhahaa inta xaalka Cilmi Boodhari arkay u naxay, kaddibna goostay inay naftooda u hibeeyaan, si uu dhibkii haystey uga baxo. Cilmise waxay ula mid ahayd dhaawac la gaarsiiyey iyo qalbigiisii oo wax loo dhimay.

Anigoon caro u muujin ayaan, inta uga mahadceliyey taladiisa wax-ku-oolka ah u sheegay inaanan hadda qorshahaas diyaar u ahayn oo aan rabo inaan maxkamadda la fuulo, kana codsaday inuu iga caawiyo arrinkaa. Isagoon hadal ka keenin ayuu yiri, *"Waa hagaag adeer, waxba kaa hagran maayo, arrintanna si wanaagsan ayaan kuula habeynayaa."*

Isla markiiba wuxuu bilaabay inuu habeysto makiinaddiisii teebka si uu warqadda qoriddeeda u bilaabo. Intaanu wax kale bilaabin ayuu mar kale warqaddii akhrin ku celiyey.

Akhriskii markii uu ebyey ayuu i weyddiiyey sida aan wax u rabo. Umaanan baahnayn inaan ka fekero waxa la qorayo ama aan ku dacwiyayo, sababtoo ah waxa aan ka warramayaaba waa dhab, umana baahnayn in wax la isugu duwo.

In xaaskayga la ii diidey, intaana aan daba socdey ayaan u sheegay. Waxa kale oo aan u sheegay, inaan reerkayga diyaar u ahay oo aan dhaqanayo, sidaa darteedna aan maxkamadda ka codsanayo inay igu soo wareejiso. Bisinka intuu qabsaday ayuu hawshii gudagalay.

Qoraalkii wuxuu u qaybiyey saddex qaybood. Qaybta

hore oo aniga iga warramaysa; sida magacayga, halka aan degganahay iyo ujeeddada qoraalka oo ahaa ka jawaabid warqaddii dacwada ahayd. Qaybta labaad, waxay ka warramaysey arrinta xaqiiqdeeda iyo sida wax u jiraan. Inaan anigu mar walba reerkayga diyaar u ahaa oo la iga hor joogsadey. In la iga qaxiyey oo la ii diidey inaan arko, ama aan la kulmo.

Sidoo kale, inaan intaas oo ergo ah bixiyey oo aan ku codsanayo in xaaskayga la igu soo wareejiyo, taana aanay waxba ka hirgelin. Waxa kale oo aan ku caddeeyey in intaas oo dhib iyo hagardaamo ah la ii geystey. Qaybta saddexaad waxay ahayd gabagabadii iyo codsi aan maxkamadda ka codsanayo in reerkayga la igu soo wareejiyo iyo mahadcelintii.

Qoraalkii markii uu ebyey ayuu dib-u-hubin ku sameeyey, kana saxay wixii khalad ahaa. Intuu soo bixiyey warqaddii ayuu ii dhiibey, igana codsaday inaan akhriyo. Warqaddii ayaan dabo iyo dacal akhriyey oo markaan dhammeeyey haddana mar kale ku celiyey.

Waxay ahayd, run ahaantii, warqad uu qoraagu aad u habeeyey oo uu tifaftiray. Sida uu u qoray waxay ahayd qaab cid walbaa ku qanci lahayd, kana turjumaysey waayo-aragnimadii Abuuraas. Inuu ka soo baxay ballantii uu ii qaaday ee ahayd inuu si wanaagsan wax iigu qori doono ayaan qiray.

Anigoo aad u faraxsan ayaan, inta u mahadceliyey farta ka saaray xoogaagii waxqoridda, inta gacanqaadayna macasalaameeyey. Dukaan aan sidaa uga fogeyn goobta arjiqoraha ayaan, inta gal-boqshadeed ka gatay warqaddii ku ritey.

Markii aan hawshii dhammeeyey baan dareemay xoogaa nafis ah. Hawl adag inaan qabtay baan isku arkayey. Waan ogaa xaalku inuu yahay; Faannoole fari kama qodna, haddana culays weyn ayey igu ahayd warqaddaa qoriddeedu. Inay qayb weyn ka qaadan doonto burinta sheegashada beenta ah ee la igu eedeeyey, arrinkana ay wax ka beddeli karto ayaan rumeysnaa.

Waxaase igu taagnaa, mar walbana aan maanka ku hayey didmada aan ka qabey inay maxkamaddu caddaalad garta u naqi doonto. Maalintii ugu horreysay ayaan ka qaaday dareen, taas oo ay keentay wixii aan kala kulmay madaxdii maxkamadda iyo hadalladii duurxulidda ahaa ee la igu soo dhaweeyey.

Waxay u muuqdeen dad xog-ogaal ah oo arrinta si gaar ah isha ugu haya. Inaanay wax fog ahayn in, inta laaluush la siiyo la yiraahdo, *"Wiilkan yar naga reeba, amaba god ku tuura inta marmarsiinyo loo raadiyo,"* ayaan qabey.

Si kastaba ha ahaatee, in qoridda warqaddu aheyd tallaabo aan horey u qaaday, iyadoo waxaas oo welwel ahi igu jiraan ayaan rumeysnaa. Naxdin-u-joog iyo neef gawracani geedo kama waabto ayaan ahaa. Mar haddii dacwadaasi igu furantay, inaan ku qasbanahay inaan meel ku ogaado oo aanu arrinku joogin meel looga haro ayaan aamminsanaa.

Walbahaarkaas faraha badani wuxuu keenay in dhan walba maskaxdayda uu haatuf iyo farriimo uga soo butaacaan. Marba wax bay maskaxdu ii sawirtaa. Intaan mid la harjadayo ayaa mid kale igu soo dhacdaa.

Mar waxay ii soo tebisaa: amaa arrinkani yahay shirqool oo markii aad maxakamadda tagtaba shabaqlihii maxaabbiista lagu qaadi jirey inta lagugu rido Xabsiga Dhexe lagugu tuuraa! Mar waxay igu cabsi gelisaa: amaa adigoo taagan inta gabadha fasakh loogu jiido, adigoo soo jeeda oo indhahaagu shan yihiin lagaa kaxaystaa, kaddibna Geeldoon guri loo geliyaa!

Mar waxaaban ka baqaa in inta askar lagugu dalbado oo qafaal lagugu taago bari iyo bugux lagaa tuuraa! Iyo waxyaabo ka daran oo mid walbaa uu xilligaa suurtaggal ahaa.

Markaan ku wareero farriimahaa walaahawga ah baan, inta shaydaankana iska naaro, isku dayaa inaan baddaa aan xeebta lahayn ka baxo. Wax haraya maahee, hadba dhan markii aan ka awdo, dhinac kale ayey ka soo butaacdaa.

Si kastoo xaalku iigu adkaa, haddana marnaba afka kama qaadi jirin baryada EEBBE iyo inuu dhibkaan iga bixiyo, iina miciino. Arrinkaasi daawo ayuu ii ahaa oo hadba markaan nafta u yaabo ALLAAH baryadiisa ayaan u carari jirey. Talo abtigay i siiyey inaan sameeyo markii arrinku igu adkaadaba baan xusuustaa. Wuxuu ii sheegay inaan inta si wanaagsan u soo weyseysto aan labo rakcadood tukado, salaadda kaddibna aan akhristo duco uu ii qoray.

Salaaddaa wuxuu iigu sheegay abtigay in la yiraahdo *Salaatul-xaajah*. Sidoo kale, aqoontaydu haba yaraatee, waxaan ahaa nin aanay salaadi dhaafin oo masaajidda ku xiran.

Ku sii daroo, saxansaxadii saxwadii iyo dhaqdhaqaaqii dacwo ee siddeetamaadkii soo ifbaxay ayaa i soo gaarey. Mararka qaar baan xaadiri jirey masaajidda ay kutubtu ka socoto.

Maalintaa markii aan qoraalkii warqadda dhammeeyey ayaan dib ugu noqday xaafaddaydii, waxaanan goostay inaan warqadda aroortii la kallaho oo aan maxkamaddii geeyo. Waagii markii uu beryey ayaan ku jarmaaday maxkamaddii degmada Kaaraan. Hadda la qabsaday oo baqdin badani ima hayso.

Sidii maalintii hore ee aan xataa magaca iyo dhismaha ka didsanaa ma ahi. Markaan maxkamaddii gaarey ayaan, hadda kala bartaye, galay qolkii warqadda la iiga dhiibey. Waxaan kula kulmay haweenaydii dacwadayda haysey.

Salaan kaddib, warqaddii ayaan farta ka saaray. Intay iga qaadday oo xoogaa isha la raacday ayey inta i soo fiirisay tiri, *"Warqad fiican weeye. Marka, waxaa lagaa rabaa inaad maalinta Arbacada ah timaaddo, gabadhiina waa imanaysaa, markaas ayaa dacwadiinna la qaadayaa oo la dhegeysanayaa."*

Maalinba meel ayey joogtaaye, hadda welwelkaygu waa sida ay noqon doonto dacwadan la qaadayo. Ma inta la isu kaayo keeno ayaa gar naloo qaadi doonaa? Ma warqadihii dacwada ayaa inta la qiimeeyo markaa go'aan laga soo saari doonaa? Tolow xaalku siduu noqon?

Su'aalahaa inaan is weyddiiyo waxaa iga keenay aqoon la'aanta iga haysey dacwo iyo maxkamad wixii ku saabsan. Baqdinta iyo welwelka waxaa ii sii kordhiyey kalsoonidarrada aan ka qabey sida maxkamaddu u garsoori doonto.

Inaan xog dheeraad ah ka helo qaabka maxakamaduhu u shaqeeyaan iyo sida ay dadka is-haya u kala saaraan ayaan isku dayey. Muuqaal kasta oo ii soo bixi lahaaba waxaa isku fuuqsaday shakigii aan ka qabey maxkamadda laftigeeda. Anigoo ogaa musuqmaasuqii jirey iyo sida kan tabarta daran ay u fududayd in xuquuqdiisa loogu tunto, baan haddana ka cabsi qabey inuu jiro qorshe hoose oo ka dhexeeya reer Warsame iyo maxkamadda.

Aarinkaasi ma ahayn waxaan dhici karin, sababtoo ah ruuxii ladan ma jirin albaab ka xirmayey, danyarahaygan oo kalese cid u xilqabta oo weji ka doonaysaa maanay jirin. Si kastaba aan u didsanaadee, bal inaan ka warsugo sida wax u dhacaan ayaan goostay.

10. GARSOORKII MAXKAMADDA

WAX WAQTIGU is guraba, waxaa la gaarey xilligii ballanta. Aroortii hore ayaan is diyaarin bilaabay si aanan u daahin oo aan waqti fiican u tago. Baqdin iyo welwel iyagoo ay i hayaan ayaan dhankii maxkamadda u dhaqaaqay.

   Gartay bay ahayd inaan sidaa u cabsado, sababtoo ah meesha aan u socdana caddaalad kama filayn oo kuma kalsooni-qabin, cid iga xigsata oo garab ii noqotana maanan haysan. Ninkii geedku u buuxo ayey gartu u go'daa! Anigoo og inaan xaq ku taagnahay, qolada kalena ay dulmi ku socdaan, ayaanay haddana marna igu soo dhicin inaan dacwada ku guuleysan doono.

   Markii aan gaarey maxkamaddii ayaan inta gudbey is xaadiriyey, waxaana la ii sheegay inaan dibadda ku sugo. Markaa Ilwaad maanay iman. Wax badan iyadoon ka soo wareegin ayaa bidhaanteedu ii muuqatay iyadoo soo socota.

   Markii aan muuqeedii kor ka arkay ayaan, sidii aan dardhaday, halmar oogadii i jarcaysey! Ma xubbi iyo kalgacal aan u qabaa, mise waa necayb iyo caro aan u qabo! Malaha waa intaas oo isku jirta, saa in jacaylkeedu dhiiggayga xulay la iskuma hayn, dhanka kalena, inaan caloosha xumaan ugu hayo oo aan u ciilqabo labo isma weyddiineyn.

Markii ay i dhinacmarayso oo aan is leeyahay, *"Tolow, salaanta ma kula dhaafi doontaa!"* ayey, anigoo hoganaya oo humaaggeedii oo i sii weydaaranaya ilqooreedka ka eegaya i tiri, *"Ii warran, Samatar!"*

Hadalkii inta iga nixiyey ayaan anigoo sasan, inta madaxa kor u qaaday la soo boodey, *"Waan fiicnahay, walaalle, Ilwaad."* Hadda col iyo cadaawe ayaan noqonnay oo ma jiraan hadalladii macaanaa ee aan is dhaafsan jirney. Intay hore u gudubtey ayey xafiiskii gashay.

Wax yar kaddib ayaa nalooga yeeray qol ay ku jirto haweeneydii dacwada haysey oo ay weheliyaan koox rag iyo dumar isugu jira. Haweeneydii ayaa hadashay, iyadoo sheegaysa dacwada iyo waxa ay ku saabsan tahay. Waxa kale oo ay dulmartay warqadihii dacwada ee is khilaafsanaa.

Intaa kaddib, intay xaggayga u soo jeesatey ayey, iyadoo wejiga kuduudaysa oo aan furfurnaan iyo soo dhaweyn ii muujineyn i tiri, *"Samatar, gabadhan waxay sheeganaysaa inaad baylihisay, xuquuqdeedii ku tumatay, markii ay furriin kaa dalbatayna aad diiddey. Markaa kaddib ay sharciga timid iyadoo rabta in xuquuqdeedii lagaaga qaado. Maxaad kaga jawaabeysaa arrinkaa?"*

Hadalkaa dhan marka laga eego waan malaysan waayey, waayo hadal intaa ka kulul ayaan sugayey. Dhan kalena, rajo ayaa i gashay oo waxaan is iri, *"Su'aal fudud ayaa lagu weyddiiyey, marka, malaha haddii aad ka jawaabtid oo aad runta sheegto, xaalku inuu hagaago ayaa la arkaa!"*

Waxaanse illaawey in, haddii run la doonayo ay ku filnaan

lahayd warqaddii buuxdey ee aan keenay, su'aashaana aan uga jawaabey.

Anigoon is dhibin ayaan mar kale ku celiyey intii aan warqadda ku soo qoray ee ahayd, in xaaskayga la ii diidey oo la iga hor istaagey, mar walbana aan baadigoobkeed ku jirey, haddana aan diyaar u ahay.

Islaantii garsooraha aheyd gabadhii ayey, inta dhankeedii jalleecday iyadoo u muunsoonaysa, ku tiri, *"Eeddo, adigu diyaar ma tahay haddii uu ninkani ku dhisanayo?"* Hadal kaleba gabadhii ma oran. *"Diyaar ayaan ahay haddii uu xuquuqdaydii i siinayo."*

Yaab ayaa Alle ii keenay. Meel ay wax ku socdaan ayaan garan waayey. Hawshu sidii aan moodayey ma ahan. Dood dheer iyo muran ayaan sugayey. Tolow ma dhab baa, mise waa dhalanteed! Anigoo si u anfariirsan ayaan is iri, *"Ma adigaa ismoodsiiyey, mise Ilwaad ayaa hadalkaasu ka soo yeeray!"*

Kor iyo hoos inta la ii dhawray ayaa, hadal aan quursi iyo yasidi ka marneyn, la igu yiri, *"Intee waqti dhan ayaad gabadhan ku dhisanaysaa?"* Su'aalo gaaggaaban oo jawaabtoodu fududdahay! Tolow maxaa ku hoos duugan? Intaan fekerey oo yare aamusay ayaan waxaan ku jawaabo garan waayey.

"Waqti intee ah ayaad ku jawaabtaa?" ayaan is weyddiiyey. *"War awooddaada waad og tahay oo kumi iskuma furatid, dhan aad u carartana ma haysatide, waqtiga ha isku yarayn,"* ayaan hoos iska our. Hal sano inaan dhaho ayaan damcay. Intan is cululubtay ayaan is iri, *"Maya! Waxaa laguu arkayaa nin aan diyaar ahayn."*

Ugu dambayn waxaa hal mar afku iga boobay, anigoon aad uga fekerin oo si isugu qasmay, *"Saddex bilood."* Intaan jawaab la i oran ayaan inta is haaraamay isku canaantay, *"Allaylehe waad isku yareysay."* Anigoo dhegta u taagaya waxa gabadhu oran doonto, isna leeyahay, *"Allow yaa hadalka kuu soo celiya aad waqtiga badsatide,"* ayaan hal mar ku naxay qaylo.

Waa islaantii dacwadayada haysey. *"Yaa! Saddex bilood aa! Waxaasi macquul ma ahan."* Islaantii indhaha ayey iiga soo dhacday, oo canaan iyo qaylo dabada ii qabatay. Anigoo amankaagsan oo u qaadan la' hadalka islaantu i tiri ayaan, anigoo anfariirsan oo hadal iga soo bixi la'yahay, islaantii ku dhaygagay.

Qolada nala fadhidaa, haweeney wax qoraysey mooyaane, inta kale mid far nuuxinayaa kuma jiro. Dadkii ayaan, anigoo dhakafaarsan, isha la raacay bal inaan helo ruux hadla oo waxuun yiraahda. Talo igu caddaatay, arkayna in cidda ila doodeysaa aanay gabadha aheyn ee ay garsooraha tahay.

Meel aan hadalka ka bilaabo ayaan garan waayey, waxaase igu soo dhacday inay lama huraan tahay inaan islaanta ku afceliyo oo aan u muujiyo inaan aniga iyada doodi na dhex ool ee ay garsoore tahay. Dhibku wuxuu ahaa sidaan u oran lahaa oo aan fikraddayda u cabbiri lahaa! Hadal kulul iyo mid xanaf leh toona kuma dhecee, inaan si dabacsan ula hadlo ayey ila noqotay.

Iyadoo niyadjab iga muuqdo baan hadal laga dareemayo tabardarro iyo cabsi ku iri, *"Eeddo, inaad adigu ila dooddo ma ahayn, laakiin inaad gabadha weyddiiso ayey ahayd."* La fahan in dareen i galay. Islaantii iyadoo isku muujinaysa qof aan dhinac u janjeerin ayey tiri, *"Ma ahan dood, laakiin waxaa muuqata inaadan nin diyaar ah aheyn."*

Intay gabadhii fiirisay ayey ku tiri, *"Eeddo ma raalli baad ka tahay."* Waa hadal afka loo galiyaye, *"Maya, raalli kama ahi"* ayey ku jawaabtey. Islaantii oo iska dhigaysa sidii qof garabdaar leh ayaa la soo booddey, *"Haye, maxaan ku iri! Saddex bilood waa waqti aad u dheer"*

Hadda ayaa waagu ii beryey oo arrinku si cad iigu

muuqday. Waan miyirsadey, arkeyna sidaan arrinka u qaatay inaanu aheyn oo aan dabin ku jiro. In la iga rabo inaan ka fekero sidii aan shirqoolkan ugu bixi lahaa. Ninkii rajadu u muuqatey sheekada qaybteedii hore, hadda waa gacan-ku-gabbad oo wuxuu marayaa, *"Allow yaa mar maxakamad-ku-sheegta kaa bixiya!"*

Qasab ayey igu noqotay inaan hadalkii ku noqdo. Mar waxaan is iri, *"Waxay ahayd inaad tuuryada dheeraysato oo aad ugu yaraan lix bilood tiraahdo."* Marna waxaan is dhahaa, *"Saddexdii bilood ayaa dhibkani ka dhacaye, malaha lix bilood haddii aad oran lahayd hadal kale lagaama sugeene, horaa xabsiga lagaaga taxaabi lahaa."*

Anigoo il-miriglaynaya ayaan is iri, *"Kolley waxuun iska dheh."* Xoogaa markii aan aamusnaa oo afkayga la wada dhawrayo ayaan iska iri, *"Laba bilood ayaan ku soo diyaargaroobayaa."* Sidii oo kale ayaa haddana buuq iyo qaylo is qabsatay. Qolooyinkii aamusnaa ayaa qaarkood markan sheekadii wax ka jiibiyey.

Sidii oo kale, ayaa haddana *"Maya"* gabadhii afka loogu tiray. Arkay in dhinac la wada maray oo hawsha la isla wado. Xaggeen ka baxaa, meel Allah!

Hawshii igu adkaatay, waxaana la iigu hanjabey si aan toos ahayn oo doqon-ma-garatay ah. Cabsi iyo cagajugleyn ayaan dareemay. Baqdin ayaa la igu abuuray si la ii oggoleysiiyo waxa la iga rabo.

Ogaadey halka aroorka loo yahay oo loo socdaa inay tahay in aakhirka la yiraahdo, *"Nin diyaar ah ma tihide iska fur gabadha."* *"Marmarsiinyo ayaa la rabaa oo malaha, lagu sheekeeyo in maxkamaddii ay gabadhii furtay, sidaana lagu sharciyaysto,"* ayaan iskula hadlay.

Warkii igu soo noqoy oo mar kale anigaa la i juuqdhawrayaa. Aamus meesha ma oollin oo waa inaan jawaabaa. *Nin durbaan tuntay ilaaq dalbey!* Waxaad mooddaa in la i leeyahay, *"Adigaa lagu kari waayey oo lagaa waayey inaad si gobannimo ah aad arrinkaa ku aqbashid. Maanta qool ayaad ku jirtaaye, sidaad uga bixi laheyd adiga ayey kuu taallaa."*

Runtii, yaan afka la iga oran, laakiin xaalku sidaa ayuu u muuqdey oo inaan tiil iyo taagba la'ahay marag uma baahneyn. Maalintaa qofkii wejigayga iyo muuqayga arkaa wuxuu ka dheehan lahaa inaan nin jahwareer iyo cakir ku jira ahay. Intaan il go'ay oo dhidid i shubmay ayaa afkii i qallalay. Waan taagnaaye, inaan sarajoogga ka duulo ayaan ku sigtay.

Calooladayg waa ALLAAH wehelkiise, inaan meesha catow iyo is dhiibidi ii oollin ayaan isku dhiirriggeliyey. Anigoo tabardhigay ayaan, haddana sidii oo kale hadal aan kal iyo laab ka soo go'in ku iri, *"Waa yahay, bil iyo bar ayaan ku soo diyaargaroobi."* Tiina la igama yeelin oo dabayshaa lagu daray.

Intaan is hayn kari waayey ayaan, inta xoogaa tabari i soo gashay la soo boodey, *"Macquul ma ahan intaa ka yar inaan ku soo diyaargaroobo."* Inta la is eegay oo malaha luqad la isla yaqaan lagu wada hadlay ayaa la iga codsaday inaan dibadda u yare baxo bal si gabadha loola hadlo.

Waxaa la iska dhigayaa dad raba inay gabadha la hadlaan oo muddadaa aan qabsaday ku qanciyaan, aniguse sidaa uma arkayn, mana noqon karin. Sidii la yeeli lahaa in laga tashanayey ayaan u arkayey.

Calwasaad iyo madax-dhul-ladhac ayaa xaalku iga marayey. Meeshay doonto ha ku dhammaatee, bal inaan xabsigan ka baxo ayey iga joogtey.

Muddo yar markii lagu jirey ayaa la ii yeeray, gabadhiina dibadda u soo baxday. Waxaa la igu bilaabay talo soo jeedin iyo waano la igula talinayo inaan gabadhaan iska fasaxo, maaddaama ay gabar walaashay ah tahay, aniguna aan wax iska barto, mustaqbalkaygana aanan ku ciyaarin.

Inkastoo hadalkaasi i yare dejiyey, haddana inaanu dhab ahayn ayaan dareemayey. *"Waa tab kale oo la rabo in lagugu dago,"* ayaan is iri. Wax hawl iyo feker ah inaanan is gelin oo aan hadalka soo afjaro ayaan goostay.

Taladaasi mid ii cuntamaysey ma ahayn oo xaalku wuxuu iga ahaa; *Meel hoo u baahan hadal wax kama taro.* Si dhib yar ayaan ugu sheegay inaan reerkayga rabo, diyaarna u ahay inaan dhisto, haddana aanan furriin u diyaarsanayn.

Iyadoon la is dhibin ayaa hadal, malaha, markii horeba u diyaarsanaa, la ii soo jeediyey: *"Maqal wiilyahow, gabadhii waan la hadalnay, waxaanan ka codsannay inay waqtigii aad codsatay kuu ogolaato, waana diiddey. Waxay taagan tahay in la furo ama toddoba beri wax walba loogu soo diyaariyo. Si kasta ayaan ula hadalnay, ugu dambaynna labo toddobaad ayaannu si dirqi ah ku oggoleysiinnay. Marka intaas ayaan kuu haynaa, adigayna hawshu kuu taallaa."*

Labo toddobaad ayaa xaalkii noqday! Markii aan dood ka furay, dhawr jeerna ku celceliyey inaanay suurtaggal ahayn, lagana yaabo haddii maanta alaabta samaynteeda la bilaabo inay waqtigaa qaadato, ayaa lagu soo uruuriyey inaanay iyagu waxba ka beddeli karin, kordhinta waqtigana aan gabadha kala hadlo. Anigoo quus ah, talo kale oo aan ahayn inaan iska huleelana aanay ii muuqan ayaan qolkii ka soo baxay.

Ilwaad dibadda ayey taagan tahay oo sugeysaa waxa hadalku ku dhammaado. Way ogeyd halka arrintu ku soo afjarantay iyo inaan waxba laga beddeleyn. Bal inaan ka gadoodo iyo in kale ayey dhawraysey.

Waxaan markaa qalbiga ku hayaa hadalkii ugu dambeeyey

ee ahaa inaan arrinkaa gabadha kala hadlo. Inaan isku dayo inaan gabadha ka daadhiciyo inay waqtiga ii kordhiso oo fursad aan ku soo diyaargaroobo i siiso ayaan goostay.

Hore ayaan isku sii raacnay anigoo raba inaan baska sii saaro. Markaa waxba dood iyo hadal ah uma furin, laakiin waxaan bilaabay inaan dejiyo oo aan didmada ka bi'iyo, maaddaama aan ogsoonaa inay kacsan tahay oo dareen ku jiro. Wax badan oo hadal ah iyadoo aanu na dhexmarin ayaan goobtii baska laga raaci lahaa gaarsiiyey, kaddibna u gudbiyey inaan jeclaan lahaa inaan caawa kulanno.

Anigoo filayey inay fahansan tahay waxa aan doonayo inaan kala hadlo ayey, si ogaal-weyddiin ah, ii su'aashay waxa aan ka rabo. Waxba kamaanan leexleexane, inaan rabo inaan waqtiga la ii qabtay ka wada hadalno baan u sheegay. Waxay si cad iigu sheegtay inaanay diyaar u ahayn arrintaa, inay baajiso ballantana way isku dayday.

Markii aan ku adkaystay inay ii timaaddo oo aan caawa is aragno ayey iyadoo cagajiid ah waxay igu tiri, *"Waan kuu sheegay inaanan diyaar u ahayn inaan waqtiga kaala hadlo, waanan kuu imanayaa haddii ay wax kuu tarayso, hase ku riyoon waqtikordhin."* Hadalkaa adag oo rajo la'aantu ka muuqato intay tiri ayey, iyadoo ilmo indhaheeda ku taagan tahay inta is dadabtay, u faagatey meel aan sidaa iiga dheerayn.

Ilwaad waxay ahayd hashii ninka gurrani dheelmay ee aan dhanna u fayoobeyn. Waxa ay la tiiraanyaysan tahay waa culayska guriga ka saarnaa. Arrin aanay iyadu dooran ayaa loo yeeriyaa, culays ayaana lagu saarey inay reerkeeda dumiso. Waxa kale oo lagu qasbay inay barqadii meel uga dhaqaaqdo ninkay iyadu dooratay oo ay intaas oo dhib ah isla soo mareen.

Waxaa lagu tirtirsiiyey inay inta maxkamad hor istaagto

tiraahdo, *"Ninkani waa i dulmay oo xuquuqdaydii ayuu ku tuntay,"* iyadoo og inaanan dembi gelin oo aan xalay-dhaley ka ahay. Intay, inta ILAAHAY ka furato, been cad u bareerto, ballantii iyo wacadkii aan dhigannayna ka baxdo ayaa lagu sandulleeyey.

Dhanka kale, waxay aragtaa sida arrinkaasi iiga degi la'yahay oo aan u muraara-dillaacsanahay. Waa ay u jeeddaa sida aan u gadoodsanahay oo ay arrintu iiga daadagi la'dahay. Waxay dareensan tahay in col iyo dagaal i galay oo aan mintid ahay, nin si fudud ku harayana aanan ahayn.

Waxaas oo is biirsaday qofka uu ku kulmaa, cid u miciinta oo uu u ciirsadana waayey, garti weeye inuu murugo iyo ciil u dhinto. Xaggayga, kumaanan laabqaboobeyn dhibka gabadha haysta, daawadeeduse waxay aniga iila mid aheyd qoorgooyo. Waxay i weyddiisanaysaa inaan furo, anigana maalintaa dil iigama sokeyn.

Waxay iga dalbanaysey inaan ka farxiyo Warsame iyo gaashaanbuurtiisa, aniguna cimil ayaan ugu jiraa oo *"dabin mar may kuugu dhacaan,"* ayaan ku hayaa. Waxay iga doonaysey inaan inta fasaxo, muddo kaddibna ninkii lala rabey inta loo galbiyo aroos looga alalagsiiyo. Aniguse kama dhib yarayn oo waan la qabey hagardaamada iyo ciilka.

Cudurka na hayaa mid buu ahaa, daawaduse maalintaa, sidii aan u arkayey, waa noo kala duwaneyd.

Sidii annagoo u kala taagan ayaa baskii isa soo taagey. Wax kale kama gaari karine waxaan ku tuuray inay Maqribka dabadi beertii Afisyoone iigu timaaddo. Iyadoon juuq ii oran, balse hadalkii tannaagada ahaa maqashay ayey baskii kortay iyadoo indhaheedu sidii bur dhiig ah u guduuteen.

Boos bannaan ayey salka la heshay, baskiina wuu dhaqaaqay anigoo il gacaltooyo la sii raacaya oo aad mooddo inaan leeyahay, *"Gaariga ninka wadow, gacaladayda yaa guudka saaran."*

Gaarigii markii uu libray ayaa anigoo saanta jiidaya u luuday dhankaa iyo xaafaddeydii oo aan sidaa iiga fogeyn. Gurigii ayaan gaarey anigoo si u qasan. Sariirtii ayaan isku kala bixiyey anigoo ka gaari la' inaan dharka iska bixiyo.

Dhan daal ayaan ka dareemayey, dhanna caloolyow, dhan kalena waxaan ka gubanayey caradii iga haysey caddaalad xumadii aan la kulmay. Dhanka kale marka laga eego, waxaan u ekaa sidii ugaar dabin ka fakatay oo meeshaas oo aan nabad uga soo baxaa waxay ii ahayd sidii nin siriq loo dhigay ka bedbaaday.

Si kastaba ha ahaatee, in xaalku meel aad u adag marayo waa ay ii caddeyd.

Sidii caadadu ahaydba, dadkii xaafaddu waraysi ayey iigu dhaqaaqeen, aniguna sidii wax u dhaceen baan u gudbiyey. Aadmigu kala duwane, mid quus ayuu ii muujiyaa oo inaan arrinkan dhibka badan faraha kala baxo ayuu ku taliyaa.

Qaar ayaan wax kale i oran, laakiin inaan samir weheshado igu waaniya. Kuwo kale oo u badan asxaabtayda waxaan mar walba oo aan hanjabo ama ay arkaan in xaajadu igu adkaatay ka heli jirey guubaabo iyo dhiirrigelin.

Si kastaba ha ahaatee, mar walba waxay naftaydu la jirtey qofka ii muujiya inuu garab ii yahay, ina barbar taagan yahay, kana helo hadallo dagaalka aan ku jiro dardargelinaya.

Casar-gaab kolkii ay tahay ayaan gurigii ka baxay anigoo u carraabay Afisyoone iyo halkii aan Ilwaad ku ballansanayn. Salaaddii Maqrib ayaa iigu soo gashay markii aan baskii uga degey gurigii Shaqaalaha. Masjid aan sidaa iiga fogeyn ayaan inta ku tukadey abbaaray beertii xerada Afisyoone ku dhinac tiil.

10. GARSOORKII MAXKAMADDA

Welwel iyo feker iguma yarayn, rajada aan ka qabaa in Ilwaad iga yeesho arrinka aan ula socdaana ma buurneyn. Aniga ayaa samri waayaye, saaka ayaa wax aan ku quusto la i tusay. Xaalkaygu wuxuu ahaa iska caalwaa iyo bal ku day waa intaasoo Alle qalbigeeda beddelaaye!

Beertii ayaan gaarey iyadoo markaa waqtigu himamow yahay. Goobtii aan tilmaansannay ayaan isa sii taagey, gabadhiina ma joogto. Intaan isku tiiriyey darbigii beerta ayaan halkii ku sugey. Shaki weyn kama qabin inay ii iman weydo maxaa yeelay, gadaal waxay doontaba ha ka samaysee, waxay ahayd qof ballanta ku fiican.

Anigoo goobtii liqdaaran, neecow macaanina ay dhacayso, qalbigayguna uu badweyn dhex dabbaalanayo oo aan hawada la sheekaysanayo, ayaan culays dareemay. Naxdin aan yaraha boodey iyo eegmo ayaan isku daray. Mise waa gabadhii oo i dhinac taagan.

Intaan isa sii raacnay ayaan dhexqaadnay xaafaddii Waaberi. Arrinkii ayaan u furay iyo inaan ka doonayo inay waqtiga la ii qabtay ii kordhiso. Ilwaad hadal badan maanay gelin, waxayna ku soo afjartay inaanay diyaar u ahayn inay xataa hal maalin iigu darto.

Yaab iyo malaysan waa' ayey igu noqotay go'aankan adag ee ay gabadhu qaadatay. Inaan ku sugnaa xilligii aan ugu jilicsanaa oo aan ugu taagta darnaa ayaan rumeysnaa, xaalkuna uu meel xun iga marayo. Sidoo kale, markii aan ugu baahi badnaa taageero iyo garabqabasho.

Waxaan is iri, *"Gabadha xaalkeedu ma israacin baa?"* Malaha waxaa lagu yiri, maantuu ninkii god kuugu jiraaye, dhibibtir oo dabac iyo naxariis yaanu midna kaa helin.

Anigoo quusasho ah ayaan goostay inaan mar kale ku

celiyo. Markan hadal dheer oo wacdi iyo wax sheeg isugu jira ayaan galay. Waxaan xusuusiyey wixii aan isla soo marnay ee silic iyo saxariir ahaa. Waxa kale oo aan xusuusiyey ballantii iyo wacadkii aan isla galnay iyo danbiga weyn ee ay leedahay ballan laga baxaa.

Sidoo kale, in nabsi meel u yaal qofkii walaalkii ku ballanfura ayaan ku cabsi geliyey. Inaanay ku kadsoomin hadallada iyo dhagarta ay har iyo habeen u sheegaan kuwa cadowga noo ah, iguna eedaynaya inaanan diyaar dhaqasho u ahayn ee ay iga tahay dad kale iska celin, ama aan rabo inaan iyaga ku xumeeyo ayaan uga digay.

Waano ayaan u jeediyey iyo inaanay reerkeeda ku dumin talo ay siiyeen kuwo iyagu reerahoodii haysta. Sidoo kale, inaanay xaaraan u bareerin oo aanay suurtaggal ahayn inay maxkamadi furto anigoo mar walba la taagan inaan reerkayga rabo. Hadal dheer oo intaa aan sheegay ku dul wareegaya ayaan ku dul akhriyey.

Dhegihii daloola ayaa hadal galaaye, Ilwaad hadalkaa ALLAAH waxba kama dheefsiin oo dhinac buu ka maray. Awal hore markii aan waayihii hore iyo berisamaadkii uga sheekeeyo, dareen ayaa geli jirey oo yaraha dabci jirtey, haddase waxaa ka muuqda inay tahay; *dhagax biyo kuma qarqaro.*

Hadalkeedu labo arrimood ayuu ka koobnaa. Mid waxay ii muujinaysey inay daashay, arrinkanna aanay diyaar u ahayn inay ila sii waddo. Midka kale, inaanay go'aanka arrintan wax talo ah ku lahayn oo ay yeelayso uun wixii samee la yiraahdo. Run ayey ahayd inay is dhiibtey oo arrinka waxaa wadey Warsame, wiilkiisa iyo asxaabtoodii kale.

Habeenkaa kulankii ahaa guul igama raacin, waxaanan la noqday gacmo maran oo ay weliba ii weheliso niyadjab aan dareemay inuu aad ii saameeyey. Lexejecladii iyo rajadii aan gabadha ka qabey ayaa hal mar dhulka galay.

Waan qaadan waayey oo ii cuntami weydey sida aanay marna gabadhu u dabcayn oo ay weliba dhibsi u muujinayso markii aan arrinta la soo qaadaba. Rajo ayaa awal igu jirtey ah inaan wax ka beddeli karo oo aan dib u waraabin karo oo boorka ka jafi karo kalgacalkii naga dhexeeyey.

Inaan ku guulaysto iska daaye, anigii ayey wax igala dhacday oo dhaawac weyn ii geysatey. Waxaad mooddaa inay si dadban gabadhu ii leedahay, *"Ninyahow, xilligii nabadda iyo hadallada macaan la isku doori jirey waa la soo gudbay oo waxaa lagu jiraa xilligii colaadda iyo wax-iska-celinta ee intaad nuunaaska iska deysid dagaal u soo xaydo."*

Intaan qalbiga iska iri, *"Middan wanaag kama soo socdee dhaxanta iyo geyraha yaanay kugu diline, gaadiidku intaanu kaa istaagin xaafaddaadii isaga dheelmo,"* ayaan u sii dhaweeyey dhanka xaafaddii ina adeerkeed ee ay ku soo degtey. Salaan aan kal iyo laab ka soo go'in intaan isa salaannay ayaan kala hoyanney.

Waxaa la yiri: *Bawdyo rag maalinba mid baa qaawan.* Habeenkaa wuxuu ii ahaa habeen baas oo hurdo ma ledin. Sariirta ayaan dagaalaa oo hadba dhinac isugu tuuraa sidii ay iyadu wax ii dhintay.

Markii uu dhinucu i xanuuno ayaan inta soo kaco barxadda guriga wareegaalaystaa. Waa sharqan la'aan oo cid dhaqdhaqaaqaysaa ma jirto. Waxaan dadka kale ee xaafaddu qabin ayaa i haysta. Wax baa i gubaya oo jiifkii ii diidey.

Habeenkaa sardho iyo gaafwareeg ayey ii ahayd. Dhanka kale, waan ogaa in reer Warsame ay habeenkaa damaashaad iyo dabbaaldeg u aheyd halka aan anigu umal iyo ciil la hagoogtay.

Ninba maalin ayey la caaridaaye, maalintaa aniga inay xaajadu iga dheellidey ayaan garwaaqsadey. Wax kale oo ii haray ma jiraan oo aan ka ahayn dalqadahaa gacanta iigu jirey, haddana iyagii in la rabo in la iga faramaroojiyo ayaa ii soo baxday. Inuu jiro qaab aan uga bedbaadi karo dabinkaa aan ku dhacay ayaan is weyddiiyey.

Laba toddobaad ayaa la ii qabtay, gacantaydana xoolo kuma jiraan oo inaan jeeb-marnahay cid walbaa waa og tahay. Go'aan u qalma xaaladdayda dhaqaale ayaa la qaatay. Waa la ogaa inaanan kumi isku furan oo aan boggayga bog iga xigin.

Arrinkii ayaan rogrogey oo hadba dhan ka eegay. Markaan oddoroso oo aan naftayda runta u sheego waxaa ii soo baxdey rajo la'aan iyo inaan laf cad toobin ku hayo. Isla hadal iyo su'aalihii aan is weyddiin jirey xilligan oo kale iyo ereyadii gurmadka degdegga ahaa ayaa maankayga hareeya: *"Tolow yaad u qayladhaansataa... xaggee gargaar ka heshaa...."* iyo kuwo la mid ah.

Asxaab iyo saaxiibbo midna kuma tashan, saa waan ogaa xaalkoodee. Arday jaamacad dhigta iyo qolo sidaydoo kale dayaxa ku xabkaysata ayey isugu jireen. Cidda ehel iigu sokaysa ee aan waqtigaa xoolo ku tuhmayo waxay ahaayeen reer Warsameha godka ii qodaya.

Aabbahay wuxuu degganaa tuuladii aan jeer hore ku soo booqday oo geedna uga shidan yahay, xoogaa lo' ahna ku haystaa. Markii ay ii muuqan weydey agab iyo cid aan garabsado ayaan ciil iyo murugo darteed hoos u ooyaa.

Waxaan labalagdeeyaba, waagii ayaa beryey anigoo habeenkaa intiisii badnayd aan soo jeed ku dhammeystay, haddii aan gamo'na aanan hurdo fiican seexan oo aan qarow iyo wax la mid ah ku jirey.

Sidii ay caadadu ahaydba, markii la soo toosay ayaa waraysi la iigu dhaqaaqay iyo wixii aan gabadhii kala kulmay. Sidii wax u dhaceen ayaan u tebiyey iyo inaan gabadhii gacmo maran kala soo noqday. Iyaguna sidii aan uga bartayba, qofba meel ayuu ku dhuftay iyo sidii ay la ahayd.

Markii aan afka ku dhuftay wixii quraac ah ee aan heli karey, ayaan magaalada aadey anigoo, malaha qayladhaan ah. Asxaabtaydii ayaan xaalkii gaarsiiyey, isla markiibana kulan wada tashi ah ayaan qabannay. Kulmiye oo markaa dhigan jirey kulliyaddii Daraasaadka Islaamka ayaan ka bilaabay. Waxaan kala qaadannay wixii xog ahaa ee uu mid walbaa hayey iyo sidii aan ka yeeli lahayn.

Dacwadii maxkamadda sidii loo qorsheeyey ee loo diyaariyey ayaan war ku helnay. Markii hore in loo tagey wadaad garsoore ka ahaa mid ka mid ah maxkamaddihii degmooyinkii Muqdisho oo ay Warsame macrifo ahaayeen talana la weyddiiyey ayaa naloo sheegay. Shirwac ayaa inta gabadhii lagu daray loo geeyey wadaadkii.

Shirwac markaa gurigii Diiriye ayuu joogaa oo Cawrala oo xaaskii Warsame aheyd, Diiriyena dhashay ayaa arrintii dhexgashay oo dib u soo celisey. Dumaashigeedba ha ahaadee, wuxuu ahaa wiil ay soo korsatay oo hooyo oo kale ay u ahayd. Sida nagu soo duushay, si gaar ah ayey Warsame markii hore wadaadka u wada hadleen.

Garsoorihii wuxuu ku taliyey in la iga dacweeyo maxakamadda xaafadda aan degganahay oo ahayd Kaaraan. Waxa kale oo naloo sheegay inuu wadaadkii loo tagey uu la hadlay garsoorihii Kaaraan oo ay is garanayeen. Markaa kaddib, ayaa la wada qorsheeyey sidii dacwada loo habeyn lahaa iyo go'aankii la qaadan lahaa.

Waxaa xal loo arkay in sida ugu habboon ay tahay in muddo gaaban la ii qabto oo aan guri ku soo diyaariyo. Xaalkayga dhaqaale waa lala socdaye, markii aan wax soo diyaarin waayo, inta la igu xukumo nin aan gabadha dhaqan karin, in si fudud oo aan muran lahayn la iiga furo.

Warsame markii uu arrintii meel ku ogaadey ayuu u safray Dhuusamarreeb iyo reerkiisii. Waxaa i soo gaartey inuu ku dardaarmay oo uu yiri, *"Hawsha sidaa ku wada, haddiiba ay dhacdo inuu guri meelahaa ka soo uruursado gabadha si degdeg ah gaari iigu soo saara."*
Sidoo kale, ayey i soo gaartey in markii horeba la dejiyey qorshe dhawr heer ah. In marka hore dacwada la hormariyo ayaa lagu heshiiyey. Haddii dacwada ay wax ku suurtoobi waayaan, in gabadha inta tikid loo jaro la dhoofiyo oo Kanada ama Maraykanka laga tuuro. Kaddibna, malaha marka la fogeysto fasaq loogu jiido.

Waxyaabahaa markii aan Kulmiye is dhaafsannay ayaan is weyddiinney sida aan arrinkan cakiran uga dabbaalan lahayn. Hadba waxaan meel ku dhufannaba, in rag loo diro wiil ka shaqeeya maxakamaddii Racfaanka ee Gobolka Banaadir ayaan isla garannay.
Labo dhallinyaro ah ayaa loo gartay in la diro. Sidii ayey yeeleen oo waxay isla markiiba ku dhaqaajiyeen maxakamaddii Racfaanka. Ninkii dhalinyarada ahaa ayey u tageen, una gudbiyeen arrinkii oo tifaftiran.

Wiilkii markii arrinkii loo idleeyey ayaa, inta qiiro qaadday wacad wuxuu ku maray inuu arrinka si wanaagsan uga qayb qaadan doono.
Waxa kale oo uu wiilashii u sheegay inuu dad ka yaqaan maxakamadda Kaaraan oo uu aadi doono, arrinkana kala hadli doono. Wuxuu intaa ugu sii daray oo uu ku laabqaboojiyey inuu ku sandulleyn doono inay waqti fiican oo aan ku soo diyaargaroobi karo ay iigu daraan.
Markii ay ka soo gaddoomeen iyagoo faraxsan ayuu ku

soo macasalaameeyey, *"Xataa haddii ay is adkeeyaan oo ay naga taladiidaan, dacwada oo dhan inaan ka soo wareejiyo ayaan isku deyeyaa, wiilkuna ha is diyaariyo si uu reerahoodii xoolo ugu raadsado."*

Labadii dhalliyarada ahayd iyagoo faraxsan oo hawl weyn oo muhiim ah soo qabtay ayey soo noqdeen. Isla markiiba waxay ii soo bandhigeen inaan is diyaariyo oo aan Caabudwaaq iyo reerkii aado, aniguna waan ka aqbalay, walow rajada igu jirta ee ah inaan xoolo iyo xurquun soo heli doono ay aad u yareyd.

Si kastaba ha ahaatee, waan ku qasbanaa inaan taladaa qaato oo aan si halhaleel ah safarkaa ugu diyaar garoobo. Intii la iska daba-wareegayey ayaa waqtigii toddobaad ku dhowaad na dhaafay. Hadda welwel badan nama hayo oo waxaan iskuhalleyn ka haysannaa wiilkii iyo maxkamaddii Racfaanka.

Wiilkii sidii uu ballan qaadayba, wuxuu isa sii taagey maxakamaddii degmada Kaaraan. Isla markiiba wuxuu waraysi ugu dhaqaaqay ciddii dacwadayda haysey, waxaana loo tilmaamay islaantii masuulka ka ahayd. Xoogaa markii la is wareystay, ayuu u gudbiyey waxa uu ugu yimid.

Islaantii oo u qaadan la' in dhankaa col uga yimaado ayaa aflabadi yeertay, iskuna dayday inay wiilkii ku qanciso inuu arrinkaa faraha kala baxo, kamase aanu yeelin. Arrinkii waa la isku afdhaafay, dagaal afka ah ayaana xaalkii gaarey.

Qolooyin kale oo maxkamadda joogey ayaa soo dhexgalay, waxaana wiilkii lagu qanciyey inay arrinka dhammeyn doonaan oo uu maanta iska noqdo.

Sidaa ayuu ku tegey isagoo si dadban ugu hanjabey in haddii arrinkaa wax laga qaban waayo uu dacwadoo dhan kor iyo gobolka u laalayo oo uu u wareejin doono.

11. SIR MA QABE, ALLAA U SAHAN AH.

IYADOO ARRINI halkaa marayso, la iina sheegay dagaalkii wiilka iyo maxkamadda, safarkaygiina berri maanta marayo, ayaa Habboon oo walaashay ah oo xoogaa badeeco ah wadata safar ku timid. Meesha adag ee arrinkii marayo ayaan uga warramay iyo in labo toddobaad oo mid tagey la ii qabtay.

Aniga iyo Habboon waxaan iska waraysannay sidii aan yeeli lahayn iyo qaabkii arrinkan jahawareersan wax looga qaban karo. Been iskumaannan qancin karin oo xaalka dhaqaale ee reerka waan ogeyn, ehel Xamar noo jooga oo aan tabantaabo ka filayno inaanu jirinna waan ka dharagsaneyn.

Anigoo garanla' waxaan ku tago ama ku joogo ayaa Bulxan oo aan ilma adeer ahayn magaalada yimid. Qaadwale qaadka ka jeebleeya oo aan wax buuran haysan ayuu ahaa. Intaa waxaa u dheeraa isagoon waxba ka helin xoogaa qaad ah oo uu safarkaa keenay. Bulxan, Habboon iyo Ashkir oo ahaa wiilkii guriga aan joogo lahaa ayaa inta isku yimid sidii ay wax yeeli lahaayeen isku soo qaaday.

Aniga talo la iiguma yeerin oo da' ahaanna waa la i yareysanayaa, gacan iyo dhaqaale inaan wax ka tarana la igama filayn. Arrintan la ii diray ee labada toddobaad la ii qabtay inuu xujo yahay ee aanu dhab aheyn ayaan is tusnay. Inaan xujo-bixi karno oo alaab guri, intay doonto ha le'ekaatee, diyaarin karno ayaa la is weyddiiyey. Wax xaalkii la gorfeeyaba in wax la isku dayo ayaa la isla qaatay.

In wax la raadiyo meeshii la doono ha laga keenee ayaa la guddoonsadey. Bulxan xoogaagii qaadka uu ku eryan jirey waa dhaafay oo waxba gacan kuma hayo, Ashkirna waa darawal aan waxba haysan oo biilka reerkaba kama badiyo. Waxay noqotay xoogaagii badeecada ahayd ee ay Habboon waddey in la xaraasho. Xoogaa aan sidaa u sii buurneyn, wax badanna aan tari karin ayaa ka soo baxay. Yeelkeede, waxaan goosannay in alaab guri wixii ay ka goyso lagu soo gado.

Intaa kaddib, halkii alaabta la dhigi lahaa ayaa la iska wareystay. Qol aan la degganaa wiil dhallinyaro ah oo ay lahaayeen qolo ay Ashkir isku fiicnaayeen ayaa isagii loo diray inuu ka soo dhammeeyo.

Gabadha guriga lagu qabo qudheydu waan is naqaanney oo isku fasal ayaan ahaan jirney, haddase reer yeelatay oo aannan isku heer joogin. Kaba sii darane, waxay walaalo yihiin Geeldoon oo ahaa ninkii Ilwaad lala rabey oo dagaalka dhinaciisa uga jira.

Si kastaba ha ahaatee, Ashkir wuxuu gabadhii ka dhaadhiciyey inay muddo go'an guriga na siiso.

Halkaa marka xaal marayo ayaan aniga, Habboon iyo Ashkir suuqii Siinaay isku raacnay si aan wax u soo gadno. Sidii aan hadba mid u gorgorineynney, annagoo jeebkayaga ku xisaabtamayna, ayaan ugu dambayn guri nin danyar ah mooyee aan cid kale haweysateen lacagtii ku bixinnay.

Haba iska liito, Ilwaadna yaanu u qalmine, wuxuu ahaa guri looga bixi karo xujadii nalagu xiray oo cidina imaanay oran karin, *"Guri maadan soo diyaarin."*
Markii aan hubsaday in alaabtii gacantayada soo gashay ayaa nafi i soo gashay oo aan miyirsadey. Wax walba waxaa iiga darnaa inaan xujadaa ku dhaco, taas oo guuldarro u aheyd aniga iyo dadkii garabkayga ahaa ee iga dhinac dagaallamayey, aniga dartayna u eedoobey. Sidaas oo ay tahay, aad ayey iigu yareyd rajada aan ka qabey inay Ilwaad gurigan oggolaan doonto.
Si kastaba ha ahaatee, aniga guul bay ii aheyd inaan ka bedbaado shirqoolkii la ii dhigay ee la doonayey in si sharci loo ekeysiiyey dalqadaha la iiga marooqsado.

Alaabtii ayaan gurada u soo saarnay gaari xaajiyad ah oo uu Ashkir darawal ka ahaa. Qolkii aan wax ka degganaa oo wiilkii kale laga raray ayaan ku soo furnay. Markii la kala hagaajiyey, oo Habboon gogliddiisii ku farayaraysatay ayuu xoogaa muqaal guri yeeshay, anigiina rajo i gashay oo ay iga baxday yasiddii iyo quursashadii horey iigu jirtey.
Dhanka kale marka laga eego, waan ogsoonaa inaanu ahayn guri Ilwaad geyaankeeda ah, waase dani ku badday.

Hawshaa markii ay dhinac nooga dhacday ayaan asxaabtaydii gaarsiiyey, si fiican ayeyna u farxadgelisey, waxayna u arkeen fallaar ku taagneyd oo laga siibey. *"Maxaan sameynaa iyo halkee ka bilownaa,"* ayaan is weyddiinney. Waxaan rogrognaba, inaan Ilwaad inta u tago u sheego arrinta, bal si aan u ogaanno dareenkeeda iyo waxay ku jawaabto ayaan dhammaantayo isku raacnay.

Hadda ilaalo badan laguma hayo oo waa la is dhigtay. Guushii waa la isa siiyey oo gabadhii la aaminey. Inay si qumman gacanta ugu gashay oo taladooda mooyee aanay mid kale dhegta u dhigayn ayaa loo qaatay. Farriin ayaan inta u dirsaday ka codsaday inay iigu timaaddo gurigii uu kulankayagii ugu dambeeyey ka dhacay. Iyadoo tartiibteeda taxaashaysa, wejigeedana dareen ka muuqdo ayey ii soo gashay.

Malaha waxay is leedahay, *"Tolow maantana kii muxuu wadaa? Ma baryo dambe ayuu kuugu ciil qabaa, miyaanu quusan?"* Markii aan is nabdaadinnay kaddib, ayey fariisatay meel aan sidaa iiga durugsaneyn.

Maanan doonayn inaan galo sheeko kale iyo wixii na soo maray iyo inaan laqanyo kiciyo, gaar ahaan dhacdadii ugu dambaysey ee ay meesha cidlada ah iiga dhaqaaqday markii aan ka codsaday inay waqtiga la ii qabtay ii kordhiso. Sidoo kale, maanan rabin inaan didmo geliyo oo aan hadal kulul ku iraahdo. Inaan sabaaliyo oo isku dayo inaan arrinka oggoleysiiyo ayaan goostay.

Si dabacsan ayaan hadalkii ugu bilaabay, una muujiyey inaan diyaar u ahay inaan meel kasta u maro sidii reerkayagu ku guuleysan lahaa oo uu noogu hirgeli lahaa. Wixii dhib na soo maray ee aan u dulqaadannay ayaan xusuusiyey. Intaa kaddib, ayaan u sheegay inaan guri soo diyaariyey, wax walbana ay u dhan yihiin oo ay iyada oo qura ka maqan tahay.

Anigoo arkaya ayey sidii qof hadda soo baraarugey madaxa kor u qaadday oo xaggayga soo dhawrtay. Iyadoo wejiga kuduudaysa oo, malaha hadalkaa filan la' ayey, inta cabbaar aamusnayd hal mar la soo booddey, *"Xaggee ayaad ka keentay xoolaha aad alaab guri ku diyaarinayso? Meelahaas ayaad inta toobal-caaro ka soo uuursatay ayaad leedahay guri ayaan diyaariyey! Waxaas kaa aqbali maayo, igumana khaldi kartid."*

Iyadoo caraysan ayey inta is dadabtay dhanka kale u jeesatey. Isku dayey inaan ka dhaadhiciyo inaanay alaab duug ah ahayn ee ay cusub tahay, Ilwaadse way ka daaddegi weydey. Ugu dambayn waxaan ku heshiinney inay indhaheeda ku soo aragto.

Goor galab ah ayaa Ilwaad oo ay weheliso Suubban xaafaddii timid. Isla markiiba, waxaan geeyey qolkii aan alaabta ku diyaariyey isagoo goglan oo si wanaagsan loo sii diyaariyey. Aragtay in gurigu, haba yaraadee, uu cusub yahay oo siday filaysey aan meelahaa laga soo uruurin. Ilwaad talaa ku caddaatay, waxay ku hadashana way garan weydey.

Ogaatey hadda inaan xujabaxay, sidoo kalena waxay qalbiga ku haysaa ballantii adkayd ee uu Warsame ka tagey ee ahayd inaanay marna ii dabcin oo dagaalka dhinaceeda ka gasho.

Maalintii aan ku wargeliyey inaan guri diyaariyey habeenkii xigey hurdo kama soo dhicin. Waxay garan la'ayd waxa ay sameyso. Welwel iyo walbahaar ayey ka bixi weydey. Aad ayey u adkayd inay, inta reerka ballantii uga baxdo, aniga i doorato. Dhanka kale, waxay is lahayd, *"Amaa arrinkani fursad kuu yahay oo aad ninkaaga raacdaa!"* Labo daran kala dooro ayey ku noqotay.

Waxay arrintii rogrogtaba, waxay uga dharaar furatay, kaddib markii ay, malaha, asxaabteeda la tashatay, inay labo arrimood isku darto oo ay isku hesho. Tan hore, inay aqbasho dhismaha reerka oo mar haddii hoy la diyaariyey iyo meel madaxa la geliyo aanay diidin. Tan kale, inaanay iska soo dhaqaaqin oo aanay iska kay dabagelin, si aan loo oran, *"Sidii ay u joogtey ayey ninkii iska raacday!"*

Sidee xeego loo xagtaa ilkana ku nabad galaan, ayey ku fekertey. Waxay goosatay inay shardi xirato. Haddii la rabo inay arrinka aqbasho, in loo tago ehelkeeda oo arrintan loo sheego, iyagoo raalli ahna ay gurigeeda timaaddo.

Marka dhan laga eego waa arrin Ilwaad u wanaagsan, dhegteedana u fiican. Waxay rabtaa inay hesho waxuun reerka isku xiri kara iyo xarig ay qabsato. Waxay dooneysaa inay hadhow tiraahdo, *"Ninka iskama raacine waan idiin soo gudbiyey."* Dhan kale marka laga eego, waxay aniga igu ahayd culays aanan qaadi karin. Wax adag ayey igu ahayd inaan, inta Diiriye u tago aan gabar ka doono.

Si kastaba ha ahaatee, gabadhii shardigii ayey isla goobtii iigu soo gudbisey, iyadoo ku adkeysaneysa in arrinka Diiriye loo sheego. Waa yaabe, ma ninkii wixii la ogaa nagu falay ayaan maanta gabar weyddiistaa! Ma wejigaan siin karaa ninkii habeen iyo maalin igu baadigoobayey ciidan hubaysan oo rabey inuu xabsi igu tuuro.

Damcay inaan gabadha ka dhaadhiciyo inaanay ii jebin ninkaa oo aanay reerkeenna dhismihiisa ku xirin, dabacse arrinkaa ugama helin. Galabtaa waxaan ku kala tagnay, waa in Diiriye loo tagaa iyo ninkaa weji nama dhexyaal.

Ashkir oo naga wardhawrayey ayaan arrinkii u sheegay iyo waxay gabadhu shardiga ka dhigtay. Ina adeerkay, sida ay arrintu iigu culus tahay ugumaba cusla. Mar haddii gabadhii na aqbashay, wixii kale ee yimaada in la xallin karo ayuu isku dayey inuu igu qanciyey.

Markuu arkay sida aan uga meermeerayo oo aan u diidanahay ayaan ku heshiinney bal inaan Bulxan iyo Habboon arrinka kala tashanno.

Halkaa iyadoo arrin marayo, waqtigii maxkamaddu qabatayna aan wax sidaas ahi ka harin, ayaan ku tallamay inaan, inta maxkamadda aado, u soo sheego iyo inaan waqtigii la qabtay sugo. Wadatashi kaddib, inaanan waxba waqtigii sugine aan u soo sheego ayaan goostay.

Goor aroortii hore ah ayaan ku kallahay. Waxaan tegey

11. SIR MA QABE, ALLAA U SAHAN AH.

iyadoo markaa shaqaalihii yimaadeen, qaarkoodna ay bannaanka maxakamadda fadhiyaan. Islaantii dacwadayda haysayi qolada bannaanka fadhida ayey ku jirtey oo meel gooni ah ayey u yara baxsaneyd. Salaan kaddib, islaantii ayaan dhankeeda u dhaqaaqay. Dhankayga ayey soo jalleecday iyadoo wax aanan hadda xusuusan gacanta ku haysa.

Qofkii i ogaa maalintii maxakamadda iigu dambaysey, wuu garan lahaa in wax iska kay beddeleen. Maalintii anigoo gamiin leh oo tiiraanyaysan ayaan ka huleelay, maantase weji dhalaalaya ayaa iga muuqda. Eegmo huruuf wadata intay i eegtay ayey tiri, *"Haye eeddo, maxaa darnaa?"*

Waxba hadalkii lama meermeerine waxaan u sheegay inaan gurigii soo diyaariyey. Intay wejiga kaduuddey oo yaraha aamustay ayey tiri, *"Ma gurigii baad soo diyaarisay?"* Iyadoo kalsooni iga muuqato, una muujinaya colaadda aan u qabo ayaan, anigoo caasha kor u taagaya ku iri, *"Haa, gurigii waan soo diyaariyey."*

Intay gadaal u fariisatey ayey wiil dhalinyaro ahaa oo shaqaalaha maxakamadda ka mid ahaa inta u yeertay ku tiri, *"Wiilkan raac oo soo eeg guriga uu leeyahay waan diyaariyey. Qalin iyo buug qaado, hal shayna, fargeetaba ha ku ahaatee ha ka soo tegin."* Wiilkii inta halhaleel qalin iyo buug u soo qaatay ayuu i raacay.

Markii aan gurigii gaarney ayuu wiilkii bilaabay inuu alaabtii shay walba qoro. Markuu qoraalkii idleeyey ayuu, isagoo dhoollacaddeynaya inta i soo eegay yiri, *"Maashaa ALLAAH, gurigani waa guri dhammeystiran oo aan waxba ka maqnayn."* Intuu i macasalaameeyey ayuu maxkamaddii dib ugu noqday.

Ilwaad waxaa isugu kaaya dambaysey maalintii ay u timid

inay guriga aragto. Waa annagii isku mariweyney Diiriye u tegitaankiisii oo aan liqi kari waayey. Mar waxaan is iraahdaa, *"Amaa, xaalkii waa kuu dhow yahaye ay arrintani baas kuu noqotaa"* oo cabsi ayaa i gasha. Marna waxaan soo xusuustaa dagaalkii i qabsaday iyo sidii la ii galay, markaas ayaa xinif iyo colaadi i gashaa.

Si kastaba ha ahaatee, in arrintu bedbaado u baahan tahay oo ay qar ka laadlaaddo ayaan garwaaqsaday. Bal inaan ka wardhawro Bulxan, Habboon iyo Ashkir wixii talo ah ee ay la yimaadaan ayaan goostay .

Annagoo aan weli saddexdayadii isku iman ayaa la gaarey maalintii maxkamaddu noo qabatay. Kama labalabayne, subaxdii ayaan isa sii taagey. Shaki weyn ayaan ka qabey in Ilwaad imanayso, waayo waa ogeyd in xaggayga ay arrintii ka soo dhammaatay oo ay iyada ku foorarto. Isla markiiba, inaan joogo ayaan gudbiyey, kaddibna in gabadhii la sugo ayaan ku heshiinnay.

Cabbaar kolkii aan joogey, waqtigiina la dhaafay ayaan mar labaad ku celiyey. Haddana inaan xoogaa sugo ayaa la iga codsaday. Duhur-ku-dhawaadkii markii ay tahay ayaa inta la ii yeeray warqad u yeerid ah la iigu dhiibey oo lagu amrayo inay degdeg maxkamadda u timaaddo.

Qofba waa mare mus ma kula koray! Shalay iyadaa warqadda waddey, maantana anigaa wada. Lamaanan daahine, isla markiiba inta ula orday ayaan u geeyey. Maalintaa hadal badan islamaannan gaarin, waxaan is nirise aad uma xusuusto, waxaanse garanayaa inay ii sheegtay inaanay maxkamad u socon. Maxaa iga galay mar haddii aan anigu heeryadii iska ridey.

Si gaar ah ayaa inta malaha la isku arkay saddexdoodii; waa Bulxan, Ashkir iyo Habboon ayaa la isla meeldhigay in gabadhu shardigay dhigatay loo fuliyo oo Diiriye loo tago. Sidaa iyadoo lagu wada socdo ayaa la ii yimid, fikraddiina la ii soo jeediyey, iyadoo weliba la i tusaalaynayo sida gabadhu noogu hiillisay.

Nin meel u caddahay meel ka madoobe, waxaa aniga muraayadda iiga muuqda Diiriye oo markii aan soo xusuustaba uu ciil i buuxiyo. Hadal uu qof aan Bulxan u malaynayo i yiriW baan dhaafi waayey oo ahaa: *"Gabadhu waxay rabtaa wax iyada iyo reerkooda isku xira oo hadhow gabbaad iyo dugaal u noqda, si aan loo oran ninkii ayey iska raacday intay dhuumatay, markaana ay iyada iyo reerkoodii sii kala dhintaan."*

Halkaa markii xaal marayo, ayaan haddana ged iyo xujo kale la imid oo ah inay iyagu u tagaan oo aanan marnaba ninkaas hor fariisaneyn. Waxaan isku difaacay inaanay iyagu dhadhamin xumaantii la igu falay, wax colaad ahna aanay dhex oollin iyaga iyo reer Warsame, sidaa darteed ay arrintu ula fududdahay. Waxa kale oo aan hordhigay haddii uu Diiriye diido waxa ay sameyn doonaan.

Sidaa la iigama harine, waa la garnaqsaday, albaabkii ugu dambeeyeyna waa la soo xiray, waxaana la ii soo jeediyey sidan: *"Gabadha annaga ayaa ku noqonayna, kalana hadlayna arrinka ah haddii uu diido, laakiin adiga waxaa lagaa rabaa inaad na raacdo, waxba hadli maysid oo annaga ayaa hadlayna, haddii uu ku soo hadal qaadana annagaa u jawaabeyna. Caqli ma ahan in qofkii arrinta lahaa aanu goobta joogin."*

Sidaa ayaan arrinkii ku gabagabeynney. Maalintii xigtey ayaan aadney Afisyoone si Ilwaad loo arko, loona weyddiiyo sida wax loo xallin doono haddii Diiriye diidmo la yimaado. Gabar Bullaale adeer u ahaa ayaan u dirsannay oo aan farriin ugu dhiibney si ay noogu timaaddo xaafaddii Bullaale.

Goor galab ah ayaan, kooxdayadii wada socotey iyo

Bullaale gabadhii la kulannay, waxaana loo gudbiyey wixii aan ku soo heshiinney iyo arrintii iyada loola socdey. Wax dhib iyo hadal ah kaamanay keenin, waxayna noo ballanqaadday in haddii Diiriye arrinkaa hadal ka keeno ay maalin cad na raaci doonto.

Markii aan gabadhii ka rogmanney ayaan is weyddiinney sidii Diiriye loola kulmi lahaa. In Bulxan iyo Ashkir taleefon u diraan, kaddibna ay ballan ka qabtaan ayaan isla garannay.

Arrintii weji cusub ayey yeelatay, waxaana soo baxay hawlo cusub oo aan hore talada ugu jirin. Waxyaabo aanan horey ugu hammin jirin ayaa maankayga ku soo dhacay. Haatuf ayaa qalbigayga ku soo tuuray hadallo iyo erayo aan marnaba laabtayda ku soo dhicin!

Cid aanan arkeyn ayaan is dhaafsannaa kalmado rajo fiican iyo hididdiilo muujinaya. *"Haddii arrinku hagaago sidee waxyeelaynaa? Waxaa loo baahan yahay aroos, xaflad in la dhigo, in xoolo la qalo iyo wax la mid ah!"* Tolow ma dhab baa?

Wixii ALLAAH fududaynayo cid hor istaagi kartaa ma jirtee, asxaabtaydii ayaan ku dhexdhacay oo aan xaajadii uga warramay. Inaan diyaargarow iyo heegan galno ayaan ku tashanney.

Saaxiibbaday dhexda ayey marada ku xirteen, waxaana la galay abaabul. Sidoo kale, asxaabtaydii reer Dhuusamarreeb intii is-heli kartey iyana guntigay dhiisha isaga dhigeen. Inaan hawsha isku sii dubbaridno, Diiriyena laga wardhawro ayaan isla garanney

Bulxan iyo Ashkir isla markiiba waxay taleefoon u direen reer Diiriye. Waqtigaa guriga maanu joogin, laakiin xaaskiisii, run ahaantiina gacan weyn ka geysatey sidii aan u kulmi lahayn, ayey la hadleen, arrinta ay ka rabeenna u sheegeen. Si aad ah ayey u soo dhaweysey, waxayna u ballanqaadday inay u

11. SIR MA QABE, ALLAA U SAHAN AH.

gudbin doonto, waqtina ka qaban doonto.

Markii xigtey ee ay la hadleen ayey u sheegtay in galab hebla ay u yimaadaan. Galabtii nala ballamiyey ayaan is raacnay aniga, Bulxan iyo Ashkir. Gurigii markii aan tagnay ayaa halhaleel waxaa naloogu gudbiyey qolkii fadhiga.

Adduun waa hooska labadiisa geline, subaxdii qolka fadhiga iigu dambaysey waxay ahayd maalintii inta awowgey Warsame aniga iyo Shirwac noo yeeray uu nagu wargeliyey inaan xaafadda isaga tagno. Subaxdaa anigoo demmaadsan oo aad i mooddo in dubbe madaxa la igala dhacay ayaan qolka ka baxay. Isla subaxdaa barqadeedii boorsadaydii ayaan ka qaatay, waxaanan ka tegey Ilwaad oo ilmada shubaysa.

Galabtaa arrinku waa ka geddisan yahay. Shalay Ilwaad darteed ayaa la ii eryey inta qolkan la iigu yeeray, maantana iyada doonisteedii ayaan, isla qolkii, u fadhiyaa. Adduun dad badan waa khatalay!

Diiriye oo markaa waqti yar ka hor hurdo ka soo kacay ayaa noo soo galay. Salaan kaddib, Bulxan ayaa hadalkii furay.

"Adeer, waxaan filayaa inaad la socoto arrinta Samatar iyo Ilwaad. Wixii dhacay ama horey u jirey hadda ka hadli mayno oo dib ayaan u dhiganeynaa, maaddaama ay hadda na hor taal arrin muhiim ah. Waxaan galabta kuugu nimid inaan oggolaansho kaaga helno in gabadhii la dhiso, maaddaama aad waaridna tahay, gabadhiina gurigaaga joogto." Hadal dulucdiisu intaa tahay ayuu Bulxan maray.

Diiriye oo ay wejigiisa caro ka muuqato ayaa isna hadal aan intan ka xusuusto ku jawaabay, *"Adeerrayaal, waad mahadsan tihiin haddii aad i xushmayseen oo aad arrinkaa iila timaaddeen, walow aan hore wanaag la iigu dhigan oo Samatar wuxuu doono igu falay. Waxba ma diiddani, arrinkaana waan idinka yeelayaa, ogaadase inaan jarakabooto sameeyey oo aan gacandhaafay*

odayaashii arrinka lahaa, arrintiina ka boobay."
Intaa markii uu yiri ayuu damcay inuu aniga igu soo leexdo oo wax i yiraahdo, laakiin Bulxan ayaa ka dhexgalay, kana codsaday in arrinta labadayada uu dib ugu dhigo.

Arrinkii halkaa markii uu ku dhammaaday ayaan, annagoo culays weyni naga dhacay, qolkii dibadda uga soo baxnay. Ilwaad oo malaha dhegtu u taagneyd ayaan, inta arrinkii ku sii taabannay hore u sii gudubney.

Warba ma haynee, illeyn xaalkayaga dushaa lagala socdey oo jeer hore ayaa la ogaadey inaan aniga iyo gabadhu hoos u wada hadalnay. Markii Diiriye xaalkaa ogaaday ayuu halhaleel aabbihi ula xiriiray una sheegay inaan gabadhii gacan ugu jirin, mar horena ay ii gacan gashay. Warbixintaa iyo wixii uu ku dari kareyba ayuu aabbihi u gudbiyey.

Wuxuu arrinkii ku noqday qaadan waa' iyo mid aanay uba soo dhigan. *"War ma gabadhii aan wax walba isugu dubbaridnay, wax kasta oo ay rabtana aan u ballanqaadnay ayaa maanta ninkii raacday? Naageey gacaladaa iyo ballantaa ba'day!"*

Hadalladaa iyo kuwo la mid ah ayaa la iiga soo tebiyey inuu Warsame ku calaacalay. Kuwaa kuwa ka daran oo habaar iyo wax kaleba weheliyaan ayaa iyana miyigii Caabudwaaq la iiga keenay iyo Ilwaad labadeedii waalid. Wax walboo la sheegase dan iyo heello kamaanan gelin, waxay ii ahayd tixdii Aadan-carab ee ahayd:

Ha karaamo-seegina habaar la igu kari waaye.

Diiriye, qudhiisu markii uu arkay halka xaal ka deganayo ayuu goostay inaanay, gabadhu kolley waa socotaaye, maran oo aanu afka iska xumayn. Wax kale oo uu yeeli karey ma jirin oo aan ka ahayn middii uu qaatay. Malaha waaba malaysan waayey oo maba soo dhigan inaan gabar ugu soo fariisto.

11. SIR MA QABE, ALLAA U SAHAN AH.

Si kastaba ha ahaatee, waxaa xan igu soo gaartey in fikraddaa ay ku boorrisey Siraad oo xaaskiisa ahayd. Malaha, waxay tustay inaan cimri tagey ceeb lagu sagoontin oo waxba gacan uguma jiraane aanu is adkayn. kamaanu diidine, inaan xal kale jirin ayuu u arkay, wuuna ku dhaqaaqay.

Afisyoone, guushaa annagoo wadanna ayaan ka soo baxnay. Intaan sii soconney Ashkir iyo Bulxan anigaa jidka la igu sii maray. Xifaalo ayaa la igu bilaabay iyagoo igu duraya in gabadhu iga caqli badisay, fikraddeeduna ay ahayd mid sax ah. Runtii, kamaanan doodi karin caqliga iyo maskaxdii Ilwaad oo waxay ahayd mid ALLAAH ugu deeqay, sidaas oo ay tahay is difaac iguma yarayn.

Waxyaabihii aan isku difaacayey waxaa ka mid ahaa inaan diiddanaa in ninkaasi reerkayga abaal ku yeesho, laakiin waxaan illaawey maahmaahdii Soomaaliyeed ee ahayd: *Dantaada maqaar ey ayaa loogu fariistaa.*

Isla markiiba, dib umaannan dhigannine, waxaan gudagalnay sidii hawsha arooska ee nagu soo fool leh loo qaban lahaa. Hawsha hadda waxaa nagula jira asxaabtaydii oo dhinacooda ka wada.

Markii aan qiimayn samaynnay waxaa soo baxay dhawr hawlood, oo kala ahaa sidatan: Cuntadii iyo xoolihii la qali lahaa, Cabitaankii iyo macmacaankii loogu talo galay habeenka arooska, baabuurtii arooska lagu soo gelbin lahaa, wixii gabadha lagu soo diyaarin lahaa ee goobaha qurxinta lagu geyn lahaa.

Sidii aan hawsha u qaybsan lahayn ayaan qorsheynney. Markii ay noqoto xoolo iyo dhaqaale, wax-ma-tare ayaan ahaa oo talada iyo showrka dhaqaalaha la iguma darsan jirin.

Haba jeeb marnaadeene, asxaabtaydii waxaa la saaray inay soo diyaariyaan wixii ku bixi lahaa xafladda habeenka arooska iyo baabuurtii arooska lagu soo gelbin lahaa, anigoo iyaga matalayana qalinka ayaan ku duugay. Wixii soo haray waxaa qoorta u ritey Habboon oo mar kale xaraashtay wixii ka haray badeecadii ay iibka u keentay iyo Marwo (Bootaan walaashi) oo qayb weyn ka qaadatay raashinkii goobta lagu cunay.

Arrinkaa markii uu dhinac u dhacay ayaa haddana waxaa la gudagalay sidii la isula meel dhigi lahaa waqtiga uu aroosku noqonayo. Waxba dib looma dhigine waxaa la muddeeyey Arbacadii nagu soo fool lahayd oo ku aaddaneyd 29.09.1989.

Qolo walbaa hawsheedii ayey gudagashay, Ilwaadna inta lacag loo geeyey ayey bilowday inay aroos isu diyaariso. Laftigaygu kama marnayn inaan arooska isu diyaariyo. Awooddu iima saamaxayn inaan suud ama iskujoog aan soo iibsado, sidaa darteed ayaa wiil uu Kulmiye abti u ahaa iiga soo amaahday iskujoog markaa aabbihii Talyaaniga uga keenay.

Kulmiye, Bullaale iyo raggii kale si fiican ayey hawshoodii isugu dubbariteen, oo waqti fiican ayey wax walba diyaarsadeen. Sharaabkii ay u baahnaayeen ayey ka dalbadeen warshaddii Coca Cola, buskudkii, xalwaddii iyo doolshihiina in loo diyaariyo ayey goobihii lagu samayn jirey mid ka mid ah ka ballansadeen.

Iyaga laftigoodu fudayd wax kuma heline caqabad xoog leh oo xagga dhaqaalaha ah ayaa ku timid. Intooda badani waxay ahaayeen arday jaamacadaha dhigta oo aan waxba gacanta ku hayn. Kulmiye oo ka mid ahaa ragga dhallinyarada hoggaaminayey ayaa, mar arrintu quus ku dhawaatey wuxuu ku taliyey sidan: *"War haddii aan wax kale weyno qof walba miyaanu awoodin inuu hore u soo qaato dhaladiisa sharaabka ah iyo xoogaa doolshe iyo xalwad ah?"*

Irsaaqadda Eebbe dadkuu isugu dhiibaaye, dhalliyaradii

11. SIR MA QABE, ALLAA U SAHAN AH.

ALLAAH faraj ayuu u furay oo xoogaa dhaqaale ah ayey heleen. Sidoo kale, Marwo oo kaalinteedu ahayd dhanka raashinka inay ka qayb qaadato ayaa, si lama filaan ah waxay dhallinyaradii ugu keentay xoogaa lacag ah oo ka fujisay welwelkii hayey, meel weynna ka awddey.

Waxaan iyana ka yareysan dedaalka dhallinyaro uu ka mid yahay Hiraabe oo ahaa wiilkii igu dhaliyey inaan shaqo u doonto wakaaladdii Xoogga Korontada. Shidaalkii baabuurta waxaa isna shafka u garaacay nin dhallinyaro ah oo hawlwadeennada ka mid ahaa.

Sidoo kale, ayaa qoladii kale iyana hawshoodii isugu dubbariteen. Labo neef oo ari ah in la soo gado ayey guddoonsadeen, agabkii iyo wixii wax lagu karin lahaana inay soo uruursadaan ayey bilaabeen. Talaadadii maalintii arooska ka horreysey ayaa inta suuqa xoolaha la aadey laga soo gaday laba neef oo ari ah, dadkii hawsha qaban lahaana inay subaxda Arbacada guriga isugu yimaadaan lagu ballamay.

Hawshii arooska si wanaagsan ayey isugu dubbadhacday, wax walbana sidii loogu talagalay ayey u socdeen. Subaxdii Arbacada ahayd ayaa neefafkii dhegta dhiigga loo daray. Beerkii iyo xoogaa hilib ah oo la kalaankalay ayaa inta quraac ahaan loo diyaariyey dhawr wadaad oo deriska ahaa loogu yeeray, kaddibna laga codsaday inay wardi iyo Quraan reerka cusub u akhriyaan.

Waqtigii qadada ayaa la gaar ah, waxaana soo bilowday dadkii lagu casuumay iyo intii soo gurdan raacdayba. Xaafaddii aan degganaa iyo midda Ashkir oo ku dhegganeyd ayaa martidii loo gogley. Wax daahid ah maanay dhicine, isla markiiba si milgo iyo muunad leh ayaa martidii loo sooray.

Qadadii markii ay dhammaatay ayaa qof walba isagoo af iyo maan ducaynaya baxay oo wuxuu dan kale lahaa qabsaday.

Asxaabtaydii, iyana sidoo kale ayey hawshoodii ugu dhexjireen. Sharaabkii iyo macmacaankii kaleba waa diyaareen, hal meel ayeyna isugu geysteen. Baabuurtii aroos-gelbinta loogu talagalay waxay ku ballameen inay caawa fiidkii isugu yimaadaan sartii NBC ee ku taalley Jidka Soddonka.

Dhawr santuuq oo sharaab ah, xalwad iyo buskud ayey geeyeen gurigii Diiriye ee ay Ilwaad isku diyaarinaysey.

Waqtigii markii uu soo dhawaadey ee casarkii la tukadey ayaan, aniguna is diyaarin galay. Makhribka gadaashiis in la ii iman doono oo gaari la ii soo diri doono ayaa la ii sheegay. Waxaan dareemayey baqdin iyo farxad isku jira.

Waa arrin igu cusube, sida wax u dhici doonaan baan is weyddiinayey. Qajilaad iyo xishood ayaan dareemay oo aan ka cabsi qabo sida waxa dad iman doona aan u horfariisan doono. Ilnugeyl ayaan isku tuhmayeye, waxaan islahaa amaad far dhaqaajin weydaa oo aad goobta ku ceebowdaa!

Si kastaba ha ahaatee, waqtigii la ii iman lahaa ayaa la gaarey. Makhribkii ayaan inta halhaleel u tukadey, isku taagey iskujooggii arooska loogu talagalay. Anigoo shixnadan oo wax walbaa ii dhammaystiran yihiin ayey ii yimaadeen dhallinyaradii la ii soo diray. Xaafadda laftigeeda shaqo kama dhammaan oo waxaa la sii diyaarinayey goobtii caawa xafladda lagu qaban lahaa.

Hoteello la kiraysto iyo goobaha aroosyada lagu qabto kamaannan bixi karine, barxad yar oo gurigu lahaa ayaa si wanaagsan inta loo sharraxay kuraas la dhigay.

Gaarigii ayaan raacay, waxaannan afka saarnay dhankaa iyo sartii NBC oo gawaaridii kale nagu sugayeen. Si wanaagsan markii uu aaskii u madoobaadey, walow goob walba nal ka ifayey, ayaan gaarney goobtii baabuurta kale nagu sugayeen.

Markii bidhaantayada la arkay ayaa la kala orday iyadoo aad mooddo in mudane la sugayey soo muuqday. Baabuurtii ayaa la isku guray oo furaha lagu wada rogey. Raggii hawsha kala agaasimayey mid ka mid ah ayaa inta noo gacan haadiyey noo tilmaamay inaan hore u soconno.

Hal mar ayaa wixii baabuur meelaha taagnaa intoodii badnayd wada dhaqaaqeen. Dhexda ayaan baabuurtii ka galnay, waxaanan qabsannay jidkii Soddonka. Tarbuunka ayaan sii marnay, kaddibna Lambar Afar, waxaanan uga sii gudubney dhankii Afisyoone.

Afisyoone waxay ahayd xero ciidan, waxayna ahayd saldhiggii ciidammada cirka. Walow dad badan ay degganaayeen, haddana waxay lahayd hal irid oo laga galo, albaabkaana waardiye ayaa taagnaa. Dhallinyaradii hawsha waddey ayaa waxay noo sheegeen in laga diidey inay baabuurtu gudaha gasho, laakiin loo fasaxay gaariga aroosadda soo qaadaya.

Sidaa ayey noqotay oo gaarigii i sidey, iyadoo uu i weheliyo manxiiskaygii Bullaale, ayaa gudaha galay. Xaafaddii ayaan hor istaagnay, mise maxaa nal ka baxaya! Cimri tegey ceeb laguma sagoontiyee, reer Diiriye waxay muujiyeen wacdaro aanan, run ahaantii, ka fileyn. Gurigii oo dhan ayaa waxaa lagu sharraxay nalal kala noocnooc ah oo bilicdii guriga ka dhigay waxaan la arag.

Sidoo kale, waxay ka qayb qaateen kharashkii gabadha lagu geeyey goobta qurxinta. Deriskii ayaa xaafaddii soo buuxiyey iyagoo raba inay ka qaybtooda ka qaataan farxadda arooska.

Gurigii markii aan foodda soo gelinayba, waxaa hal mar isqbsaday sacab iyo mashxarad! Anigoo qajilaad darteed saanqaadkii iga lumay, laakiinse is tiilaya ayaan, anigoo dhoollacaddeynaya, dadkana kor ka salaamaya u gudbey qolkii ay Ilwaad igu sugaysey. Qol isna si wanaagsan loo iltiray ayaa Ilwaad iyo malxiisaddeedii nagu sugayeen.

Salaan kaddib, waan sii baxnay anigoo xaaskaygii gacanta haysta, labadii malxiisna na daba socdaan. Sidii iyo si ka daran ayaa haddana sawaxan iyo sacab is qabsaday. Annagoo dheganaban oo saanta boobayna ayaan albaabkii guriga ka baxnay. Gaarigii oo guriga hortiisa noo taagnaa ayaan inta halhaleel u kornay hore ka dhaqaaqnay.

Baabuurtii kale oo iridka xerada hoganeysa iyo kaayagiiba waxaan afka saarnay jidkii Iskool Boolisiya aadi jirey ee Afisyoone hortiisa mari jirey. Waxaan la leexannay jidkii Via Roma, xoogaa markii aan sii soconnayna waxaan u leexannay jidkii Liido ee xeebta mari jirey.

Waxaan sii tamashlaynaba, waxaan gaarney xaafaddii oo iyana inta la qurxiyey iftiinkeeda iyo nalalka walalacdooda meel fog laga arkayo. Sidii Madaxweyne soo degey ayaa inta albaabbadii nalaga furay oo dhinacyada nalaga galay gudihii guriga naloo sii gelbiyey.

Barxaddii guriga oo aad wax kale mooddo ayaan galnay. Kuraas kuwa kale ka duwan oo arooska iyo labada malxiis loogu talagalay oo dhanka shishe ka soo jeedey ayaa inta nala geeyey nala fariisiyey. Hal mar ayaa goobtii la soo buuxiyey.

Markaan salka dhulka la helay, ayaan il baqdini ku jirto dadkii la raacay. Ishaydu ma qaban cid aan dhallinyaro ahayn. Marka laga reebo Bulxan oo aan ilma adeer ahayn, ragga hawsha wada iyo inta ka soo qaybgashay; rag iyo dumarba, ma jirin qof aan is iraahdo wuxuu dhaafay shan iyo labaatan sano. Bilow iyo dhammaadba waxay ahayd hawl dhallinyaro wadatey oo odayaasheedii ay caro ku maqnaayeen. Ciidan dagaalkii looga adkaaday oo jabay ayey isku arkayeen.

Kaarshe oo hawsha xafladda inuu kala wado loogu talagalay

ayaa, inta goobta isa soo taagey ka jeediyey hadal gaaban oo uu uga hadlayo xafladda iyo sida ay u socon doonto. Sidii caadadu ahaydba, waxaa lagu furay aayado Quraan ah oo uu noo akhriyey wiil dhallinyarada ka mid ahaa.

Waxaa waqtiyada qaar dadku samayn jirey in arooska iyo aroosaddu dadka u afbilaabi jireen. Saxan yar oo uu saaran yahay doolshe, middi iyo fargeeto ayaa inta la soo qaaday miis na hor yaalley la soo saaray. Intaan istaagney ayaan, xoogaa inta doolshihii ka gooyey Ilwaad afka u geliyey, iyaduna sidii oo kale ayey sameysay.

Hal mar ayaa sacab iyo wirix is qabsaday. Kaddib, waxaa la gudagalay in dadkii loo qaybiyo cuntooyinkii fududaa ee loogu talagalay.

Aroosyadii waqtigaa la dhigi jirey, qoloba intay doonto ha ka qaadatee, waxaa muunad u ahaa qaabkii reer Galbeedka looga dayday ee laga soo gaarey. Dadka qaar, gaar ahaan kuwa dhaqaalaha isbida, kooxo muusik tuma ayey soo kiraysan jireen, meelo loogu talagalayna waa kiraysan jireen.

Kuwa aan tabari gaarsiin karin, ee dantu u run sheegto inta cajalado rikoorka ku tuurtaan ayaa habeenkaas oo dhan qoob-ka-ciyaar lagu soo jeedi jirey. Kuwo labadaaba aan ahayn ayaa jirey oo iyagu madaddaalo gaar ah samaysta. Su'aalo iyo halxiraale ayaa inta la soo diyaariyo lagu caweyn jirey.

Middan dambe ayaan qaadannay oo habeenkii waxay noo ahayd kedis iyo halxiraale. Cabbaar kolkii hawshaasi noo socotey ayaa inta Kaarshe mar kale goobtii isa soo taagey soo jeediyey hadal intiisa badan mahadnaq ahaa.

Sidii caadadu ahaydba, wuxuu ku soo gunaanadey hadalkii aroosyada lagu soo gabagabeyn jirey ee ahaa: *Aroos lagamana raago, lagumana raago*.

Markii xafladdii la soo afjaray ayaa, sidii la yeeli jireyba, dadkii inta saf soo galeen qof walba si gaar ah noogu hambalyeeyey, ilaa ay isku soo hartay afartayadii iyo koox hawlwadeennadii ka mid ah. Iyaguna naguma sii raagine, inta na macasalaameeyeen ayey khayr iyo inaan baraare ku barinno noogu duceeyeen.

Labadayadii aroos iyo labadii malxiis ayaa inta nala horkacay qolkii nala geeyey. Xoogaa markii aan fadhiney, ayaa labadii malxiis amar lagu siiyey inay arooska iyo aroosadda soo nabdaadiyaan. Goobtii aniga iyo gacaladaydii ayaa isugu soo haray oo la isu cidleeyey. Waxaan isugu soo harnay qol yar oo markii sariirtii iyo dhawr kursi la dhigay aanay ka soo harin meel labo qof isku weydaarato.

Qol irrid-bannaan ah oo labada dhinacba jid ka maro oo har iyo habeenba aanay cagtu ka degin, intaana la is dabaqoodaynayo ayuu ahaa. Kaba sii darane, wuxuu ku yaalley goob dhallintu ku cawaysimaan oo mararka qaarkood aan ka gam'i weyno sawaxanka iyo buuqa ka yeeraya. Qof ay dani badday mooyaane, waa meel aan ku habboonayn inuu reer dego. Hooy loogu talagalay qof aan lammaaneyn ayaa duruuftu na badday.

Si guud markii aan xaalka u eego waxay iila ekayd sida ninkii inta dabinka sagaarada u dhigtay uu biciid ugu dhacay ee isagoo farxad kala batay yiri, *"Geesaweyne, kaan u dhigtayba ma ahan."* Si aan filayey, aniga iyo asxaabtayduba maanay ahayn. Way nala fogeyd in aniga iyo Ilwaad sidan fudud, inta aqal naloo ilaxiro dalaq nala siiyo nala yiraahdo, *"Waa idin kaa ee soo barya."*

Nin baraarihi mid bay baas u tahaye, halka aan farxad iyo rayrayn ku jirney reer Warsame tacsi ayaa u taalley oo madax dhul-la-dhac ayey ahaayeen. Kamaanan naxsanayn in sidaasi ku dhacdo, haddii aanan wax kale xeerinaynna inaan ku wiirsado oo aan ku digto ma ahayn wax fog oo aan suurtaggal ahayn. Habeenkaa farxad iyo *"xaalku ma dhab baa mise waa dhalanteed!"* ayaan ku dhammeysannay.

Sidii dhaqanku ahaaba, muddo toddobaad ah ayaa arooska loo adeegi jirey oo loo yaqaanney toddobabax. Barqadii ayaa labadii malxiis noo iman jireen si ay wehel noogu noqdaan, galabtiina naga carraabi jireen oo Ashkir ayaa hore u sii qaadi jirey. Dad u badan asxaabtaydii ayaa salaan iyo tahniyad noogu iman jirey, laakiin ma dhicin inay na soo booqdaan qolooyinkii aan ehelka wadaagney.

Maaddaama reer Warsame ay reerka talada u hayeen, ma eed ayey ka baqeen mooyi, mise iyaga laftigooda ayaan reer Warsame waxba ka sokayn oo dubbe ayaa ku dhacay?

Si kastaba ha ahaatee, dhawr arrimood oo jirey dartood arrintaasi ima damqin. Midda hore, anigoo ahaa nin aan reer iyo qabiil lagu soo tarbiyeyn oo ku soo koray dhul aad uga fog halka reerkayagu dego. Midda labaad, anigoo colaad u qaaday inta badan reerka, una arkay inay dulmi cad kula safteen reer Warsame.

Tan saddexaad, reerka inta badan waxay aad isugu xirnaayeen Diiriye, oo marnaba kamaanan filayn tahniyad iyo u-imaasho toona. Wax kastaa ha jireene, ku guulaystey dagaalka qaybtiisii hore, Ilwaadna oori ii noqotay. Su'aasha taal waxay ahayd, tolow maxaa xigi?

Toddobaadkii si wanaagsan oo xarrago leh ayaan ku dhammaysannay, waana naloo hagarbaxay. Sidii caadadu ahaydba, waxaa lagu soo afxiray in gaaf la dhigo iyo xafladdii toddobabaxa. cid kale uma yeerane, asxaabtaydii ayaa xaflad aad u qurxoon oo sagootin ah ku farayareystay.

12. MUQDISHO IYO HARJADKII NOLOSHA

TODDOBA-BAXA WIXII ka dambeeyey cagtii, salaantii iyo weliba hadiyadihii isdabajoogga ahaa ayaa nagu yaraaday. Horaa loo yiri, *adduun waa sagaal oo toban ma gaaro.* Qofkii maalin ay u ahaato, maalin kale ayaa ka hiillin. Shalay haddii ay baraare ii ahayd, maanta ayaa culays hor lihi yimid. *Jin ninkii keena ayaa bixiya.*

Waxaa soo baxay hadal muddooyinkaa Muqdisho caan ka ahaa oo la oran jiray, '*Xamar iska celi…, is dabbar…, waddada iska ilaali…*', iwm. Waxay noqotay ninkaygii, inta subaxdii soo toosa oo dhib la'aan xoolo nin ku soo dhintay inta feeraha iska saaro meelahaa iska leegleegsan jirey in la yiraahdo, "*Duqa, salladdan wixii lagu soo ridi lahaa adiga ayey ku sugaysaa.*"

Fadhi iyo meelaha oo la warwareego waa dhinteen. Marka laga soo tago dabcigayga oo ahaa mid xirxiran oo xishood miiran ah oo aan ii oggolaaneyn inaan noqdo nin galgal badan, waxaa ii weheliyey iyadoon weji na dhex oollin kuwii dad ii xigey oo aan xaaladdan oo kale u carari lahaa, kaalmana weyddiisan lahaa.

Sidaan kol hore soo xusay, xaalkii Xamar yaalley ma ahayn mid u sahlanaa miskiinkaygan ilmiriglaha ah oo kale inuu koob shaaha ka cabbo. Waxay ahayd magaalo uun lagu geli karo labo shay; waxhaysasho iyo weji, midkoodna maanan hayn.

Welwelka hadda i hayaa waa ka duwan yahay kuwii hore. Hawl adduun waa silsilad isku xiran, mid markaad furto mid kale oo hor leh ayaa kugu iman. Culaysku hadda waa xil ballaaran iyo maamul qoys oo afka ii soo kala haya.

Haddii aan ahaa wiil beerkiisa aan beer ka xigin oo aan cidi wax ka sugeyn, maanta waxaan ahay oday reer dhan oo dhisan masuul ka ah, masruuf iyo marashina u baahan. Meel aan ku dhaqaaqo waa ii muuqan weydey oo waxay dadkii noqdeen mid aan hore uga soo quustay ama ugu soo hungoobey iyo mid aan wejiga siin kari waayey.

Marmar haatuf igu soo tuur, *"Malaha bannaankaagii inaad joogto ayaa kuu dhaantey,"* beentiis ayeyse ahayde, Ilwaad oo aan helo waxba kuma doorsaneyn. Intaan isku dhiirrigeliyo maahmaahdii ahayd; *xaglo laaban xoolo kuma yimaadaan,* ayaan bilaabay inaan kallaho oo magaalada galo, khayrka Ilaahay waa badan yahaye.

Dadkii xaalkayga ogaa waa ay ila dareemayeen culayska jira, waxayse ahaayeen kuwo aan waxba doorin karin. Rag talo kama dhammaatee, Ileeye oo ka mid ahaa dhallinyaradii aan isku iskuulka ahayn ayaa wuxuu ii keenay warqad ka soo baxday xafiiskii Madaxweynaha oo muddo hore ah, lagana codsanayo Bankigii Ganacsiga inuu shaqo siiyo.

Magaciisa ayaa ku qornaa oo qolo ay qaraabo yihiin intuu la hoos galay ayey uga soo dhammeeyeen. Dhib waxaa ku noqotay sidii uu u heli lahaa sixiixa masuulkii ay ku socotey, cid ka xigsatana wuu waayey. Intuu ii keenay ayuu igu yiri,

"Anigu wax kale kuuma tari karee warqaddan qaado oo haddaad helayso cid kuu soo dhammeysa ku shaqo tag, aniga ii suurtaggeli weydaye."

Xoogaa rajo ah intay i gashay oo warqaddii ka qaatay, baan isku sii daayey laan bangi oo ku taalley Shibis oo la iigu sheegay inuu ka shaqeeyo wiil aan isku reerna ahayn, aqoonina naga dhaxeysey. Isagoo cagajiid ah, iina muujinaya inay ku adag tahay ayuu inta warqadii iga qaaday yiri, *"Bal keen qolo kale ayaan isku deyi doonaa inaan la kaalmaystee, walow ay adag tahay, waayo muddo hore ayaa la qoray, meeshaanna haddii aadan garab ku haysan waxba kaaga suurtoobi maayaan."*

Dhawr beri markii aan ka maqnaa ayaan ku noqday. Waa siduu filayaye, waxba kama soo naasacaddaan. Warqaddii ayaan inta ka soo qaatay isaga soo huleelay.

Dhanka kale, xaafaddii aan degganaa waxaa ka socdey dagaal-hoosaad aanan xog ka hayn. Guriga aan ku aroosay waxaa degganaa gabadhii aan isku fasalka ahaan jirney, lana dhalatay ninkii Ilwaad lala rabey. Ashkir oo ay isku fiicnaayeen darti ayey qolka ii siisay.

Culays ayaa gabadhii la saaray lagu haysto oggolaanshaha guriga. Waxay ku cudurdaaratay inay Ashkir dhaafi weydey, haddana inay si degdeg ah iiga saari doonto ayey u ballan qaadday. Arrinkii Ashkir ayey u gudbisey, isaguna wuu ka garaabay. Waxaa la isla soo qaaday sidii la yeeli lahaa oo guriga la iiga saari lahaa.

Iyadoo xaal halkaa marayo ayaa goor galab Ashkir xaafadda u soo wareegey, malahaygana, rabey inuu arrinkii qolka aan degganahay gabadhii inuu kala hadlo. Waxay isaga hor yimaadeen oo ay ku kulmeen meel aan sidaa albaabka qolkayga uga fogeyn, aniguna markaa gudaha qolka ayaan ku jiraa, laakiin war uma hayaan.

Arrinkii ayaa la isku soo qaaday, gabadhiina waxay bilowdey inay ka cabato, iyadoo ku calaacalaysa inay xataa ka baqayso in iyada guriga laga saaro. Ashkir wuxuu ugu jawaabey inay guriga iga saarto oo aanu wax shuqul ah ku lahayn. Gabadhii waxay ku tiri, *"Sidee isaga saaraa? Adigaa ii keenaye iga saar. Haddii uu iga bixi waayo maxaan sameeyaa?"*

Jawaab aanu Ashkir isku dhibin, meel dheerna aanu ka doonin, gabadhiina ay ku degtey ayuu yiri, *"Dhib ma leh, haddii uu diido alaabta dibadda ugu daadi."* Kaddibna albaabka ayey isaga iyo gabadhii ka wada bexeen.

Waan u qaadan waayey waxa meesha ka socda inay dhab yihiin. Inaan inta albaabka furo hubiyo dadka hadlayaa kuwa ay yihiin ayaan ku sigtay. Waxaan is iri, *"Amuu yahay qof Ashkir u hadal eg ee aanu isagii ahayn!"* Waa ay iga degi weydey in talo sidaa ah uu Ashkir ku taliyo.

Sariirta oo aan markaa saarnaa ayaan naxdin darteed ka kici kari waayey. *"War tanina Ashkir ma ka suurtaggeli kartey?"* ayaan is weyddiiyey. Maxay u jirtey inuu inta ii yimaado ii sheego sida wax u jiraan, markaana aan si wadajir ah u xallinno. Waa yaabe, wuxuu noqday ninkii bisha soomay ee bakhtiga ku afuray.

Wixii wanaag ahaa ee uu ii qabtay iyo dedaalkii uu muujiyey wuxuu ku baabbi'iyey hadalkii uu galabtaa yiri. Ilwaad dhinacayga ayey huruddey oo qadadii kaddib ayaan xoogaa is tuurnay si aan u indha-guduudsanno. Salaaddii Casar oo waqtigeedii dhawaa ayaan u kacay.

Anigoo madaxu i dakaamayo ayaan, inta waysaystey, aadey masaajid aan sidaa nooga fogeyn. Talo igu ciirtay, dhinac aan u dhaqaajiyana waan garan waayey. Nabar aanan filayn ayuu igu noqday.

Anigoo xoogaa ka soo doogey oo ka soo kabtay diiftii weerarkii dheeraa ee muddada igu socdey, ayaa mid ka darani gondahayga ka dhashay. Gacal kala dhimannay oo kuwii aan qaraabada ahayn horaan col iyo cadaawe u noqonnay.

Waxay rumeysnaayeen inay gabadhoodii iiga hiillisay oo gacmaha ii qabatay. Inay faylaha i jaraan mooyee kamaanan sugeyn gacalo iyo inaan kaalmo ka helo. Maantana waa ina adeerkay Ashkir waxa garabkayga ka baxay oo ku taliyey, isagoo og sida xaalkaygu yahay, in xafashka dibadda la iigu daadiyo.

Talo kale ma jirin oo aan ahayn inaan xal degdeg ah raadiyo, waxaase iga madoobeyd halkii aan ka bilaabi lahaa. Inaan Ilwaad u gudbiyo sida wax yihiin, laakiin aanan u sheegin arrinka Ashkir ku kacay ayaan ku tashaday. Inaan u sheego uun in reerkii ay qolka u baahdeen ayaan goostay.

Miskiinta laftigeeda dhankeeda ayaa culays gaar ahi ka saarnaa. Waxay har iyo habeen ka fekertaa sida uu ku dambayn doono xaalka iyada iyo reerkoodii. Mar walba waxaan ku qanciyaa inaan ku dedaali doono sidii aan u wanaajin lahaa xiriirka annaga iyo reerka oo aan si wanaagsan u xididin doono.

Gabadhii ayaan arrinkii u gudbiyey, ugana warramay sida xaal yahay iyo in qolka inaan banneyno nalaga doonayo. Waxa kale oo aan u xusay sida ay u adag tahay inaan Xamar ku sii noolaanno, anigoo shaqo-la'aantani i haysato. Runtii way dareemaysey sida wax yihiin, dood badanna kamaanay keenin, waxa uun ay i weyddiisey waxa xal ah ee aan hayo.

Ishaa macallin ahe, way aragtaa in odaygeedu aanu xoolo faro ku hayn. Arrinkii markaan rogrogney ayaan u soo jeediyey inaan Caabudwaaq iyo halkii labadayada reerba degganaayeen aan u guurno. Dhabta iska maanay indhatiri karin oo waa muuqatay meel kale oo aan ku doorsannaa inaanay jirin.

Qofba meesha laga hayo ama hay ama yaabay e, halkii

laga hayey oo aheyd arrin meesha ku jirtey ayey gabadhii soo bandhigtay.

"*Samatar waad og tahay xaaladda aniga iyo reerkayagii iyo in la ii wada caraysan yahay. Waa igu adag tahay in, iyadoon arrinka la xallin aan magaaladaa degno. Waxaan jeclahay inaad marka hore adigu tagto, arrinkaasna aad xalliso. Odaygii aabbahay u tag, naga maslax, naga bari oo madaxa u salaax. Haddii aan isaga raalli-gelinno dadka kale waxba naga dhimi maayaan. Waxa odayga lagu maslixi karo waxaa ka mid ah in yarad la siiyo, waxaanan filayaa inuu markaa qanci doono.*"

Hadalkaa gabadha iyo aragtideeduba si aad ah ayaan ugu bogey oo ugu riyaaqay. Taladaas oo aad ugu guuxay inay tahay midda keliya ee aan ku wanaajin karo xiriirka aniga iyo reer xididkey ayaan u arkay. Inaannan ka labalabeyn oo aan sidaa yeelno ayaan goosannay.

Wax kale isku maannan mashquuline, sidii aan qorshahaa u filing laheyd ayaan isla markiiba gudagalnay. Inaan safar degdeg ah isku diyaariyo oo aan aado Caabudwaaq ayaan qalinka ku duugney. Markii aan gaaro magaalada, tallaabada ugu horraysa ee aan qaado inay noqoto inaan baadigoobo Ilwaad aabbaheed, xooggana saaro sidii aan u qancin lahaa, wax kastaba ha igu qaadatee ayaan ku ballannay.

Ilwaad oo aad iiga waayo-aragsaneyd dhaqanka miyiga ayaa waxay hordhac ahaan iigu sheegtay in waxa ugu horreeya ee igu iman doona ay noqon doonto in odaygu i yiraahdo oo uu iga dalbado inaan xoolo u keeno, illeyn gabdhaha yarad iyo xoolo ayaa laga bixiyaaye. Waxay igula dardaarantay inaanan hadal ka keenin oo aan u ballanqaado wixii xoolo ah ee uu i weyddiisto.

Diyaargarow iyo sidii aan safar u geli lahaa ayaan bilaabay. Markan waan ku qasbanahay inaan arrinka Ashkir u sheego, aniga oo aan dareensiinayn arrinkii naxdinta lahaa ee cuqdadda igu beeray.

Si kastaba ha ahaatee, waxaan arrinkii safarkayga u gudbiyey Ashkir, isaguna aad ayuu u soo dhaweeyey. Baadigoob ayaan u wada galnay sidii aan u heli lahaa baabuur si toos ah u aada Caabudwaaq. Ashkir oo dadkana iga yaqaanney, igana galgal badnaa ayaa maalintii dambe igu wargeliyey inuu soo helay baabuur labo ah oo wadasocota oo u anbabixi doonta Caabudwaaq.

Bas ay wataan niman ganacsadayaal ah iyo odayaal, uuna weheliyo nin sarkaal ah oo wata gaari yar iyo dhawr nin oo waardiye ah ayey ahaayeen. Inay ka bixi doonaan meel biibito ah oo ka soo horjeeddey garoonkii weynaa ee kubadda cagta ayaa naloo sheegay. Boorso yar intaan alaab yar ku ritey ayaan xaafaddaydii ka ambabaxay goor casardheere ah.

Aniga iyo Ilwaad midna kuma qanacsanayn safarkan dani-ku-baddayda ah. Kasho umaannan helin inaan wadaagno farxaddii iyo raynrayntii laga filayey lammaane isjecel oo aroos ah. Dani kaa adage, waxay noo dhaafi weydey inaan Xamar ka qaxno, markii ay si dadban noogu baaqday oo malaha nagu tiri, *"Danyartiinnan oo kale iguma noolaan karaan ee inta goori goor tahay ka daydayda meel kale."*

Waa dhab, oo iska maannan indhatiri karin xaalkii adkaa ee danyarta u darnaa ee Xamar yaalley. Intaan gacaladaydii si kal iyo laab ah u macasalaameeyey, kuna laab-qaboojinaya inaan si degdeg ah wax walba u xallin doono, arrintuna ay ku dhammaan doonto si ay raalli ka tahay ayaan albaabka guriga ka baxay.

Anigoo aad i mooddo in silsilad adagi gadaal iiga xiran tahay oo hagaagi la' ayaa Ilwaad oo markii hore cunaheeda hadal soo dhaafi waayey ay kalmad xanbaarsan boholyow, oohinna ku laran tahay iga soo dabatuurtay, *"Abboowe, Ilaahay ha ku nabadgeeyo, si degdeg ahna aan war kaaga helo."* Anigoo dareenkaygu aad u kacsan yahay ayaan, inta yare hakaday anigoon gadaal jalleecin, ku iri, *"Waa yahay, abbaayo."*

Ashkir oo dibadda igu sugayey oo rabey inuu, inta gaarigiisa igu qaado, i geeyo meesha safarku ka baxayo ayaan hore u sii raacay. Goor casargaab ah ayuu rugtii laga bixi lahaa i geeyey, iina sheegay qoladii safarka ahayd inaan raaci doono. Anigu aqoon sidaa ah uma lahayn dadka aan jidka rafiiqa ku noqon doonno, laakiin Ashkir dad badan ayey iska garanayeen.

Odayaasha qaar ka mid ah dusha ayaan ka aqaanney oo mid ka mid ah wuxuu dhalay wiil aan isku fasal ahaan jirney. Wax kale odayaashu uma baahnayne, ina'ayahayga uun baa loo sheegay. Dhammaantood aabbahay waa wada garteen, si wanaagsan ayeyna ii soo dhaweeyeen.

Goor fiidkii ah, bilowgii ama dhexbartankii bishii Nofember 1989, ayaan Xamar ka dhaqaaqnay annagoo ka kooban hal bas iyo gaari yar oo ah noocii Laankuruusar-ka loo yaqaanney.

Xilligaa waxaa ka jirey jidka isku xira Muqdisho iyo gobollada dhexe qalalaase iyo xasilloonidarro. Gaar ahaan, dhulka u dhexeeya Buuloburte iyo Gaalkacyo dhib weyn ayaa ka jirey, haba u sii darraato Buuleburte ilaa Baladweyne.

Waxaa socday dagaallo u dhexeeya dawladda iyo jabhadihii ka soo horjeedey. Jamhadaha ka sokow, waxaa ka faa'iidaystey dadkii reer miyiga ahaa ee dhulkaa degganaa oo dhibaato xooggan u geysan jirey dadka socotada ah ee Koonfur iyo Waqooyi u kala goosha. Waxay dadka u geysan jireen dil, kufsi iyo dhac.

Arrintaasi waa midda keentay in dhawrka askari na weheliyaan. Habeennimadii si tartiib ah ayaan u soconney si aan dhulkaa laga cabsida qabo maalinweyn u marno.

Aroortii hore ayaan Buuleburte sii marnay, waxaana noo qorshaysnaa inaan ka sii quraacanno Garasyaani oo inta badan laga sii afbilaaban jirey. Mar haddii dhawr askari nala socoto, baqdin sidaas ah maannan dareemayn, arrinkuna faraha kama bixin oo ciidan xoog leh inay jidka galaan laguma filayn.

Habeenka gelinkiisii hore oo dhan waxay noo ahayd sheeko oo odayaasha ayaa midba mar wixii uu u soo joogey iyo '*waa baa waxaa jirey*' ka sheekaynayey. Markii ay gaartey goor dambe ayaa, iyadoon dadkii cidina aamusin, hal mar baskii `shib' yiri. Dadkii waxay noqdeen mid seexda, mid lulo madaxa hadba darbi ku dhufta iyo mid isla sheekaysta.

Salaaddii Subax markii aan tukanney ayaa haddana mar kale haasaawihii halkiisii ka bilowday. Raggu waa kuwo is yaqaan oo is xifaalo iyo kaftan garanaya, sheekaduna si wanaagsan ayey isugu dhacaysey.

Anigu sheekada maanan geli karin oo waa iga da'weyneyd, inta badanna maqane-jooge ayaan ahaa oo qalbigaygu Xamar ayuu jirey. Waxaa ii sawirnaa Ilwaad oo keligeed hurdo ledi weydey oo hadba dhinac sariirta u labo-legdeyneysa, markaas ayaa welwel iyo walbahaar i qabtaan.

Markaan xoogaa mawjadahaa caloolxumada ah dhex jibaaxo ayaan, si aan isku illowsiiyo oo aan isku maaweeliyo, sheekada odayaasha dhegta u dhigaa. Inta madaddaaladu socoto waa caano iyo nabad, laakiin marka jabaqdu istaagto oo la daalo, oday walbana inta qoorta laabo kursigiisa madaxa saaro ayaan aniguna badweyntaydii dhex muquurtaa.

Sheekaba sheeko ayey ii dhiibtaa! Mar waxaa igu soo dhaca hawsha culus ee iga horreysa iyo sidii aan u maarayn lahaa. Mar waxaan soo gocdaa hadalkii Ashkir iyo gabadhii guriga lahayd oo igu qasbay inaan Xamar qax uga diyaargaroobo. Kolna meesha cidlada ah ee aan Ilwaad uga soo tegey ayaa igu soo dhacda.

Geeddiga aan Caabudwaaq u ahay ayaan marna ka xumaadaa oo kumaanan qanacsanayn inaan degaan ka dhigto. Magaalo yar oo aan yaraha quursanayey ayey aheyd.

Annagoo iska tamashlaynayna oo aan dhib qabin ayaa, halmar gaarigii hakaday oo darawalkii joojiyaha qabtay. Dadkii oo sasan ayaa madaxa isku garaacay. Albaabkii gaariga oo la furay iyo dhawrkii askari oo halhaleel u degey ayaan ku naxnay.

Hal mar ayaan ku baraarugney iyadoo la leeyahay, *"Ninka qoriga wata eega,.."* iyo askartii oo inta kala baxday dhankii ninka u dhaqaaqday. Waddada hareereheeda geel ayaa daaqaya, ninka qoriga wataana geela ayuu dhex taagan yahay. Qof kale oo aanan hubin nin iyo wiil kuray ah wuxuu ahaa inuu weheliyey ayaan filayaa.

Ninkii markii uu arkay askartii oo dhankiisa u soo socota, qoryihiina ku haya ayuu naxdin dhaqaaqi kari waayey. Iyagoo qaylinaya oo leh, *"Dhig qoriga, ha dhaqaaqin, madaxa gacmaha saar,…"* iyo hadallo kale oo argaggax leh ayey ninkii hareereeyeen.

Qorigii oo uu dhulka ku tuuray intay soo qaadeen, ayey isagiina dhinacyada ka soo galeen, una kaxeeyeen dhanka gaarigii yaraa ee uu sargaalku saarnaa. Sargaalku nin weyn oo degenaansho ka muuqato ayuu ahaaye, tartiib ayuu u wareystay. Wuxuu ninkii oo naxsan sheegay inuu geela la joogey oo aanu ahayn kuwa jidgooyada meelaha u taagan.

Anigu naxdin ayaan gaarigii ka degi waayey, xogtiina waxaan helay markii inta ninka la sii daayey dadkii gaarigayaga ka degey nagu soo laabteen. Waxaan ka cabsi qabey in inta ninkaa la dilo ay anigana naxdin naftu iga raacdo, saa weligey indhaha ma saarin qof la dilay e.

Ninkii oo inta la sii daayey sii socda markii aan arkay ayaa nafi i soo gashay. Dadkii oo bulaamaya ayaa nagu soo noqday oo leh, *"Nin miskiin ah ayuu ahaa…, uma ekayn kuwa inkaartu ku dhacday ee dadka jidka u taagan…, qoriga geeluu ku ilaashanayey..,"* iyo ereyo la mid ah.

Barqadii hore ayaan inta Garasyaani ka quraacannay safarkayagii sii wadannay. Har-ku-dhawaadkii ayaan Beledweyne inta ku yare hakannay sii gudubney. Waxaan sii soconnaba, duhurka dabadi ayaan Dhuusamarreeb gaarney.

Waqti badan nagamay qaadan inaan Dhuusamarreeb joogno. Kamaanan gaari karin inaan asxaabtaydii soo salaamo, waqtiguna xilli kulul oo cidina magaalada u soo bixi karin ayuu ahaa. Casarkii kolkii ay tahay ayaan sii carrowney. Iyadoo ay himamow tahay ayaan Caabudwaaq gaarney.

Intaan gaarigii ka degey, odayaashii iyo dadkii aan wada soconnayna macasalaameeyey ayaan u dhaqaaqay dhanka Koonfur-galbeed oo reerkayagu magaalada ka degganaa. Ma jirin taleefanno iyo wax lagu wada xiriiro, sidaa darteed hooyaday iyo walaalahay war kamaaney haynin safarkayga.

Hooyaday oo markaa Maqrib tukatey oo weli ku fadhida darintii ay salaadda isaga bixisay ayaan xaafaddii ka dul dhacay. Hooyo iyo wiilkeed muddo ismoogaa sidoodii ayaan isku marxabbaynnay.

13. SAXALBIXINTII SOKEEYAHA

XOGTAYDII IYO inaan Caabudwaaq joogo ayaa la is gaarsiiyey. Muuqaalku hadda waa ka duwan yahay kuwii hore iigu soo maray magaalada. Safarradaydii hore waxay ahaayeen kuwo wejixumo iyo walbahaar la igu soo dhaweeyo, la iguna ambabixin jirey oo sahay la iiga dhigi jirey hungo iyo caloolxumo.

Wiil dhallinyaro ah oo cid dabo ka dedanaysaa aanay jirin, wax lagu garab istaagana aan haysan ayaan ahaa. Isha keliya ee dadku wax ku arkayeen waxay ahayd hadba sida qofkaasi ku yahay bulshada dhexdeeda.

Mar haddii aanay jirin wax lagaa shinsanayo ama aanay goobta kuu joogin cudud lagaaga gabbanayo waa ay yareyd in lagugu taageero oo keliya in lagaa gardaran yahay. Waa halka ay Soomaalidu ka tiraahdo: *Miskiin ayaa misko la fuulo leh.*

Cidda iigu dhaweyd waxay aheyd aabbahay, isaguna kuma dhiirran karin inuu si cad ii garab istaago, maxaa yeelay wuxuu rumaysnaa inaanu iska caabbin karin hal reer oo dhinac ka maray. Illeyn dulmi kii dad kuugu xigey kaaga yimid, dhibaato ma dhaafto. Waa halka ninkii Carbeed ka yiri:

وظلم ذوي القربي اشد مضاضة علي المرء من وقع الحسام المهنّد

(Dulmiga ka yimaada qaraabada wuu uga daran yahay qofka seef ku dhacday)

Hadda il ka duwan tii hore ayaa la igu eegayaa. Waxaan dadka ula muuqdey nin libin helay oo colkii iyo dagaalkii uu galay ku guulaystey, dhinacna iska mariyey gaashaanbuurtii loo arkayey mid aan la loodin karin. Anigase kibir iyo is qaadqaad toona iguma jirin iyo inaan cid ku tiigto ama ku taagsado.

Nafta aadanaha waxaa ku daabacan inay jeceshahay aargoosi, laakiin cid aan ka aargoostaa iima muuqan. Haddii waxaas iyo wax la mid ahi i galaan, qofka ugu horreeya ee wax ku waayaya inuu aniga yahay ayaan ogsoonaa.

Dadkii aan shalay is-haynney maanta waa xidid oo xushmad iyo tixgelin ayey iga mudan yihiin. Midda kale, waxaa la yiraahdaa: *Nin shinbiro gaadaya waraf ma tuuro.* Hadda nin maslaxad-doon ah ayaan ahay, oo weliba qalbiga ugu guntan yahay dardaarankii Ilwaad oo meel fog uga yaallo.

Ciddii ugu horraysey ee aan is waraysanno waxay ahayd hooyaday, waxaanan u gudbiyey qorshihii aan ku socdey, si aad ahna waa iigu taageertay. Waxay igula talisay arrinkaa inaan si degdeg ah u galo oo aan aabbahay u gudbiyo.

Waxa kale oo ay igu dhiirrigelisey inaan soddoggay si dabacsan oo aan xanaf lahayn ku qaabbilo, iyadoo aad ugu bogtey dardaarankii iyo taladii Ilwaad, aadna ugu ducaysey caqligeeda iyo garashadeeda dheer. Waxa kale oo ay hooyaday si hoose iigu sheegtay inay jirto xurguf dhex martay aabbahay iyo soddoggay, dhawr jeer oo ay arrintayda ku wada hadleen.

13. SAXALBIXINTII SOKEEYAHA

Soddoggay iyo inta la halmaasha waxay qabeen inaanay suurtaggal ahayn in wiil yari go'aankaa adag qaato, kana hor yimaado qabiil dhan haddii aanay jirin cid xaska ugu jirta oo gadaal u fadhida. Qofka ugu horreeya ee arrinkaa lagu tuhunsanaa wuxuu ahaa aabbahay. Dhawr jeer ayey isku afdhaafeen arrinkaa darti, aabbahayna uu mar kasta iska leexinayey eeddaas.

Si kastaba ha ahaatee, waxaa labada waalid dhextaalley colaad aan la inkiri karin. Su'aasha aan is weyddiinayey waxay ahayd, *"Tolow, maxaad aabbahaa kala kulmi doontaa?"*

Soddogay isaga cabsi weyn kama qabin, maxaa yeelay mar haddii aanay jirin wax gacanta ugu jira, inaanay ka suurtoobin is adkayn iyo madaxtaag ayaan ku filayey. Maalinba meel ayey joogtaaye, maanta waa aabbahay cidda iiga baahan baryada iyo inaan ka codsado inuu wax ila qabto.

Sidii aan u diyaarin lahaa la-kulankii soddogay ayaan gudagalay, waqtigaana magaalada ayuu joogey. Way igu adkaatay inaan toos u abbaaro, mana saadaalin karin waxaan kala kulmi doono. Cid iiga hormarta oo arrinta u gudbisa, sahanna ii noqota oo bal wuxuu qabo xog iiga keenta ayaan baadigoobey.

Qofka ugu habboon ee arrinkaa geli kara, hooyadayna ay igu raacdey, inuu yahay haweeney ay soddogayna walaalo ahaayeen, anigana aan ilma abti ahayn oo eeddadey ay dhashay. Markuu magaalada yimaado iyada uu ku soo degaa.

Kama labalabayne, isla markiiba waxaan abbaaray dukaan ay gabadhu magaalada ku lahayd, xarunna u ahayd soddogay iyo odoyaasha reerka. Dhismaha waxaa lahaa Warsame.

Arrinkii lama daahine, isla markiiba ina abtiday ayaan u gudbiyey, iyaduna aad ayey u soo dhaweysey, welibana waxay igu laabqaboojisey inaanu walaalkeed arrinkaa diidi doonin.

Waxa kale oo ay si hoose iigu sheegtay inay xoogaa caro ahi jirto, loona baahan yahay inaanan wax weyn u arkin. Inay i soo wargelin doonto markii ay kulanka soo diyaariso ayaan ku kala tagnay .

Waxoogaa culays ahi inuu iga dhacay ayaan mooddaa, rajo wanaagsanina way ii bidhaantay. Waxaan bilaabay inaan isku duwdo wixii hadal ah ee aan soddogay ku qaabili lahaa, anigoo ku dedaalaya inaan iska ilaaliyo wax lur dambe keeni kara. Inaan ulana hadlo si waalidnimo ku dheehan tahay.

Marka hore inaan raalligelin iyo madaxa oo aan u weyneeyo aan hadalka ku bilaabo, una muujiyo inaan wiilkiisii oo kale ahay ayaan qorsheystay. Waan garowsanaa inaanay hadda wax dan ahi iigu jirin inaan dib u milicsado wixii dhacay ee i soo maray, ee ay hadda ila gudboon tahay inaan xididkay quruxsado, wixii na dhexmarayna aan ku illoobo inay Ilwaad maanta oori ii tahay.

Waxaan ku hurayn waa la iska hormariyaaye, hadal macaan inaan soddoggay ku maalo ayaa talo iiga idlaatay.

Goor maalinweyn ah ayaa farriin iiga timid ina abtiday oo ay igu wargelinayso in soddoggay uu galabta igu sugayo dukaankeeda. Waa war naxdin iyo farxad iswata leh. Dhan welwel ayaan dareemayey iyo maxaad la kulmi doontaa, dhanka kalena waxaan u arkayey is-araggani inuu yahay mid wax weyn reerkayga u kordhin kara ama kala dhici kara.

Inkastoo xoogaa dhiirriggelin ah aan haystey iyo in soddoggay uu arrinka diyaar u yahay, haddana kulanka laftigiisa ayaa cabsidiisa watey. Sokeeye kala dhintay, meel xunna isla gaarey oo maanta dani is badday ayaan ahayn. Si kastaba ha ahaatee, meel dib looga gurto maanay ahayne, intaan calooladaygay ayaan goortii aan casarkii tukadey u carraabay goobtii ballanta.

13. SAXALBIXINTII SOKEEYAHA

Waxaa isugu kaaya dambaysey annagoo dab iyo baasiin ah oo aanay nabadi na dhex ool. Hadda xaalku wuxuu naga ahaa, sidii Aadan-dirir yiriba, *"Labo aan is hurayneey ha is-halleyn."* Kaabad hore oo dukaanku lahaa isagoo fadhiya ayaan u tegey.

Si fiican oo diirran ayaan isku gacan qaadnay. Xishood darti, indhaha maanan siin karin. Intuu kacay ayuu ii horkacay qayb dambe oo dukaanku lahaa oo ay gabadhu ugu talagashay inaan ku sheekaysanno.

Markaannu sal muggi u fariisannay, xoogaa iswaraysi guud oo ku saabsan waqtigii aan imid iyo xaalka guudna aan is niri, ayaan isu qabanqaabiyey sidii aan sheekada u furi lahaa.

Xaaladdu iima saamaxayn inaan sheeko dheer iyo arar galo, arrinkaas oo aan ku arkay dadka reer miyiga ah ee dhaqanka aad u dhawra. Gabay iyo tix midna maanan hayne, waxay ila noqotay inaan dantayda abbaaro oo aanan meelo kale u soo marmarin. Hadal gaaban oo aan intan ka xusuusto ayaan maray.

"Awoowe, waad la socotaa wixii dhacay oo runtii ah wax aad looga xumaado. Kumaannaan talagelin inaan cid xumaynno; aniga iyo Ilwaad, laakiin waxaan dareemayaa in waxyaalo badan oo gef ahi ay dhaceen. Waalidkey baad tahay, haddana mar labaad ayaad waalid ii noqotay. Waxaan rabaa, marka hore, inaad iga aqbasho inaan kaa raalligeliyo wixii dhacay. Marka labaad, inaad wixii dhacay iska illowdo oo aad reerka u ducayso, qalbigana u furto.

Haddii aad caloosha wax noogu hayso, waxaan aaminsannahay inaannan liibaaneyn. Ilwaad iyada xaalkeedu wuxuu marayaa inay tiraahdo: aabbahay oo qanca mooyaane wax nolol ahi ii dhadhami mayso. Marka, awoowoow waxaan kaa codsanayaa inaad arrinkaa iga aqbashid."

Anigoo neeftuuraya, la igana dareemayo inaan hadalkii ku barkegey ayaan intaa *'yaa Allaahu'* ku iri.

Soddoggay oo si miyir iyo xisillooni ku dheehan tahay hadalkaygii u dhegaysanayey, ayaa isagoo aad mooddid in shinbir malab madaxa ka saaran tahay cabbaar aamus ku jirey. Sidii qof soo baraarugey ayuu hal mar inta madaxa kor u qaaday yiri kalmado aan intan ka xusuusto:

"*Awoowe, waad mahadsan tahay, hadal qurux badanna waad tiri. Waa run inaan ahay waalid la xumeeyey oo si aan habboonayn loola dhaqmay. Si kastaba ha ahaatee, mar haddii aad maanta leedahay wixii aan sameeyey ayaan raalligelin ka wadaa waa arrin fiican. Awoowe, waxaan filayaa inaad wixii arrinkaasi xaal iyo xumayn leeyahay aad diyaar u tahay. Xaalku ha inoo dambeeyee, wixii gabar la guursado lahaan jirtey ayaa lagaaga fadhiyaa.*"

Hadal hufan oo dhan markii laga eegana gobannimodagaal ah oo uu isku ekaysiinayo, iskuna muujinayo inuu yahay nin oday ah oo lagu gefey haddana loo soo hoyday, markaana cafis bixiyey. Dhanka kalena raba inuu fursaddan ka faa'iidaysto oo haddii gabadhii dhaaftay aanay wixii kale oo caymo u noqon kara aanay dhaafin.

Si dadban wuxuu hadalku u dhacayey in haddii qalbifayoobi laga rabo xoolo la siiyo.

Nabar aad filaysey naxdin ma lehee, hadalkaa kama boodin, kamana argaggixin. Waxaan ahaa nin dardaaran qabee, dood inaan ka keeno diyaar uma ahayn, hase ahaatee inaan si kale u iraahdo ayaa ila qurxoonaatay. Anigoo degganaansho i soo gashay oo cabsidii iga degtey ayaan hadalkii ku noqday.

"*Awoowe, waad mahadsan tahay, khayr Allaha ku siiyo. Anigu wiilkaagii ayaan ahay, xoolo inaanan lahayna waad og tahay, laakiin xooggayga ayaan yarad iyo xoolo kaaga dhigayaa, wixii aan helana kaa hagran maayo. Mar walba waxaan isku deyayaa inaan sameeyo wixii aad ku qancayso.*"

Awoowgey waa dareemay inaan garnaqsaday, meeshii uu

13. SAXALBIXINTII SOKEEYAHA

iga fiirinayeyna waan kala fogaadey. Waxaan hor dhigay arrin gar ah oo aanu dhaafi karin. Xogtayda iyo xoolahaygaba wuu ka dheregsan yahay, marka wuxuu hadalkaa ku buriyo maanu haysan oo aan ka ahayn inuu dhan kale weerarka iiga keeno.

Isagoo yaraha dhoollacaddaynaya ayuu si deggan iigu yiri, *"Awoowe, waan kaa warhayaa inaadan geel maanta xero iiga soo bixineyn, laakiin wiil waa aabbihi. Aabbahaa ayaa xoolo leh ee iiga keen. Weligeed aabbe ayaa yarad bixin jirey. Marka xoolahaaga iyo kuwa aabbahaa waa isla mid."*

Garba garbaa la tusaaye, hadalkii wuxuu u ekaaday mid soo uruuray, biyadhiciisiina la gaarey. Walow aan ogaa in ciilqab aabbahay ku jiro, haddana marna meesha kuma jirin inaan dood ka keeno in soddoggay uu aabbahay ii diro. Waxba yaanan dhaqanka reer miyiga aqoon u lahaane, haddana duruufta ayaa wax badan i bartay.

Waxaan soo xusuustay barbaar aan ilma adeer ahayn oo markii ay guursadeen oo xoolo la weyddiistey aabbayaashood u noqday, una xoolo doontay. Inuu jidkani yahay mid aan dhinacna looga bayri karin ayaan is tusay.

Galabtaa annagoo arrinta inteedii badnayd isku niyad ka ah oo aannan wax la sheego ku kala tagsaneyn ayaan kala tagnay. Goobtii culays iyo inaan xoolo raadiyo ayaan kala carraabay, soddoggayna rajo iyo qaalmo geel ah oo u bidhaamay ayuu la rogmadey.

Baqdin iyo welwel ayaa dhanka aabbahay iga haystey oo aan ka cabsi qabey inuu xaalka ku jaangooyo xurguftii isaga iyo soddoggay dhexmartay. Soddoggay, isagu bender ayuu jiifey oo wuxuu helay cid uu aabbahay iska xijiyo. Wejigabax ayey ula muuqatey inuu si toos ah aabbahay xoolo u weyddiisto.

Arrin fog ilama ahayn inuu aabbahay is yiraahdo, *"Maanta*

ayey kuu soo martaye Allaylehe waa inaad aargoosataa," oo markaa loollan iyo ismariwaa meesha yimaado. Marnaba dan iiguma jirin in is-af-garanwaa dhaco.

Arrinkii aan soddogay ku kala tagnay ayaan gurigii kula noqday, hooyadayna u gudbiyey. Waxaan is lahaa amay hooyo hadal ka keentaa diriddaa xoolo la iiga diray aabbahay oo ay tiraahdaa, *"Gar laguuguma laha in waxaanad haysan lagu weyddiiyo, aabbahaana xoolo kuma lihid."*

Malaha waa dhaqan la isla yaqaannaye, arrinkii ayey hooyaday taageertay, waxayna weliba igu boorrisey, intay doonto ha igu qaadatee, inaan xoogga saaro sidii aan soddoggay yarad ugu keeni lahaa.

Aabbahay markaa wuxuu ku maqnaa tuulo uu reer kale u degganaa. Inuu Caabudwaaq dhawaan iman doono ayaan war ku helay. Markii uu yimaadaba inaan arrinka u bandhigo ayaan goostay. Wax la sugaba, ugu dambeyn aabbahay yimid. Isaga laftigiisu ma moogeyn waxa lala sugayo.

Wuxuu aabbahay ka mid ahaa cuqaasha reerka, si weynna dhulka waa looga yaqaanney. Wuxuu caan ku ahaa ka ganacsiga xoolaha nool inkastoo waqtigaa uu xoolo yareeyey, haddana wuxuu ahaa nin xoolo lagu tuhunsan yahay. Wax ma sugine, isla markiiba waxaan aabbahay ka dalbaday inaan kulanno.

Goor maqribka dabadi ah ayaan inta is raacnay fariisannay bannaan magaaladu lahayd. Warbixin faahfaahsan ayaan ka siiyey sidii uu xaalkii Xamar ku dhammaaday iyo sababihii aan halkan u imid. Sidoo kale, waan uga warbixiyey kulankii aniga iyo soddoggay na dhexmaray. Warbixintii markii aan idleeyey ayaan dantaydiina u raaciyey iyo in soddoggay xoolo la siiyo.

13. SAXALBIXINTII SOKEEYAHA

Aabbahay isagoo ay ka muuqato inuu ka ciilqabo wixii dhacay ayuu, haddana wuxuu dhanka kale ka muujiyey inaanu dagaal iyo col dambe diyaar u ahayn. Hadal dheer oo u badan wixii dhacay iyo sidii loogu gafey ayuu maray. Waxa kale oo uu xusay sidii aanu uga ficil qaadan oo uu ugu samray.

Wuxuu iigu maahmaahay ninkii inta aabbihi la dilay go'aansaday inuu u aaro. Col ayuu abaabulay, wuxuuna weerar qac ku siiyeey reerkii aanadu uga maqnayd. Ninkii aardoonka ahaa ayaa ciidankiisii jabay, isagiina gacanta lagu dhigay. Iyadoo la rabo in dhegta dhiigga loo daro ayaa waxaa ku soo baxay ninkii aabbihi diley. Wuxuu yiri, *"Ninkan aabbihi ayaan dilaye iska sii daaya."* Sidii ayaa lagu sii daayey.

Ma harine mar kale ayuu col abaabuley. Maalintaa guushii hele, ninkii aabbihi diley, abaalkana ku lahaana gacanta lagu soo dhig. Waxaa laga hayaa inuu yiri, *"Markii aan aabbahay xusuustana aarso ayaan is dhahaa, markii aan abaal xusuustana aayarso ayaan is dhahaa."*

Markii uu eego wixii lagu falay ayaa waxaa ku soo dhacda inuu jidkii loo maray uu iyagana maanta u maro, markii uu eego sida Ilwaad sameysay iyo sida ay noogu hiillisayna waxaa u soo baxda inuu wax walba iyada darteed u liqo.

Hadal dheer kaddib, wuxuu aabbahay *hadalkii ku soo gabagabeeyey,* "*Maandhow waan yeelayaa arrinkaa, marka u tag soddoggaa oo ha ii yimaado. Xoolaha waa la is weyddiistaa, waana la isugu soo gogol fariistaa, dhaqankuna waa sidaa."*

Waxaa wax weyn ila noqday oo aan malaysan kari waayey in aabbahay aan ka maqlo inuu *'Waa yahay'* yiraahdo. Si farxad iyo raynrayn leh ayaan ugu mahadceliyey, uguna duceeyey.

Habeenkaa si wanaagsan ayaa dhinaca dhulka iigu qabtay, waxaanan jeclaystay inaan inta sidii shinbirtii duulo aan gaarsiiyo Ilwaad, si ay farxaddaa iila qaybsato. Taar iyo taleefoon aan ka waco maanay haysan, warqad boosto la dhigaana muddo ayey qaadaneysaa.

In soddogay iga wardhawrayo waan ogsoonaa, inaan u jawaab celiyana ay lama huraan tahay. Saldhiggiisii iyo dukaankii walaashi ayaan ka baadigoobay. Nasiib wanaag waan helay.

Salaan kaddib, waxaan u sheegay inaan u baahnahay. Nin war sugaya ayuu ahaayee, halhaleel ayuu iigu soo kacay, waxaanan fariisannay goobtii kulankayagii hore ka dhacay. Hadalkii aniga iyo aabbahay na dhexmaray ayaan u gudbiyey iyo inuu arrinkii aqbalay, laakiin uu soo jeediyey in arrinkaa, sida caadadu tahay, loogu gogol fariisto, halkaana la isku weyddiisto.

Hal mar ayaa soddogay wejigiisu is beddeley oo kuurkuursi iyo hadba dhan jalleec bilaabay. Ma garan halka wax ka khaldan yihiin iyo waxa hi awowgey ka diday.

Aamus yar kaddib ayuu yiri, *"awoowe, gogol fariisi ii dhimman ma jiro, waxa gabadha qabana waa adiga, adigana waa innagii wada hadalnay, arrinkiina meel isla dhignay. Waxa aan ku weyddiinayaa waa wax xeer ah, la iskuna leeyahay ee ma ahan wax ugub oo aan anigu bilaabayo. Aabbahaa intaad isku noqotaan oo wada hadashaan, haddii aad wax ila damacdeen waa la idinku leeyahay, waanan idin sugin, haddii kale yaanu aabbahaa ku wareerin, maandhow wax kaa bixin maayo ha ku yiraahdo."*

Waa' baa igu beryey, ogaadeyna halka ay salaaddu iska qaban la'dahay. Waxaan ku dhexjiraa labo nin oo biyo hoostood iska arkay, oo aan is rabin. Dan ayey wadaagaan, colaadina waa dhextaal.

Aabbahay dhan aanan u dhigan ayuu ka shaxayaa oo wuxuu rabaa inuu madaxjebiyo oo malaha, si dadban u

13. SAXALBIXINTII SOKEEYAHA

yiraahdo, *"Shalay waad tabar badnayd oo waad gooddinaysey, maantana waad talo xun tahay oo xoolaad iga rabtaa, markii aan xoolaha kuu oggolaana adigaa diidey. Gabadha xoog iyo xiniinyaan ku helaye wanaag igumaadan siin,"* isna wuu la fahmay, markaas ayuu rabaa inuu aniga gabbaad iga dhigto.

Illeyn wixii shalay dhacay ayuu og yahaye, wuxuu is yiri, *"Ninkii wixii aad ogeyd ay idin dhexmareen miyaad u gogol fariisan kartaa?! Allaylehe arrinkaasi meel-ka-dhac ayuu kugu yahay, Samaddoonna wuxuu rabaa inuu kugu wiirsado oo ku bahdilo."*

Hadal dambe iima oollin goobta. Intaan soddoggay macasalaameeyey ayaan ku kala tagnay bal inuu iga wardhawro.

Taan u dhigtayba maahan! Waa col iyo guluf hor leh. Tolow tanna xaggee ula ciirsadaa! Ma qayladhaamiyaa oo tolka ayaan ku dhex dhacaa? Mise tolkuba waa kuwaan shalay kala dhimannay ee aan kala waran jiidney, iyagoo boqol ku dhawna intaan ka taladiidey aan madal la buuxo uga dhaqaaqay. Ma culimmaan la aadaa? Kaba darane, waa iyagii qiilka reerka u raadinayey ee garab istaagey kuwii ila dirirayey.

Arrinkii markii aan rogrogey, talo waxay ku soo ururtay oo ay iiga dharaar-furatay inaan aabbahay ku noqdo oo aan jilbaha qabsado, kana baryo inuu maanta ii hiilliyo oo aanu dib u jalleecin wixii isaga iyo soddoggay dhexmaray.

Aabbahay ku noqday, kuna cataabay. Haddii uu maanta aarsi iyo xafiiltan galo cidda dhibtu soo gaarayso inay aniga tahay ayaan u muujiyey. Midda kale, waxaan tusay inay maanta nala gudboon tahay inaan Ilwaad u hiillinno siday shalay noo garab istaagtey.

Sidoo kale, inaanay caqligal ahayn inay oori noo noqoto gabar aabbaheed iyo eheladeedii col ku maqan yihiin ayaan dareensiiyey. Hadal dheer oo aan hubey inaanu aabbahay moogeyn, balse uu iiga faro-dhuudhuubnaa, iigana aqoon badnaa ayaan u jeediyey. Aabbahay, isagoo muujinaya sida loola dhaqmay inay ahayd si xigto iyo xigaalo aanay isku quurin, ayuu iga aqbalay inuu diyaar u yahay sida aan ka doonayo. Hadalkii wuxuu ku soo xiray in arrinku noo noqdo roob da'. Waqti badan ma sugine, isla markiiba waxaan kula orday soddogay.

Waa dhaqan la isla yaaqaannaye, isna *"hawraarsan"* ayuu yiri, hadalna kama keenin. Malaha wuxuu is yiri, *"Ninkii aad ogeyd oo waxuun oggolaaday waa fardo-kula-carar, xilliguu qabsadayna waa berri iyo saaddanbe."*

Waa dhaqan jirey in reer miyigu arrin walba oo ay waqti u waayaan xilliga kulaylaha ay xilliga roobka iyo barwaaqada u muddeystaan. Haddii ay guur noqoto iyo haddii ay xaajo kale noqotoba; sida dhiig iyo dhib dhacay, waxaa loo ballami jirey xilliga roobku da'o, illeyn xilliga jiilaalka qof walbaa wuxuu la harjadayaa sidii uu xoolaha iyo maatada abaarta uga bixin lahaa.

Arrin kale kansho iyo waqti toona uma hayo. Waa nin hardan iyo loollan adag kula jira noloshaa qallafsan. Waa tii la yiri: Ninka iyo jiilaalku way legdemaan, hadba midka haweeneydu raacdo ayaa guuleysta.

14. BERISAMAADKII SHUUSHBAXA

BAQDINTII IYO welwelkii i hayey way iga yaraadeen, culays badan inuu iga dageyna waan dareemay. Cabsi badan kama aanan qabin inay wax ka soo noqdaan ballantii labada waalid ku kala tageen. Waxaa ii dhimmanaa in marka roob da'o aan qaalmo soo dareeriyo oo aan soddoggay farta ka saaro oo *"shuushow bax"* aan iraahdo.

Intaa aan dagaalka ku jirey miskiintii Ilwaad waa warmoog, si aan wax ugu gudbiyana maanan garaneyn. Taleefoon iyo war-isgaarsiin fiicani maanay jirin. Tallaabada aan qaaday haddii ay ogaan lahayd salaan kal iyo laab ah iyo bogaadin ayey ii soo diri lahayd.

Haddii aan mid sii socda farriin ugu dhiibi lahaa waxaan islahaa waa adag tahay inuu gaarsiiyo, waayo xaafaddaan degganeyn iyo Kaaraan qaraabadu waa ku hal-iyo-dhif. Hawlwadaag iyo deegaannada qaar haddii ay ahaan lahayd dad lama waayeen.

Hawshaasi markii ay dhinac iiga dhacday ayaa waxaan

bilaabay inaan baadigoobo halkii aan reerka dejin lahaa. Guriga reerkayagu degganaa ciriirina wuu nagu ahaa, cariish aanan rabin inaan Ilwaad dejiyana wuu ahaa. Guri ku yaalla dhanka Koonfureed ee magaalada, markaana ka mid ahaa fiillooyinka ugu bilicda san magaalada ayaa ka helay qol gooni u go'an oo, martiba meesheeda ha joogtee, aniga iyo gacaladayda nagu filan. Qolkii ayaan inta carbuun bixiyey quful ku jabiyey.

Reerkayagu magaalada xoolo buuran kuma haysan. Bahdayadu magaalada ayey degganayd, dukaan yarna waan ku laheyn. Ebyan iyo Falxado ayaa hooyo la jooga, Habboonna waa iyadii reerkii ay la joogtey Dhuusamarreeb u soo guureen. Baydan iyo Saxarla waxay jiraan Xamar oo Saxarla' markaa jaamacad ayey bilowday.

Dukaanka waxaa gacanta ku haya Ebyan oo aheyd da'dii iga weyneyd. Markaa waxay ku maqan tahay Bari oo waxay rabtaa inay alaab halkaa ka qaaddo oo ay Xamar u iibgeyso, dukaankiina aniga ayaa la iiga tagey. Inay reerka soo rarto markii ay Xamar ka soo rogmanayso ayaan ku ballannay.

Waxaan soo rarkii reerka dherersadaba, goor barqadii ah, kuna aaddaneyd kowdii Jannaayo ee sannadkii cusbaa 1990 ayaa war aan ku diirsaday la ii keenay anigoo dukaankii jooga. Gaarigii reerka sidey inuu gurigii aan sii kireeyey hortaagan yahay ayaa la igu wargeliyey.

Furihii guriga anigaa hayaye, intaan dukaankii albaabada u laabay ayaan isa sii daayey. Alaabtii oo gaarigii dhulka laga dhigay ayaan gaarey, Ebyan iyo Ilwaadna xakabad yar oo gurigu lahaa ay fadhiyaan. Xishoodka iyo indhihii badnaa ayaan noo suurtaggelin inaan inta isku soo boodno hab isa siinno.

Indho is jecel isma eegi karaane, Ilwaadoo madaxa hoos

u rogatey ayaa gacan aad mooddo in gadaal laga haysto ii soo taagtey. Salaan kaddib, intaan iriddii furay ayaan bilaabay inaan alaabtii gudaha ku guro. Maalintii oo dhan waxay noo ahayd shaqo iyo alaab xirxir. Casar-gaabkii ayaan ka faraxalannay hawshii guriga.

Cid gaarsiiseyba, Ilwaad way gaartey inaan aabbaheed is aragnay, hawshuna ay meel fiican noo marayso. Sidaa iyadoo og ayaa, haddana waxaa laga dareemayey didmo iyo cabsi ay reerkooda ka qabto. Sidii qof dhagar galay oo ruuxii uu ka galay wejiga siin la' ayaad moodaysey.
Way ka dheregsaneyd inaanu reerku raalli ka ahayn sidii ay yeeshay, welibana ay tirsanayaan inay garabkooda ka baxday. Heshiiska hadda ah inuu sabir-taag-waa yahay ayey u arkaysey. Si kastaba ha ahaatee, waxba wax bay dhaamaane way ku qanacday sidii aan wax yeelay.
Habeenkii annagoo sugi la' ayaa aaskii madoobaadey, ehelkii iyo dadkii salaanta noogu yimidna naga dheelmadeen. Wuxuu noola mid ahaa habeenkii aroos-galka.

Habeenkii oo dhan qof walbaa wuxuu ka sheekaynayey wixii uu u soo joogey intii aan kala maqnayn. Qof walbaa wuxuu tiriyey wixii soo maray. Dhibka uu qof walba sheeganayey iyo xanuunkuu ka cabanayey isku mid ayey ahaayeen, illeyn dad isku meel laga hayo ayaan ahayne.
Marka mid yiraahdo, *"Waxaas iyo waxaas ayaa igu dhacay oo sidaas ayaan noqday,"* kan kalena wuxuu la soo boodayey, *"Alla anigu sidaas iyo ka daran ayaan ahaa!"*
Daalkii safarka iyo maantoo dhan hawshii lagu jirey dabaylahaa qaaday oo meel ay ka baxeen la garan waa! Habeenkii oo dhan sheekaba mid kale sidii ay noogu dhiibaysey ayaan dhacnay markii waagu soo dhow yahay.

Guriga aan reerka ku furay waa ii dhaamey kii aan Xamar ka degey. Waxba yaanu fadhi iyo wax kale lahaane, wuxuu iiga roonaa kii la igu daba-taagnaa oo aan ku sigtay in xafashka dibadda la iigu daadiyo. Qol waasac ah oo leh, derbiga weyn ee dhismaha ku wareegsan ka sokow, heeraar iyo ardaa yar oo aan fiidkii ku caweysimi karno.

Dhanka dhismaha kale ee gurigu naga xigo mooyaane, jihooyinka kale guryo na ciriirya oo hawada naga xira nagama saarneyn. Dhul furan iyo bannaan yar oo dhawr geed ku yaalliin ayaa dhanka Waqooyi iyo Bari nooga aaddanaa, labadaa dhinacna qolku laba daaqadood ayuu ku lahaa. Barqo iyo galab toona qorrax inta nagu dhacdo hurdo nagama kicin.

Halka dad badani kulayl ama huur ay hurdo ledi waayaan, annaga waxaa nagu soo dhacayey neecow macaan oo aan boor iyo siigo toona lahayn. Sidii ay na dhabaandhabeyso ayaa markii ay oogada taabato, inta na sabaaliso oo jirku debco hurdo meel ay jirtaba isugu kaayo timaaddaa.

Markii ay Ilwaad yare nasatay ayaa waxaan bilownay qaraaba-salaan, si aan reerka uga saarno qoqobka uu ku jiro. Dadkii arrinta la socdey aad ayey ugu riyaaqeen, nooguna bogaadiyeen tallaabada geesinnimada ah ee aan qaadnay.

Qaar badan ayaa malaynayey in naloo kala dabqaado mooyaane inaannan wejiga isa siin karin. Taasi beenowdey oo waa annagaa cid walba oo aan salaan la gaari karney gacanta marinnay.

Kalsoonidii waa hore dhimatay ayaa soo noolaaday. Inaan nahay lammaane wanaagsan oo ku dedaalaya sidii ay u daaweyn lahaayeen khilaafkii adkaa ee sokeeyaha soo dhexmaray ayaa meel walba noo martay. Walow madmadow uu jirey, haddana waxaan jebinney albaabkii weynaa ee reerka kala teedayey.

Sidoo kale, dhankii kalena waxay bilaabeen inay na soo

14. BERISAMAADKII SHUUSHBAXA

booqdaan oo salaan noogu yimaadaan. Xaalku wanaaggaa ayuu noogu socdey, reerkiina berisamaad ayuu galay. Ku guulaysanney inaan noqonno reer lagu soo hirto oo ku xiran xidid iyo xigaalaba.

Sidaan soo sheegayba, reerkayagu wuxuu magaalada ku lahaa dukaan yar, waxaana gacanta ku hayey Ebyan. Markii aan magaalada soo degey ayaan aniguna dhankayga ka galay shaqadii dukaanka. Waxyaabo kala duduwan ayaan ka mushtari jirney.

Ganacsigayagu wuxuu ku xirnaa gobolka Bari oo markaa dekeddii cusbayd ee Boosaaso ay shaqo bilowday. Wixii loo yaqaanney bagaash, cunto iyo xoolaha nool ayaa ganacsigayagu isugu jirey. Qoys reer Boosaaso ah baan shirkad noqonnay oo annaguna xoolaha ayaan ka iibin jirney deegaankii ku hareeraysnaa Caabudwaaq, iyaguna intay doon saaraan ayay u iibgeyn jireen waddammada Khaliijka iyo Yaman.

Caabudwaaq oo ahayd magaalo yar, inaan booqasho ku imaado mooyaane aanan hore u aqoon, ayaan deegaan ka dhigtay. Inkastoo ay ahayd meel aanan marti ku ahayn, deegaanna u ah reerka aan ku abtirsado, haddana waqti ayey igu qaadatay inaan saaxiibbo ka sameysto.

Dad qabiilku isku kaaya xiray oo aan sidaa isku barannay way badnaayeen, kuwase intaan is fahanney aan wadaay noqonnay waa ay yaraayeen. Yaaranteydii intii badneyd waxaan ku soo qaatay Koonfur, sidaa awgeed wax uun kala dhaqanduwanaan ah inuu jiro waan dareemayey.

Mar aan dukaanka u safray ayaa waxay ii noqotay furihii aan magaalada ku geli lahaa. Dhallinyaro sidayda oo kale reerahoodu ganacsi ku lahaayeen magaalada ayaan socdaalkii isla galnay.

Bari iyo gobolladaas waa markii iigu horreysey. Safarkaa dhul badan ayaan maray ilaa aan ka tagey Laasqoray. Waqtigaa jidka isku xira Bari iyo gobollada dhexe laami ayuu ahaa, laakiin Boosaaso ilaa Laasqoray wuxuu ahaa jid qarfe ah oo mararka qaarkood buuro iyo qarar la dulmarayo. Dhawr meelood oo baabuurreydu ka cabato, mararna ayba ku badxirmaan ayaan cagta sii marinnay. Banka Durduri iyo buurta Ha-igu-soo-dhicin oo maqal igu ahayd ayaan sii marnay.

Iyadoon wax caqabad ah ALLAAH na tusin ayaannu nabad ku gaarney Laasqoray. Suuqa ayaa la galay, qof walbaana badeecadii uu rabey ayuu iibsadey. Alaabta iyo waxaan u baahnayn warqad dheer ayey iigu qoran yihiin oo Ebyan ayaa intaanan soo socdaalin ii diyaarisay.

Dhib la'aan ayaa wax walba noogu dhammaadeen, kaddibna baabuurtii oo rar la ciiraysa ayaan jidkii dib ugu soo noqonnay. Inkastoo meel aanan hadda magaceeda hayn oo Ceelaayo dusheeda ah baabuurtii naga gashay, haddana dhib badan kalamaannan kulmin.

Markaan ardayga ahaa ayaa waxaan isugu sheekayn jirney in gobolka Bari uu yahay midka u ballaaran gobollada Soomaaliya. Taasi hubaal ayey noqotay! Waa dhul ban, togag iyo buuraley isugu jira. Markaad kor ka eegto wuxuu kuula muuqanayaa dhul oomane ah oo lama-degaan ah. Dhul geed-gaab ah ha u badnaado, dadkuna ay u deggan yihiin si teel-teel ah, laakiin waa igala duwanaa sida dad badani u qabo.

Deegaanka ka sokow, waxaan arkay dad aanay intooda badan qorraxdu guryaha ugu soo bixin. Dad wada kallahaya oo hurdo lagu noqdo salaadda subax kaddib ceeb u arka. Mid shaqadiisa iyo goobaha ganacsiga u jarmaada, mid inta doon qaata badda gala iyo mid tunkiisa rarta oo dekedda u xamaaltaga; qof walbaa hawshii uu lahaa cidina uma tilmaanto.

Waa ummad aan isku-dul-noolayn sida aan dhul badan ku arkay. Arrinkaa dad badan ayaa ceeb uga dhiga iyo inaanay is gacanqaban, balse anigu waxaan u arkay ammaan iyo in qof walbaa xooggiisa maalo. Qaab-dhaqankooda ayaa i cajabiyey.

Haddii hawli idin dhexmarto si hufan oo aan kulayl iyo hiifid lahayn ayaad dantaada uga bogan. Waa dad nabadeed oo igala qabow kuwii aan ka imid oo aad jeclaanayso la-noolaanshahooda. Wax naftaydu diiddo oo ay dhibsato waxaan ka arkay cimilada magaalooyinka Badda Cas ku yaal oo kulul, gaar ahaan waqtiga xagaaga, taasina waa mid ay la qabaan dhulalka ku teedsan Badda Cas.

Haddii aanay dib ka beloobin oo aanay dhibaatooyinkii dhacayey galaafan, dad dabacsan ayaan dhulkaa ku soo arkay.

Annagoo nabad qabna ayaan soo gurya-noqonnay. Safarkaa dadka wuxuu u ahaa mid ganacsi, laakiin aniga waxaa ii weheliyey mid dalxiis. Buug dhan isagoo uu ii buuxo ayaan soo noqday. Halkii aan marno iyo wixii ishaydu u bogtaba qalinkaan ku boobaa.

Dadkii aan socotada wada ahayn qaar ayaa inta ila yaabay i yiri, *"War ma weriyaad tahay wax qorid badnidaa!"* Darawalkii gaarigaan saarnaa wadey marna kama nasan su'aasha ah, *"Halkani magaceed iyo jidkani xaggee galaa?"* Muddo tobaneeyo cisho ah ayaa safarkaasi nagu qaatay.

Goor casarliiq ah ayaan Caabudwaaq galnay. Gaarigii ii rarnaa inta bakhaarkii dabada loo geliyey, dhawr xammaalna loo yeeray, ayaa dejin lagu bilaabay. Hawshii dejinta markii aan bogey ayaan, illeyn meel ayaa la iiga yeerayaaye, intaanay qorraxdu dhicin isa sii daayey.

Gurigii ayaan isa sii taagey. Ganjeelkii weynaa markii

aan foodda geliyeyba, waxaan ku naxay *a'da* qof hunqaacaya. Waan yare hakaday, mise shanqartuba xagga gurigayga ayey ka yeeraysaa. Anigoo naxsan ayaan saanta boobay.

Kaabadda guriga ayaa waxaa bilqan Ilwaad oo sidii ay u hunqaacaysey tabardhigtay oo aad mooddid inay naftii ku sii dabayar tahay. Qummaati umaanay fariisan karine, darbi gaaban oo qolkayaga ku wareegsanaa ayey isku tiirisay.

Anigoo argaggaxsan ayaan inta ku boodey oo kor u hinjiyey, garbahana qabtay fagaag yar oo gurigu lahaa sijaayad taalley dhinac u dhigay.

Maalin iyo labo markii aan sii maqnaa ayey soo dhacday. Oontii ayey ka carartay, wixii jidiinkeeda marana way soo celisaa. Dhawr beri ayaa jirkeedii ku doorsoomay, waxaadna mooddaa bukaan jirro soo daashatey.

Cudur iyo masiibo kale uma imaane, waxaa haleelay cudur uu ALLAAH u qaddarey inay marto gabar kasta oo ina-aadane ah. Eebbe weyne caloosheeda ayuu wax ku beeray. Hunqaacada iyo is beddelka jirka ku dhaca waa astaanta lagu yaqaan inay gabadhu uur qaadday.

Ilwaad xilligan waa wallac. Waa wax dhan looga farxo oo mid ka mid ah danaha ugu muhiimsan ee reer loo dhisto ayaa rumoobey. Waa awlaad! Dheef dhib ayaa ka sokaysee, in loo samro cagaagga iyo daalka ka sokeeya waa wax lama huraan ah.

Weyddiin iyo maxaa ku daaray ma jirto, illeyn hawshu meesha ay ka socoto gartaye. Sidii aan u jeenanin lahaa ayaan ku dedaaley. Eheladii iyo dadkii hore ula joogey wax-siinteedii waa ku wareereen. Markii aan imid ayaa xoogaa nololi soo gashay oo ay bilowday inay wax qaadqaadato.

Waxay noqotay in si gaar ah gabadha isha loogu hayo oo xannaano dheeraad ah la siiyo. Gabdhaha walaalahay ah ayaaban inay tallaabo qaaddo u oggoleyn, hawshii gurigana la wareegey oo gacanta ku dhigay. In la koolkooliyaa waa gar oo *'ha jabin ha dhicin'* la yiraahdo.

Aniga laftigaygu hawshii reerka dhankayga ayaan ka galay. Wax culus iyo hawl dhib keeni kartaba waan u diidey oo waardiye ayaan ka qabtay. Wixii ay damacdo inay qabataba ama gabdhahaa uga hormara, ama haddii aanay joogin anigaa inta ku booda hawshii qabta.

Waqtiyadii hore tabar maanay hayne, markii xoogaa ay roonaatay ayey bilowday codsi iyo hawsha reerka in wax looga oggolaado. Malaha waxay istiri inay ceeb tahay marwo hawshii reerkeeda dushaa ka eegata oo aan gacan qaadayn.

Si kastaba ha ahaatee, xaalku bilo ayuu sidaa ahaa, barwaaqo iyo baraarana lagu jirey.

Sida laga yaqaan magaalooyinka xoolo-dhaqatadu ku hareeraysan tahay, xilliga barwaaqada ayaa kii ehel baaddiyaha ku lahaa u caanadoontaa. Ilwaad reerkoodu miyiga ayuu degganaa.

Farriin ayaa reerkoodii uga timid iyo in iyada iyo da'dii ka yareyd oo markaa magaalada aroos ku ahayd isa soo raacaan. Hadal kamaanan keenin, illeyn nin maslaxo ku jira ayaan ahaye. *Nin shimbiro gaadayaa waraf ma tuuro!*

Anigoo cidladaa la iiga tagey dhibsanaya ayaan labadii gabdhood diray oo aan gaari u saaray halkii reerku degganaa. Waa labo gabdhood oo ugub, ilmihii ugu horreeyeyna caloosha ku sida.

Ninkii ay ka tagto iyadoo xilligaa ku jirta ayaa garan kara xanuunka iyo walbahaarka ay leedahay. *"Waa gabar yar oo aan waayo-aragnimo lahayne amay inta is ilaalin weydo ay wax gaaraan,"* ayaan ku welweley.

Waa meel baabuurta iyo socotaduba is dabamarayaane, markii aan helo cid sii socotaba intaan wax ugu sii dhiibo ayaan ka codsadaa inay war iiga keenaan.

Mararka qaar, haddii aan helo cid aammin ah intaan warqad qoro ayaan ugu sii dhiibaa. Wax kale uguma sheegee, waa warqad hilow iyo xiiso xanbaarsan. Waxaan ka cawdaa sida xaalkaygu noqdo markii aan keligey sariirta isku tuuro oo aan dhinacayga ka waayo. Inaan tabey oo aan imaansheheeda dherersaday ayaan qoraalka ku gunaanadaa.

Waxaan u hanqaltaago gaarigii Galbeed ka yimaadaba, goor galabgaab ah ayey gabadhii soo dhacday. ALLAAH ayaan u mahadceliyey iyadoo bedqabta ii soo nabadceliyey. Muddo bil iyo xoogaa ah ayey iga maqnayd. Gabar hooyadeed u tagtay ayey ahayde, xoogaa dhogorteedii waa isa soo beddeshey.

Hadda qof kastaa wuu garan inay lammaane tahay oo caloosha ilmo ku siddo. Mar haddii ay shan bilood dhaaftay in uurku soo baxayo la isma weyddiinayo. Dhanka kale, waa sidii lagu yaqaanney gabar reerkoodii ka timide, si wanaagsan ayaa loo soo dhibaadiyey.

Abbaarihii bishii 7aad ee 1990 ayaa waxaa safar Caabudwaaq ku yimid Bullaale oo markaa Muqdisho ka yimid. Warbixin iyo wixii dhacay muddadii aan Xamar ka soo maqnaa ayaan siiyey.

Aabbahay oo weli dagaalkii dhacay ka gows-haysta inuu ballanqaad cagajiid ah ku bixiyey inuu yarad bixin doono, soddoggayna uu roobda'a muddaysan yahay ayaan u sheegay. Inaan arrinkaa xoojinno, labada odayna, inta la martiqaado, la isu keenno ayaan ku tashannay.

Aabbahay ayaan ka bilownay, waxaanan u gudbinney qorshihii aan wadanney iyo inaan rabno inaan xididdada u siibno wixii madmadow ah ee isaga iyo soddoggay dhexyiil. Nagama diidine *"Hawraarsan"* ayuu yiri. Ilwaad ayaan arrinkii ku wargeliyey, iyana si aad ah ayey ugu riyaaqday una soo dhaweysey.

Annagoo kaashaneyna gabdhihii walaalahay ayaan, aniga iyo Ilwaad, intaan martiqaad samaynay labadii oday iyo Bullaale ku casuunnay. Wax walbaaba ha dhexmareene, aabbahay iyo soddoggay wiil iyo adeerki ayey ahaayeen. Sheeko kaftan iyo xifaalo miiran ah ayaa isla markiiba goobtii haraysey.

Waxaa jabay derbigii shaydaanku labada waalid dhexdhigay, si wanaagsan ayeyna maalintaa sheekadu isugu kaaya baxday. Markii aan arkay sida xalladda leh ee ay sheekadu isu dabamareyso ayaa neecow macaani i martay, hididdiilo weynna i gashay.

Goobtii ayuu aabbahay ka caddeeyey inuu yarad la yaqaan bixin doono, isagoo uga dan lahaa inuu anigana niyadda ii dhiso, soddoggayna ku laabqaboojiyo.

15. GUNAANAD

SI ALLAAH loogu mahadiyo ayaan ku jirney. Aniguna fooldhawr ayaan ahaa oo waan bilo-tirsanayey, soddoggayna cirka iyo goortuu curan doono ayuu xisaabinayey. Wuxuu islahaa markii dhibicda u horraysa ay dhulka ku dhacdo ayaa qaalmo saloogan xerada lagaaga soo bixin doonaa.

Malaha, aabbahayna wuxuu ka fekerayey oo ku tallamayey, *"Ma ina heblaad bixisaa, mise ina heblood!"* Saddexdayada, ninba meel ayey maalintaa u joogtey.

Ilwaad sidkeedii ayaa soo dhawaadey oo waa cuslaatay. Welwelka iigu weyni wuxuu ahaa halka ay ku ummuli doonto, magaaladuna maanay lahayn isbitaal la isku halleyn karo. Waxaa dhakhtar u ahaa nin dadku ku xaman jireen inaanu dhakhtar buuxa ahayn, laakiin waayo-aragnimo lahaa. Wuxuu doonaba ha ahaadee, isaga qudhiisii ayaaban joogin oo magaalada ka maqnaa.

Dadku islaamo ummulisooyin ah ayey u yeertaan oo guryaha ugu yimaada. Meel kale oo aan u qaado iima muuqan oo tabar badanina ma jirin, nabadgelyada waddankuna waa ka sii daraysey. Inaan ALLAAH talo saarto oo aan meeshayda joogo ayaan goostay. Wax la shintiriyaba sagaalkeedii ayaa dhammaaday.

Goor fiidkii ah, annagoo daaradda guriga fadhina, ayey gabadhii ii sheegtay inay wax dareemayso. Nabar ayaa marba qabanaya. Isla markiiba waxaan ku orday xaafaddayadii oo aan sidaa nooga dheerayn.

Ebyan iyo Habboon oo iyana timid ayaa i soo raacay, islaan ummuliso ahna raadiyey. Nabarkii waa ku sii kordhay gabadhii, waxayna bilowday taah. Ummulisadii markii ay timid ayaan xaafaddii kale aadey, illeyn qolku naguma wada filnee.

Habbeenkaa hurdo ma jirto oo il isma saarin. Waxaan sugayey waxa soo yeeri doona. Mar waxa igu soo dhaca ilmaha dhalan doona dheddig iyo lab kii uu noqon doono, markaas ayaan bilaabaa inaan hadba magac ku boodo oo aan iraahdo, *"Haddii ay gabar tahay hebla u bixi, haddii uu wiil noqdana hebel u bixi."* Xoogaa markii aan joogo ayaan, inta magacyadu ila xumaadaan, baadigoobaa kuwo kale. Riyo-soo-jeed ayaan ku jiraa oo hurdo ii dhadhami mayso!

Cabbaar markii aan magacbixinta ku foognaado, magacna aanan weli doorin ayay igu soo dhacdaa xanuunka iyo dhibka ay fooshu leedahay, markaas ayaa jirku i damqadaa sidii uu nabarku aniga i hayo. Welwelka ugu badan oo i hayey wuxuu ahaa sida la yeeli doono haddii ay fooshu gabadha ku adkaato.

Isbitaal loola cararo ma leh oo dhakhaatiiru ma joogto! Waa gabar ugub oo aan hore wax u soo dhalin oo xannaano dheeraad ah u baahan. Waxaas oo walbahaar ah isagoo uu i hayo ayaan, salaaddii subax markii ay soo dhowdahay, gam'ay.

Qolkaan jiifey albaabkiisii oo la garaacayo ayaan ku naxay.

15. GUNAANAD

Waa hooyaday oo salaadda ii kicinaysa. Salaaddii oo caddaatay ayaan kacay oo labadii rakcadood boobsiiyey.

Anigoon adkaartii dhammeyn baa gabar yar oo ordaysa oo reerkii guriga aan uga jirey dhalay noo timid. Waxay ii sheegtay in gabadhii xanuun aad ahi uu hayo. Xaafaddii ayaan ku orday anigoo jirkayga oo dhan giriirayo cabsi iyo welwel dartood. Aqalkii markii aan la soo wareegayba, taaha iyo alalaadka ka yeeraya ayaa dhul aan heeladka ahayn laga maqlayey.

Qolkii oo dumar ka buuxo, gabadhiina iyadoon miyir lahayn ay taallo joodari dhulka loo dhigay ayaan galay. Xaalka gabadha markii aan isha ku dhuftay ayaan sarajoogga ka duuli gaarey. Neeftii ayaa inta ku dhegtey oo ay tigtigantay ayey afka abur ka sii deyneysaa.

Marka ay neefta jiidayso ama ay ka soo baxayso, jibaadka iyo hiinraagga ka yeerayaa qolku wuu nala gariirayey. Intaan adkaysan waayey ayaan dibadda u cararay.

Anigoo sasan oo meel aan u socdo garan la' ayaa qalbigayga waxaa ku soo dhacay nin farmashi magaalada ku haystey oo aan aqaanney. Orod ayaan istaabtay oo dhankii farmashiga u cararay. Ninkii oo markaa albaabkii furay ayaan ka duldhacay.

Markii uu arkay waxa iga muuqda ayuu isagoo argaggaxsan i weyddiiyey waxa igu dhacay. Xaalkii gabadha ayaan uga warramay, waxaanan ka codsaday inuu i raaco. Irbad aanan garaneyn waxay ahayd ayuu hore u sii qaatey. Gabadhii oo sidii u dhuun-yeerinaysa ayaan u tagnay. Irbaddii ku dhufey, waxbase isma doorin.

Anigoo sidii ruux madaxa la jebiyey iska dabawareegaya, qolkiina fooda gelin la' oo markaan hiinraagga gabadha maqlaba dib u cararaya ayaa wadaad aan qaraabo ahayn noo soo wareegey. Arrinkii markii loo sheegay, anigana uu xaalkayga arkay ayuu inta gacanta i qabtay dibadda iila baxay.

Xoogaa markii aan gurigii ka fogaanney ayuu arrin aananba

soo dhigan igu baraarujiyey. Arrin wadnahayga ruxday oo intaan saaqmay matag i soo dhaafi gaarey. Wuxuu i yiri, *"Adeer, gabadha xaalkeedu aad ayuu u liitaa, inay ka kacayso iyo in kalena Ilaah baa og. Wax kasta ayaa dhici kara. Dhimasho ayaa iman karta, marka na keen aan qalab iyo rag raadsannee."*

Ma qiyaasi karo sidaan noqday! Inta madaxii i jiireeyey ayaan dayoobey, dhan aan u socdana garan waayey.

Anigoo jir ahaan iyo maskax ahaanba isku qasmay, wax aan ku hagaagana garanla', guriga agagaarkiisana aan iska dabanoqanayo ayaa hal mar waxaa isqabsaday buuq iyo qaylo! Anigoo sasan ayaan qolkii ku orday! Dumarkii oo didaya oo isugu jira mid ilmadu shubmayso iyo mid ku celcelinaysa, *"Innaa lillaahi wa innaa ileyhi raajicuun,"* ayaa iga horyimid.

Anigoon dheg la i qabto lahayn ayaan inta dumarkii jiiray qolkii u dabamaray. Gabadhii oo joodarigii taal ayaan inta ka duldhacay oo madaxeedii kor u soo qabtay dhuunta iyo dhabannada taataabtay bal in wax dhaqdhaqaaqaya jiraan.

Waan xaqiiqsaday inaanay naf ku jirin! Sidaan ahaa iyo waxaan samaynayey garan maayee, waxaan ku naxay haweeney inta isoo dul istaagtey i leh, *"Eeddo, iska dhig gabadhu waa mayde, samir iyo iimaanna Allaha kaa siiyo."*

Anigoon meel la iga jiro garaneyn, ayaan meesheedii ku celiyey. Cabbaar markii aan gabadha dusheeda jilbajabsanaa ayaan, anigoo jaraynaya istaagey. Indhihii inta i madoobaadeen ayaan iridkii meel uu iga jiro garan waayey.

Anigoo hadba derbi ku dhacaya ayaan inta baxay barxad guriga gadaashiisa ku taalley saljugle ugu dhacay. Hooyaday ayaan isha ku sii dhuftay iyadoo meel halkaas ah dhinac u taal, umase maciini karin.

Geeridu waa xaq oo lama diidi karo, laakiin subaxdaa waxay igu ahayd kadis iyo jug culus oo igu dhacday. Geeridu

15. GUNAANAD

kula talo maahan, cid ay tixgelin iyo sharaf u haysaana ma jirto. Shiikh, shariif iyo shaydaanba waa u siman yihiin. Maalintii ay ku maagto cid kaa celin kartaa ma jirto.

Subaxdaa haddii ALLAAH ii qaddari lahaa in baryo la iga aqbalo, in Ilwaad geerida laga dibdhigo ayaan ka tuugi lahaa. Mar waxaan is iraahdaa, *"Amaadan wax hubsan ee ay gabadhu weli nooshahay!"* marna waxaaban moodaa in inta xanuunkii ka batay ay miyir-doorsoontay. Ma dhabbaa mise waa dhalanteed!

Is-diidsiiyayaa ama dhimasho afkayga soo marsiin waayaaba, subaxdaa la iga kala tuur oo guri maran ayaan ka qaaday. Wax walba waxaa iiga darnaa inaanay cidina isweyddiin bedbaadada ilmihii caloosha ku jirey. Cid ogi ma jirto inuu ilmuhu sii noolaa geerida gabadha kaddib iyo inkale. Dayac iyo baylah ka darneyd ma jirin.

Cabbaar markii aan meeshii kuududey ayaan, anigoo dalanbaabi ah dibadda u baxay. Wadaadkii saaka ii yimid ayaa inta garabka i qabtay i dejiyey. Xoogaa ayaan hadalkiisii ku miyirsaday. Intaan israacnay ayaan ciidan iyo wixii xabaasha lagu qodi lahaa baadigoobnay.

Xaafaddii oo dhan ayaa isu soo baxday markii geerida la maqlay. Qofkii jidka nooga horyimaadaaba wuxuu na weyddiiyaa xaalkii gabadha. Hadal igama soo bixi karin oo cunihii ayaa i xirmay. Haddii aan damco afka inaan kala qaadaba, ilmo ayaa ka soo hormarta oo hadalka igu celisa. Wadaadkii ayaa dadka u jawaabayey.

Dumarkii gurigii iyo goobtii gabadha maydkeedu yaalley ayey isku shubeen, raggiina mid qubuurihii iyo halkii qabriga laga qodi lahaa aada iyo mid agabkii iyo wixii kale ee loo baahnaa raadiya ayey noqdeen. Kii maqlaaba halkiisa ayuu ka suxulduubay oo hawsha dhinaciisa ka galay.

Hal mar ayaa waxaa magaaladii isqabsaday hadalhaynta

geeridii gabadha. Kii xaalkayaga iyo dagaalkii adkaa ee aan soo galnay ogaa wuxuu yiraahdaa, *"Adduunyoy xaalkaa ba'! Wixii dhib la soo mariyey ma geeri degdeg ah ayaa ugu darsantay! Guur hadal galay ma fiicna, odayaashii iyo qabiilkii ay ka taladiideen ayaa, malaha habaaray oo ishoodii ayaa ku dhacday."*

Saxse aniga ilama aheyn oo haddii cid habaarkoodu kacayo aniga iyo Ilwaad inay aheyd ayaan ku tirinayey, saa reerku dulmi ayey nagu maageen e. Teedii baa gashaye, qolana waxba umaannan geysan.

Gabadhii waa la dhaqay, kafantiina waa lagu xiray. Sidoo kale, raggii waxay isla markiiba diyaariyeen xabaashii. Anigu xabaasha qodiddeedii iyo dhaqiddiiba midna kama qaybqaadan oo nin si u suursan ayaan ahaa.

Dadkii oo aad is leedahay magaaladiiba cidi kuma harin ayaa hal mar u dareertay dhankii qubuuruhu magaalada uga yaalleen. Maydkii waa la soo qaaday, waxaana la keenay goobtii lagu aasi lahaa. Gabadhii oo kafan cad lagu soo xirxiray oo naxashkii dulsaaran ayaa dadka hortoodii la soo dhigay si loogu tukado. Wadaad ayaa, inta dadkii saf galiyey, naga bixiyey salaaddii.

Dadku aqoon fiican iima wada lahayn, maxaa yeelay waxaan ahaa nin magaalada ku cusub. Waxay bilaabeen inay isweyddiiyaan oo yiraahdaan, *"Meeyey wiilka gabadhu ka dhimatay."* Kor ayaa la isaga kay tilmaamay.

War dhafoor ayuu ku yaale, qofkii aan cidna weyddiin oo dadka isha la raaca wuu iga soo dhexqaban lahaa. Wejigayga iyo ilgooyada iga muuqata ayaa ka turjumayey jugta maalintaa igu dhacday. Halhal iyo kooxkoox ayagoo ah ayaa dadkii goobta yimid tacsi iigu yimaadeen.

Dadku waa gartood oo waxay rabaan inay i samirsiiyaan oo ii tacsiyeeyaan, anigana arrinkaa soo qaadistiisa ayaaba i

15. GUNAANAD

damqinaya.

Salaaddii markii maydkii lagu tukaday ayaa loo hogbaday in xabaashii la geliyo. Markii aan ogaadey in la rabo in godkii la geliyo ayaan inta gadaal u faagtey dadkii oo dhan gadaal ka maray. Maydkii inta la qaaday ayaa godka qarkiisii la dhigay.

Aniga iyo intii beerka jilicsanayd ayaa meel gooni ah isugu baxay oo qabrigii ka fogaadey. Iyadoo la i baadigoobayo ayaan ku naxay oo la leeyahay, *"Wiilkii xaggee aadey gabadha ha buddhigee."* Kor baa inta la iga arkay la ii yeeray. Gacanta inta la i qabtay ayaa la ii kaxeeyey dhankii xabaasha.

Waxaa ku jira xabaasha labo nin oo loogu talagalay inay gabadha ila qabtaan. Anigoo bowdyaha isla dhacaya ayaan godkii galay. Gabadhii ayaa inta la soo qaaday naloo soo dhiibey. Labadii nin midna qaarka dambe ayuu qabtay, midna dhexda, anigiina inaan madaxa qabto ayaa la igu amray.

Jirkeedii markii aan dareemay ayaa beerkii i belbelay oo wadnihii afka i yimid. Tabartii oo dhan ayaa la iga siibey, gacmihiina meyd ayey i noqdeen. Waxaan ku naxay iyadoo la leeyahay, *"War ka qabta yaanu la dhicine!"* Ninkii dhankayga soo xigey oo ahaa nin xoog leh, qaraabana aan ahayn ayaa iga qabtay. Iilkii ayaa la dhigay.

Waxaa iigu darnayd markii wadaad kor amarrada ka bixinayey uu yiri, *"Hebelow, wiilka u sheeg inuu gabadha u banneeyo dhabanka ciidda xiga."* Hadalka waan maqlayey, laakiin far waan nuuxin waayey. Xoogaa markii la i dhawray oo la arkay inaan dhaqdhaqaaq igu jirin, ayaa ninkii i xigey hadalkii iigu celiyey, iiguna daray hadal uu igu dejinayo.

Sidii ilmo yar ayuu inta gacanta i qabtay i yiri, *"Adeer, halkan ku dheg, markii aan marada kuu debciyana halkan inta ka jiiddid dhabanka gabadha dhulka u dhig."* Sidii uu sheegay markii uu yeelay ayaan maradii xoogaa soo jiidey.

Dhabankeedii markii uu ii muuqday ayaan hal mar, anigoo sasan dib u soo boodey.

Ninkii waxba iguma hallayne, isagoo gabadha madaxeeda kor u haya ayuu si tartiib ah dhulka u dhigay. Anigoo wada qoyan oo saaqsan ayaan dibadda u soo boodey. Dadkii ayaan inta ka dhexbaxay meel gooni ah fariistay, anigoo ilmada qubaya.

Badeello inta dhinacyada lagala galay ayaa ciiddii lagu boobay. Intii ciidda lagu rogayey ayaa koox dhallinyaro ahina oodo ka soo jareen geedo aan sidaa nooga dheerayn. Waxaa la rabey in qabriga lagu wareejiyo si xoolaha iyo duurjoogta kale looga ilaaliyo.

Markii godkii lagu hubsaday, ooddiina lagu wareejiyey ayaa, inta xoogaa la dultaagnaa oo loo duceeyey dadkii kala dareeray. Markii aan arkay in dadkii dhaqaaqeen ayaan inta istaagey dhankoodii u luuday. Inaan qabriga dultago oo aan gabadha u soo duceeyo waan ku dhici waayey.

Inaan agtago iska daaye, kor intaan ka wareegey ayaan dadkii kor ka qoortay. Gurigaygii inaan aado waan ku dhiirran waayey, xaafaddayadii ayaan aadey.

Ilwaad, inta kafan cad lagu xiray, ayaan uga tegey qabri gudihiis iyadoo lammaan. Iyadiina i dhaaftay, ilmana iima bedbaadin. Lammaanahaygii la gunaanad oo way umulraacday! Murugada dad badan ayaa ila qabey oo keligey gooni iima ahayn, walow sida gaarka ah ee ay ii taabatay aan la ila wadaagin.

Dhan walba ayaa warkii geeridu magaalada uga baxay, waxaana la gaarsiiyey Ilwaad waalidkeed. Maalintii xigtey ayey yimaadeen, maxayse qaban karaan? Labada dhinacba dubbe culisi ku dhac. Inaan gabadha u ducayno, isna samirsiinno waxaan ahayni meesha ma oollin.

15. GUNAANAD

Sidii aan sheegayba, markii aan aaskii ka nimid ayaan gurigii hooyaday iyo gabdhuhu joogeen aadey. Maalintii intii ka hartay iyo fiidkii horeba xaafaddii ayaan iska joogey. Qof mid kale la hadlayaa ma jiro oo juuqdii ayaa la gabay! Hooyaday waa dadan tahay oo qandhaa karkarinaysa, gabdhihiina mid walba iyadoo dhabannada haysata oo ilmadu qubanayso ayey fagaaggii guriga midba meel fadhidaa. Qof far dhaqaajinaya kuma jiro!

Dadkii xaafadda joogey ayaan isha la raacay, saa qof walba tiisii ayaa haysata oo wax xaggayga soo jalleecay ma jiro. Qol aan iga fogeyn ayaan dhankiisa u luuday. Sariir qolka taalley ayaan salka saaray oo oohintaydii halkii ka sii watay.

Cabbaar markii aan sidaa ku jirey ayaa salaaddii soo gashay. Anigoo kici la' ayaan sariirtii, anigoo dhinacyadeeda ku taagsanaya, ka sare joogsadey. Intaan diiday oo indhihii i madoobaadeen ayaan sariirtii ka duldhacay. In door ah markii aan sariirtii dul aalley ayaan mar kale holliyey bal inaan kici karo.

Anigoo cagaha jiidaya oo indhihii i guduuteen, faruuryihiina i qallaleen ayaan dibadda u soo baxay. Intaan weysaystey ayaan salaaddii tukadey. Hooyaday keliya oo weli meeshii duudduuban ayaa meesheedii taal. iyadoo madaxa qaadi la' ayey inta salaaddii u kacday fadhi ku tukatey.

Waqtigii hurdada markii la gaarey ayey hooyaday ii soo jeedisey inaan gurigaygii isaga hurdo doonto. Galabnimadii intaan qolkii ku huursanaa ayaa Habboon iyo Ebyan inta luudeen qolkii soo kala hagaajiyeen. Anigoo qalbiga siin la' oo hagaagi la' ayaan u dheelmaday.

Gurigii markii aan gaarey ayaan anigoo dhan wareeray oo meel la iga jiro garan waayey. Istaagga inaan ka duulo intaan ka baqay ayaan derbigii guriga qabsaday. Cabbaar markii aan taagnaa ayaan, inta cawdu-billaystey, anigoo guriga oo dhan ka baqaya gudaha u gudbey. Cabsi ayaa Eebbe ii keenay meel ay ka timid aan garan waayey.

Gudihii intaan isku halleyn waayey ayaan dibadda joodari soo dhigtay. Indhaha markii aan is geliyaba, gabadhii ayaa i hortimaadda! Waxaa hortayda la keenaa dhabankeedii oo inta la banneeyey ciidda la dhigay. Intaan jiifka ka boodo ayaan soo fariistaa. Cabbaar markii aan kuududo oo aan daalo ayaan dhinaca dhulka la aadaa.

Ma habeen hurdaa! Waa habeen madow oo la iga kala daadiyey, la igana kala tuuray oo aan guri ba'ay dhexfadhiyo! Inaan seexdo iska daaye, hurdadii qudhigeedii ayaaban ka baqay oo inaan seexdo ayaan ku dhici waayey.

Anigoo ay ooni iigu dambaysey xalay fiidkii ayaa calooshii oodda goosatay oo aan shuban ku waashay. Habeenkii oo dhan waxaan u dhexeeyey guriga iyo musqusha. Markii ay calooshii maratay ayaa waxaa i bilaabay caloolxanuun.

Caloosha ayuun baa la majiiraa, markaas ayaan musqusha anigoo hadba dhan u dhacaya u luudaa. Sidaan u jiiranayo baan, markii wax iga iman waayaan, anigoo daalaadhacaya gogoshii ku soo noqdaa.

Habeenkaa naftayda ayaan u baqay, waxaanan is iri, *"Amaa adigana taadii gashay oo aan nololiba kuu harin oo aadan gacalisadaa iyo uur-jiifkii waxba ka dambeyneyn!"* Cawadaa hurdo ma ledin, haddii aan xoogaa gam'ona anigoo salalsan ayaan soo boodayey. Dhawr jeer ayaan ku sigtay inaan xaafaddayadii u qaxo oo aan guriga ka cararo.

Anigoo waabberigii sugi la' ayaa aadaankii masaajiddu isqabsaday. Markii addinkii dhacay ayaa ALLAAH xoogaa cabsidii qalbigayga ka saaray. Anigoo dhacdhacaya oo tabartii iga dhammaatay ayaan, inta istaagey weyso doontay. Masaajid ma gaarine, intaan labadii rakcadood tukadey ayaan meeshaydii iska fariistay. Waagii markuu qummaati u beryey ayaan xaafaddayadii u kallahay.

Haddii aan shalay lammaane ahaa, maanta waan keliyoobey. Middii la igu kuunyayey ayaa i dhaaftay. Farxaddii iyo firfircoonidii la igu yaqaanney waxay isku beddeleen murugo iyo inaan saanta la liico. Golihii iyo madashii aan asxaabtayda kula haasaawi jirey ayaa la iga waayey. Nabar aanan fileyn oo igu soo kediyey ayaa igu dhacay.

Habeenkaa midkii ka horreeyey waxaan ku mashquulsanaa ilmaha dhalan doonaa magacii loo bixin lahaa, caawana gacmo maran ayaan guri haawanaya dhex yaxoobaa. Riyadaydii ma rumoobin. Marmar ayaan iskula sheekaystaa inaanba buro sido haddii aanu qalbigu raacin intay i maanqaaddo.

Dhib kastaa ha igu dhacee, haddana kama boodsaneyn inaan qaddarta Eebbe cidi hor istaagi karin. Markii aan arrinta soo gocdo ee aan hiyikacaba, EEBBE ayaan weyddiistaa inuu i sugo oo qalbigayga dejiyo.

Magaalada qofkii i arkaaba, gabadhiina dembi dhaaf iyo naxariis ayuu Ilaah u weyddiiyaa, anigana inuu samir iyo iimaan iga siiyo. Qofna waxba igama hagran sidii uu ii dejin lahaa. Oday reer ahaan aannan kala fogeyn ayaa markuu arkay rafaadka iyo murugada iga muuqata is yiri aad wiilka aad adeerka u tahay samirsiisid.

Wuxuu ii soo qaatay hadal uu murti ku sheegay laakiin aniga i tummaatiyey oo sun iyo waabaayo ii ahaa. Hadal geeri-labaad igu ahaa. Wuxuu yiri, *"Adeer, nin ayaa wuxuu u heesay hal uu aad u jeclaa, wuxuuna yiri, 'Geerida haween guud la firo iyo guursi laga qaad, geeridaydana guri ba'ay iyo gablan laga qaad, geeridaadana gaawe maran iyo gaajo laga qaad.' Marka adeer, waxba ha murugoon gabdho waa buuxaan."*

Jawaab aan celiyo iska daaye, hadalkii ayaa iga soo bixi

waayey oo ilmo indhahayga ku soo joogsatey. Nabar aan dusha ka dhayayey ayuu damqay. Nin gacaladiisii maalmo kahor god gashay miyaa guur iyo dumar u muhanaya! Reer baaddiye naxariis daranaa! *"Yaanay kugu maadsan inta ilmo ku soo dhaafto,"* intaan is iri ayaan is dadbay. Reer miyiga nin ooya waa ku ceeb oo waa duul ALLAAH calooladayg u dhiibey.

Anigoo sidii Caabudwaaq u jooga ayaa dagaalladii sokeeye qarxeen. Meel walba col iyo dagaal ayaa ka bilaabmay. Safarkii iyo ganacsigii ayaa hakad galay. Magaaladii ayaa dagaalladii dhan walba uga soo dhawaadeen. Waxay noqotay magaalo col-u-joog ah, mar walbana qayladhaantu soo yeerto.

Sida loo joogo ayaa hal mar waxaa isqbsada qaylada iyo '*soo baxooy!*' Dagaal inuu xaaraan yahay aan u arkayey ayuu ahaaye, waxaan raadiyaa, aniga iyo koox dhalliyaro ah sidii aan uga bedbaadi lahayn oo aan uga samatabixi lahayn.

Ganacsigii xoolaha iyo kii kale ee aan Boosaaso geyn jirney wuxuu noqday ganacsi dhiig ka sokeeyo. Wuxuu ahaa ganacsi duullaan-aroor ah. Baabuurta ganacsiga iyo kuwo dagaalku ma kala hari jirin. Gaarigii aan mid hubaysani galbineyn wuxuu ahaa mid halis ugu jira in inta jidka loo gelo dadkana la gumaado, waxa saaranna lala wareego.

Wax lala yaabo ayey ahayd gaari ari saaran yahay oo ay arigii ku dhexjiraan rag hubaysan oo halkaa difaac uga jira. *"Hebel dhimey, gaari hebelna jidkaa loo galay, hebelna faro ciddi leh ayuu ku soo fakaday"* waxay ahaayeen sheekooyinka dhiillada leh ee subaxdiina la isku bariidiyo, habeenkiina lagu hoydo.

Dagaalladii sokeeye markii ay sii xoogaysteen, wax ka soo raynayana aanay muuqan ayaan goostay inaan Caabudwaaq ka qaxo. iyadoo barakac iyo lammaanahaygii oo aan waayey uu ii horreeyey ayaan haddana qaxii iyo dadkii yaacayey dhankayga ka galay. Waddammo badan maray oo ay ka mid yihiin: Itoobiya, Sucuudiga iyo Kenya, kaddibna Galbeed iyo Yurub ayaan ka dhacay.

MAHADCELIN

MAHAD IDILKEED Allaha weyn ayaa iska leh oo ay u sugnaatay. Allihii jaangooyey, qaddarayna in dhacdadaasi sidaas uu isagu doonay, una gartay ay u dhacdo, iina fududeeyey inaan buuggan oo qoristiisu muddo igu qaadatay aan ebyo.

Intaa kaddib, waxaan mahad ballaaran u soo jeedinayaa akhyaartii ila garabgashay ee igala qaybqaadatay buuggan soo bixiddiisa. Waxtarkii iyo gacanqabashadii aan ka helay waxay isugu jirtey talasiin, higgaad-sixid, dhiirrigelin iyo boorrin ay igu boorrinayeen in aan ka dhabeeyo rabitaankaygii ahaa inaan qisan qoro.

Qaarkood waxayba ahaayeen raggii xilligii arrintu socotay ila gurmanayey oo hiil iyo hooba ila dhinac taagnaa. Rag ayaan har iyo habeenba afka ka qaadin inay igu tirtirsiiyaan inaan qormada sheekada deddejiyo. Iyaga keliya kuma ahayne, cid walba oo aan qisadaa u dulmaraa codsigaa ayey ii soo gudbineysey.

Raggaas aan sheegay waxaan rabaa inaan qaarkood halkan ku xuso, kuwa aanan xusinna ma illoobin, waxtarkoodiina ma yareysan ee waxaan u hayaa abaal kal iyo laab ah.

Waxaa ka mid ah raggii sixidda iyo talasiinta buugga igala

qaybqaatay qoraaga iyo suugaanyahanka gayiga soomaalida oo dhan laga yaqaan, Axmed Faarax Cali (Idaajaa). Sidoo kale, waxaan dhiirrigelin iyo talasiin ka helay qoraaga iyo taariikhyahanka isna caanka ah, Cabdalla Mansuur.

Waxaa iyana mudan in la xuso raggii dhiirrigelinta aan ka helay oo aan ka magacdhabi karo Mubaarak Xoosh Gaashaan, C/salaam Jaamac Aadan (Quulle) iyo qaar kaloo badan.

www.ingramcontent.com/pod-product-compliance
Lightning Source LLC
Chambersburg PA
CBHW021142080526
44588CB00008B/180